# 여자는 왜
### 자신의 **성공**을
# **우연**이라
# 말할까

# 여자는 왜 자신의 성공을 우연이라 말할까

성공을 소유하지 못하는 여성들의
가면 증후군 탐구

밸러리 영 지음 | 강성희 옮김

갈매나무

# Contents

# 우리가 서로의 비밀을 안다면
# 얼마나 위안이 될 것인가

여성들은 자기 능력에 대한 신뢰가 부족해요. 이제 막 학교를 졸업한
스물한 살 여성, 갓 대학원을 마친 박사과정 후보자, 10년, 20년씩 일해
온 직장인, 어느 여성에게서나 그런 모습을 볼 수 있죠.

_어느 명문여대 소수계학생처 처장

수많은 책이 성공의 '비밀'을 알려주겠노라 약속
한다. 이 책은 그런 책이 아니다. 당신은 이미 성공했다. 단지 그 성공을
소유하지 못했을 뿐. 이 책은 바로 그것에 대한 책이다. 이미 어느 정도
학문적, 직업적 성공을 거둔 바로 당신 같은 사람들이 그 성공을 자신의
것으로 느낄 수 있도록 돕는 책. 이 책에서 나는 수백만의 능력 있는 여
성이 겪는 숨겨진 두려움과 불안감의 정체를 밝히고, 스스로 힘들게 이
룬 성공에 대해 자격이 없다고 느끼는 수많은 이유를 살펴볼 것이다.

확실히 해두자면, 유능하고 자신감 넘치는 공적인 모습과 자기불신이
라는 사적인 목소리를 갖는 이분법적 행태는 '성공했다'고 느껴야만 나
타나는 현상은 아니다. 당신은 노벨물리학상이나 아카데미상을 받았을
수도 있고 동료, 경쟁자 할 것 없이 모두의 존경을 받았을 수도 있지만
여전히 자신을 의심한다. '내가 자기들 생각만큼 똑똑하지 않다는 걸 알
게 되면 어떡하지?'라거나 '내가 정말 이 일을 해낼 수 있을까?' 혹은 '내

가 뭐라고.' 같은 생각을 하면서 말이다.

다행히 이 책은 '다르게 생각하라 Think Different'라는 애플의 유명한 광고 문구가 말하듯 다르게 생각하는 방법을 알려준다. 능력, 행운, 허세, 실패, 성공 같은 것들에 대해서만이 아니라 당신 자신에 대해서도 말이다. 그 결과로 당신은 더 성공하게 될까? 당연하다. 일단 사고를 전환하는 도구를 얻고 나면 당신은 새로운 고지를 향해 발돋움하는 자신을 발견하게 된다. 요컨대, 이 책은 당신의 성장에 도움을 줄 것이다.

솔직히 이 책은 1982년의 나에게 필요했던 책이다. 그때 나는 교육학 석사과정 4년차로, 아직 논문을 쓰지 못한 채 계속 미루고만 있던 중이었다. 그러던 어느 날 강의실에 앉아 있는데 한 학생이 조지아주립대학의 폴린 클랜스 Pauline Clance와 수잰 임스 Suzanne Imes라는 두 심리학 교수가 쓴 논문을 소리 내어 읽기 시작했다. 〈유능한 여성들에게 나타나는 가면 현상 The Imposter Phenomenon in High Achieving Women〉이라는 제목의 논문이었다. 그들은 표본으로 선정한 매우 능력 있는 여성 162명에게 자신의 성취를 깎아내리는 생각, 즉 자신이 '사기꾼'이라는 끔찍한 비밀이 발각될 경우 성공이 흔적 없이 사라질 것이라고 믿는 사고 패턴이 넓게 퍼져 있음을 발견했다.

나는 보블헤드 bobblehead 인형처럼 연신 고개를 끄덕거리며 생각했다. '맙소사, 저건 내 이야기잖아!' 강의실을 둘러보자 교수들을 포함한 모두가 고개를 끄덕이고 있었다. 내 눈을 믿을 수 없었다. 그들은 모두 내가 아는 여성들이었다. 그들과 같이 수업을 들었고, 함께 가르쳤으며, 그들의 논문도 읽었다. 내가 아는 그들은 지적이고 논리적이며 대단히 유능한 사람들이었다. 그런 사람들조차 자기가 남들을 속이고 있다고 느낀다는 것을 알게 되자 나의 세상이 흔들렸다.

우리 몇몇은 가면 증후군 지지 그룹이라는 비공식적인 모임을 만들어 만나기 시작했다. 그리고 여자들이 스트레스를 받을 때 흔히 그러듯 영혼까지 꺼내놓을 기세로 마음속 이야기를 털어놓았다. 연구 주제에 대해 지도교수와 의논할 때마다 얼마나 주눅이 드는지, 매번 얼마나 혼란스럽고 모자란 사람이 된 기분으로 그 자리를 나서는지 이야기했다. 우리가 대학 입학처를 속인 게 분명하며, 만약 누군가 우리를 면밀히 살펴본다면 절대 학자가 될 재목이 아니라는 사실을 결국 알아낼 것이라고 했다. 우리 중 몇몇은 우리의 지적 능력이 명백히 부족한데도 어떤 교수들이 단지 우리가 마음에 든다는 이유로 그 사실을 눈감아주었다고 확신했다. 우리는 논문을 제때 써내지 못하는 이유가 이 가면 증후군 때문이라는 데 모두 동의했다. 나는 아예 시작도 못 하고 있었고 말이다.

19세기 영국의 문학비평가 존 처튼 콜린스John Churton Collins의 말이 옳았다. "우리가 서로의 비밀을 안다면 얼마나 위안이 될 것인가." 우리는 비슷한 생각의 여자들과 함께 있는 것만으로 마음이 아주 든든했다. 대략 세 번째 모임까지는 모든 것이 좋았다. 그러다가 나는 모두 말은 그렇게 하지만 우리 가운데 진짜 사기꾼은 나밖에 없지 않을까 하는 생각이 들기 시작했다.

## 똑똑한 여성이 가면 증후군에 시달리는 이유

몇 달 후, 나는 당시 ABC 방송국의 뉴스 특파원이자 작가이던 베티 롤린Betty Rollin이 〈뉴욕 타임스New York Times〉에 기고한 칼럼을 읽었다.

〈고질적인 자기불신이 수많은 여성을 괴롭히는 이유 Chronic Self-Doubt: Why Does It Afflict So Many Women?〉라는 제목이었다. 그 칼럼에서 롤린은 뛰어난 실적에도 불구하고 전문직 경력을 이어가는 내내 '일을 망칠 수 있다는' 두려움에 끝없이 시달리고 있음을 털어놓았다. 그녀는 새로운 업무를 맡을 때마다 '내겐 너무 벅찬 일이라 이번에는 실력이 들통나버리고 말 거야.'라는 생각에 종종 울기도 하는 자신과 달리 왜 많은 남자들은 그렇지 않은지 궁금했다.

그래서 어느 날 롤린은 ABC 방송국에서 함께 일하던 젊은 남자 프로듀서에게 그 이유를 물어보기로 결심했다. 그녀가 재빨리 덧붙인 말에 따르면 그는 '자기 자신이 유능하다고 생각하는 만큼 유능한 사람'이었다. 롤린은 당시의 대화를 다음과 같이 적었다.


"기사를 쓸 때 말이에요," 나는 그에게 물었다. "잘 안 풀릴 거라고 생각한 적 있어요?"

"물론이죠." 그는 밝은 목소리로 말했다. "늘 그렇죠."

"걱정도 되고?"

"가끔요." 확실하지 않은 말투였다.

"보통 기사가 안 풀리면 자기 잘못이라고 생각하나요?"

"아뇨." 확신에 찬 목소리였다.

"일단 당신 잘못이라고 해봐요. 당신 잘못이라면 기분이 아주 나쁠까요?"

"전혀요." 그가 말했다.

"왜요?"

그는 나를 쳐다보았다. "가끔은 실수할 수 있지 않나요?"

처음 이 대목을 읽은 지 수십 년이 지났지만 지금도 나는 이 단순한 수사학적 질문이 얼마나 날 얼어붙게 만들었는지 기억한다. 실수할 수 있다고? 내게 이것은 새로운 정보였다. 그리고 나중에 알게 되었지만, 다른 아주 많은 여성에게도 그랬다. 나는 당시의 여성들을 가로막는 수많은 직업적 장애물이 완전히 사라진다 해도 우리의 내적 장벽들 때문에 기회를 온전히 활용하지 못할 수도 있겠다는 생각이 들기 시작했다.

그러다가 내게 선택권이 있음을 깨달았다. 나는 내 비밀스러운 두려움이 나와 내 목표를 가로막도록 내버려둘 수도 있었고, 그 두려움을 이해하는 데 내 에너지를 쏟을 수도 있었다. 나는 후자를 선택했다. 가면 현상, 또는 대중매체에서 더 흔히 불리는 용어인 가면 증후군은 내가 박사학위 연구를 시작하게 된 원동력이 되었고, 이를 통해 나는 똑똑하고 유능한 수많은 여성들이 자신을 실제의 자신과는 전혀 다르게 느끼는 이유에 대한 폭넓은 연구를 진행했다.

대답을 찾아가는 과정에서 나는 열다섯 명의 다양한 인종적 배경을 가진 여성들과 심도 있는 인터뷰를 진행했다. 그들은 회사 임원, 의사, 사회복지사, 대학 지도교수들이었다. 나는 그들이 관리했거나 상담, 조언했던 여성들에게서 관찰한, 성공을 가로막는 내적 장벽에 대한 이야기를 듣고 싶었다. 이를 통해 알게 된 것들은 〈가면 증후군 극복하기: 여성의 능력과 자신감에 관하여〉라는 제목의 1일 워크숍을 설계하는 기초가 되었다. 나는 이 워크숍을 당시 대학원 동료였던 리 앤 벨Lee Anne Bell 과 공동으로 진행했다.

벨과 나는 지역 호텔에 작은 회의실을 빌려 전단지를 몇 장 붙여놓고 최소한 한두 명은 와주길 빌고 있었다. 마흔 명의 여자들이 나타났을 때 우리는 아픈 곳을 제대로 건드렸음을 알았다. 우리는 자리를 가득 메운 워크숍을 몇 차례 더 진행했고, 그 후 벨은 고등교육 분야에서 경력을 쌓기 위해 다른 곳으로 이주했다. 나는 가면 증후군에 대한 이야기를 계속 이어나갔다. 그리고 2001년에는 프로그램 제목을 〈남들이 생각하듯 똑똑하고 유능한 자신을 느끼는 법: 똑똑한 여성(그리고 남성)이 가면 증후군에 시달리는 이유와 그에 대처하는 법〉으로 바꾸었다.

가면 정서를 치료의 영역에서 교육의 영역으로 옮긴 것은 대성공이었다. 지금까지 5만 명 넘는 사람들이 이 워크숍에 참가했다. 사람들에게 자신과 자신의 능력에 대해 다르게 생각하는 법을 알려주는 일은 몇 가지 놀라운 효과를 가져왔다. 여성들은 임금 인상을 요구하여 쟁취했음을 알려 왔다. 워크숍에 참가해 큰 변화를 느꼈던 회사 임원들은 몇 년 후 자기 회사 직원들에게도 강의를 해달라고 요청했다. 오랫동안 움츠려 지내던 작가들은 많은 작품을 써냈다. 자신감 부족으로 사업을 시작하지도 키우지도 못했던 사람들은 용기를 얻어 다시 일을 시작했다.

앞으로 이 책을 통해 당신이 알게 될 핵심 내용은 나의 첫 연구에 그 뿌리를 두고 있다. '포춘200 Fortune200' 회사에서 직원으로, 또 관리자로 7년 동안 쌓은 경험과 '열정으로 소득 올리기 Profiting from Your Passions'라는 진로상담 프로그램의 기업가이자 개척자로서 16년간 얻은 경험도 가끔 반영된다. 하지만 이 책에 담긴 대부분의 내용은 25년이 넘는 시간 동안 내 워크숍에 참가했던 이들의 총체적인 경험과 지혜가 녹아든 결과물이다.

그 시간 동안 나는 하버드, 스탠퍼드, 스미스, MIT, 캘리포니아공대를 포함한 60개 이상의 대학에서 수만 명의 학생, 교수진, 교직원들을 대상으로 워크숍을 진행했다. 불행히도 가면 증후군은 졸업장을 받으며 끝나지 않는다. 이 책에서 당신이 알게 될 내용의 일부는 다양한 조직에서 그곳의 종사자들과 직접 부대끼며 얻은 것들이기도 하다. 인텔, 크라이슬러, 언스트 앤드 영, UBS, 프록터 앤드 갬블, EMC, 브리스톨 마이어스 스퀴브, IBM, 여성 엔지니어 학회, 미국 라디오·텔레비전 여성 종사자 모임, 그리고 수많은 캐나다 여성 기업가 그룹들이 여기에 포함된다.

이 밖에도 나는 간호사, 심리학자, 검안사, 업무 비서, 보석사, 암 연구가, 사회복지사, 변호사 그룹을 위한 세미나도 진행해왔으며, 이 책에는 그 모든 경험이 녹아 있다. 직업과 상황은 다양했지만 세미나에 참가했던 여성들과 남성들에게는 한 가지 중요한 공통점이 있다. 그들은 사기꾼이 아니라는 것이다. 그리고 곧 알게 되겠지만 당신도 사기꾼이 아니다.


## 가면 증후군의 과거와 현재

1982년 이후로 여성들에게는 많은 변화가 있었다. 여성과 가면 증후군에 대해서도 똑같은 말을 할 수 있으면 좋겠지만 실상은 그렇지 않다. 따라서 이 책에서 다루고 있는 네 가지 중요한 주제 가운데 나의 첫 번째 연구에서 시작된 다음 세 가지 주제는 지금도 여전히 적용이 가능하다.

첫째, 능력, 성공, 실패를 어떻게 정의하느냐에 따라 당신이 느끼는 자신감과 능력은 달라진다. 능력, 실패, 성공에 대한 사고방식의 변화는 가면 증후군을 극복하는 가장 빠른 지름길일뿐더러, 사고방식의 변화 없이 가면 증후군을 극복하는 것은 절대 불가능하다.

둘째, 스스로를 제한하는 여성의 태도와 행동 장벽은 특정한 사회문화적 기대감과 현실이라는 맥락 속에서 파악해야 한다. 당신이 능력과 자질을 갖춘 사람이라는 시각을 일관되게 유지하기가 어렵다면 그건 사회가 당신을 그렇게 보기 때문일 수도 있다. 지금까지 이루어온 사회적 진보에도 당신에게 여성스럽지 않다고 여겨지는 '지나친' 어떤 면이 있다면 지금도 여전히 남녀 모두 당신을 덜 유능하고 고용하고 싶지 않은 사람이라고 인식할 수 있다.

셋째, 여성의 성취 경험(성공에 대한 두려움을 포함한)과 타인과 우호적인 관계를 맺으려는 여성적 경향은 구분이 불가능하다. 학교나 직장 때문에 이사를 하거나 중요한 자리로 승진을 하거나 남성주도적인 분야에서 공부하고 있다면 자신에 대한 확신이 부족해 불안을 느낄 수 있다. 이것은 가면 증후군 때문일 수도 있다. 하지만 경우에 따라서는 두려움이라고 생각하는 감정이 실은 다른 사람과 성공적인 관계를 맺지 못할까 봐 생기는 예민함일 수도 있다.

현재 우리가 당면한 자신감 문제에는 1980년대에는 없던 한 가지 양상이 존재한다. 당시의 여성들은 전통적으로 남성에게만 허용되던 고임금 직업군에 여성이 진출하는 것을 가로막는 문화, 교육, 법의 장벽을 무너뜨리기 위해 고군분투하고 있었다. 이제 구조적 장벽은 대체로 무너졌고, 많은 여성에게 단일한 목표였던 돈, 지위, 권력은 일과 삶의 균형, 만족감, 의미의 추구로 대체되었다. 전체적으로 좋은 변화다. 하지만 이런 변화 때문에 당신이 스스로를 억제하는 이유가 자기불신 때문인지 이러한 우선순위의 변화 때문인지 가끔은 구분하기 어렵고 복잡해지기도 한다.

## 남자도 가면 증후군을 겪을 수 있지만

처음 가면 증후군 연구가 시작되었을 당시, 심리학자들은 주로 여성들이 이 문제를 겪는다고 생각했다. 사실은 그렇지 않았다. 가면 증후군은 처음에는 주로 여성들에게 영향을 미치는 것으로 인식되다가 점차 남녀 모두와 관련이 있는 것으로 밝혀진 몇 안 되는 심리 문제들 중 하나다. 점점 더 많은 수의 남성들이 내 세미나에 참석하고 있으며, 대학원생들만 보자면 남녀 비율이 대략 50 대 50에 이른다. 남성들에게도 가면 증후군이 나타날 수 있다면 왜 이 책은 여성을 중심으로 이 문제를 다루는가 하는 질문이 나올 수밖에 없을 것이다. 당연한 질문이고, 솔직히 내가 씨름하는 문제이기도 하다. 나는 자신이 사기꾼이라는 두려움에 고통받는 수많은 남자들의 이야기를 들어보았고 그들과 일도 해보았다. 거기에는 캐나다 기병경찰, 대법원 법정 변호사, 회사 대표, 항공우주 엔지니어 팀도 포함되어 있었다. 그중 한 명은 자신에게 중요한 업무가 주어졌을 때 느끼는 '순수한 공포'에 대해 이야기했다. 그럼에도 결국 나는 이 책의 초점을 여성에게 맞추어야 할 이유가 그 반대의 이유보다 더 많다는 결론에 도달했다.

가면 증후군에 관한 논문들에는 수많은 연구 결과로 남성과 여성 사이에 아무런 차이가 없는 것으로 밝혀졌음이 예외 없이 언급되어 있다. 물론 몇몇 논문들에는 다수의 연구에서 여성의 가면 증후군 척도 점수가 남성에 비해 매우 높게 나왔다는 사실을 언급하고 있기는 하다.

하지만 이 몇몇 경우를 제외하고는 대다수의 논문들이 여성보다 남성의 점수가 유일하게 높게 나왔던 하나의 연구를 가리키며 차이가 없다고 주장한다. 그러나 그 연구의 대상이 대학교수들이었다는 점을 언급하는 논문은 거의 없다. 학계가 가면 증후군을 길러내는 온상이라는 점을 고려하면 다른 환경에서는 이 같은 결과가 나오기 어려웠을 것이다.

아마도 진짜 질문은 남성도 똑같이 가면 증후군이 될 수 있다면 왜 그들은 해결책을 찾아 더 많이 목소리를 높이지 않느냐일 것이다. 가면 증후군에 관한 66편의 논문 저자 중 90퍼센트가 여성이다. 내 경험을 토대로 말하자면, 지금까지 대학 학부생이나 직장인 협회 회원, 회사 직원들을 대상으로 진행했던 모든 세미나는 여학생, 여성 회원, 여성 직원들을 데려와 키우고 유지하고 발전시키고자 하는 프로그램이나 위원회의 초대를 받아 이루어진 것들이었다. 이 모든 것들은 "남성들은 문제를 당연하게 받아들이고 감수하는 반면, 여성들은 문제 해결을 위해 무언가를 하려고 한다."라는 가면 증후군 연구자 조앤 하비 Joan Harvey 박사의 해설을 확인해주는 사례들이기도 하다.

이 책이 여성을 주 대상으로 하게 된 더 중요한 이유는 가면 증후군이 여성을 더 많이 억압하기 때문이다. 이에 대해서는 베티 롤린의 글이 아주 잘 말해주고 있다. "남자들도 우리만큼 두려움을 느끼지만 그 감정을 억제할 뿐이라고 주장하는 이론에 대해 알고 있다. 그 주장대로라면 그 억제의 힘이 효과가 있는 것 같다. 직장 안을 둘러보면 남자들 중에는 자신이 생각하는 것보다 능력 없는 남자들이 아주 많은 데 반해, 여자들은 그 반대인 경우가 그만큼 많기 때문이다. 사실은 자기가 생각하는 것보다 훨씬 더 유능하며, 계속 정진해나간다면 생각 이상으로 유능해질 여자들이 말이다."

그다음 질문은 가면 증후군을 겪는 남성들이 이 책에서 도움을 얻을 수 있을까 하는 것이다. 한마디로 말하면, 물론이다! 유색인종이거나 노동계층 출신이거나 이 책에서 이야기하는 '위험군'이라고 생각하는 남성이라면 특히 더 그럴 것이다. 만약 당신이 가면 증후군에 취약한 남성 또는 남성 집단을 알고 있거나 가르치고 관리하고 지도하고 양육하는 위치에 있는 사람이라면 마찬가지로 이 책에서 큰 도움을 얻을 것이다.

비록 여성에게 초점이 맞춰져 있지만 나는 이 책이 가능한 한 가면 증후군을 겪고 있는 남성에게도 도움이 될 수 있도록 주의를 기울였다. 우선 이 책에는 많은 남성들의 목소리가 들어 있다. 한 가지 바라는 점이 있다면 이 책에서 가면 증후군과 관련하여 남성이나 일반적인 성별의 차이에 대해 이야기할 때, 달리 언급이 없는 한 남성 가면 증후군과 여성 가면 증후군의 차이점을 이야기하는 것이 아님을 알아주길 바란다. 다시 말해, 내가 전반적인 가면 증후군자에 대해 이야기할 때에는 남성 가면 증후군자도 포함되어 있다는 것이다. 만약 당신이 가면 증후군을 겪고 있는 남성이라면 부탁할 것이 있다. 이 책을 읽고 난 후 남성 가면 증후군자들에게만 일어난다고 생각되는 감정, 생각, 경험이 있다면 잠시 시간을 내서 maleimpostors@impostorsyndrome.com으로 메일을 보내주길 바란다. 다음 개정판에서는 남성들의 목소리를 보다 온전히 담아내고 싶기 때문이다.

이왕 성별 이야기가 나왔으니 한마디 덧붙이자면, 나는 이 일을 오랫동안 해오고 있는 만큼 양성 간의 사회적 차이에 대해 이야기할 때마다 사람들이 토론보다는 거기에 잠재된 갈등에 더 마음을 기울인다는 것을 알고 있다. 어떤 사람들은 차이를 언급하는 것이 고정관념을 강화한다고 주장한다. 또 어떤 사람들은 '차이'를 '갈등'과 비슷한 말이라고 여겨 성별 차이에 대해서는 아예 입을 다물어버리길 선호한다. 이 책에서 제기

된 점들을 두고 어떤 사람들은 내가 남자들을 자신감이 지나친 허풍쟁이 집단으로 생각한다고 오해할 수도 있다. 반대로 어떤 사람들은 내가 남자들은 모든 걸 다 갖추고 있다고 여기면서 여자들은 불안정한 부끄럼쟁이들이라고 생각한다고 오해할 수도 있을 것이다. 물론 어느 쪽도 사실이 아니다.

우리는 '모든' 여성이 이렇기만 한 것도, '모든' 남성이 저렇기만 한 것도 아님을 잘 알고 있다. 그럼에도 불구하고 성별 차이에 대해 이야기할 때 특정한 '성별화 genderalization'를 피하는 것은 불가능하며, 이 책 또한 예외가 아니다. 따라서 나는 어떤 종류의 차이에 대한 논의도 평균치에 대한 것일 뿐임을 인정하며, 여기서 '남성'과 '여성'에 대한 이야기는 넘어가고자 한다.

## 이 책을 잘 활용하는 법

진부한 말이지만 당신은 더 많은 것을 투자할수록 더 많은 것을 얻는다. 나는 시중의 자기계발서들을 모두 읽어봤지만 효과가 없었다고 말하는 사람들을 수없이 만나보았다. 나는 늘 그들에게 같은 질문을 했다. "책에 나오는 조언들을 실행해보셨나요?" 대답은 늘 "아니요."였다. 계속 읽기만 하는 건 읽기를 멈추고 실행해보는 것보다 늘 더 쉽다. 새로운 행동을 익히려면 때로는 불편하더라도 새로운 방식을 배워야 한다. 그리고 이는 과정에 적극적으로 참여함으로써만 배울 수 있다.

가면 증후군이 얼마나 큰 괴로움을 가져올 수 있는지 알기 때문에 감정적으로 강한 충격을 줄 수 있는 주제에 약간의 가벼움을 더하려 노력했다. 지금은 불가능해 보일 수 있지만, 장담하건대 이 책을 덮을 무렵이면 당신은 능력 있는 사람들(당신을 포함한)이 스스로를 가짜나 사기꾼처럼 느끼는 어이없는 현상에 웃음을 터뜨리게 될 것이다. 위대한 벅스 버니 Bugs Bunny가 그랬다. "인생을 너무 심각하게 생각하지 말게. 자네가 거기서 살아서 나올 일은 절대 없을 테니까 말이야."

끝으로, 당신이 이 책을 읽고 있다는 건 다르게 생각할 준비가 되었다는 뜻이다. 이제 남들이 당신을 보는 것과 같은 시선으로 스스로를 바라볼 때가 되었다고 판단한 것이다. 나는 당신이 얼마나 똑똑하고 유능한 사람인지 모두가 알기를 바란다. 하지만 그 누구보다 당신 자신이 그 뛰어남을 인정하길 바란다.

# 가면 증후군
# 클럽에
# 오신 것을
# 환영합니다

# 1장

# 자신이
# 사기꾼이라고 믿는
# 여자들

> 세상의 문제는 어리석은 자들은 늘 확신에 차 있으며 현명한 사람들
> 은 스스로를 지나치게 의심한다는 데 있다.
>
> _버트런드 러셀 Bertrand Russell

우리는 지성과 능력, 재능을 겸비하고도 자신이 아무것도 아니라고 생각하는 여성들을 주위에서 흔히 발견한다. 걸스 사 Girls, Inc 의 회장 겸 CEO인 조이스 로시 Joyce Roche 는 레블론 Revlon 과 에이본 Avon 에서 촉망되는 인재로 주목받던 젊은 시절을 돌아보며 당시 자신이 사로잡혀 있던 생각을 떠올린다. "마음속 깊은 곳에서는 사람들이 하는 말을 믿지 못했어요. 이제 곧 나는 삐끗하고 넘어질 테고 그들이 진실을 알게 되는 건 시간문제라고 생각했죠. '당신은 여기 있을 자격이 없어. 못할 줄 알고 있었다고. 당신을 뽑지 말았어야 했는데.'"

기업가인 리즈 라이언 Riz Ryan 은 비즈니스계의 오스카상이라는 '스티비상 Stevie® Awards '을 받았지만 자신이 수상자라는 사실이 실감 나지 않았다. 여성 온라인 토론 커뮤니티인 월드위트 WorldWIT 의 창업자이자 CEO로서, TV 리얼리티쇼 〈어프렌티스 The Apprentice 〉 출신의 기업가 빌 랜식 Bill Rancic 에게 상을 받기 위해 뉴욕에서 무대에 올랐을 때, 그녀의 머릿

속을 채운 생각은 다음과 같았다. '내가 뭐라고 이런 상을? 난 그저 집안 세탁실에는 밀린 빨랫감이 넘치는, 머리카락에 사과소스를 묻힌 채 돌아다니는 두 살 난 아이의 엄마일 뿐인데.'

이런 기분을 느끼는 여성은 수없이 많다. 학과 최고 성적으로 대학을 졸업한 공학 전공의 라토냐는 경쟁률 높은 박사과정에 합격했다. 그러나 그녀는 자부심을 느끼기는커녕 걱정스러운 목소리로 내게 말했다. "분명 착오가 있었을 거라고 생각했어요. 지금도 실수가 있었다며 사실은 불합격이라는 소식이 올 걸 기다리고 있죠." 빨리 성공가도에 오르고 싶었던 던은 수천 달러의 돈과 많은 시간을 투자해 경영자 코치가 되기 위한 교육을 받았다. 2년간 100시간의 코칭 경험을 쌓았지만 아직도 그녀는 개업을 하지 못했다. "교육 프로그램을 통해 가짜 경력을 쌓은 거라는 생각을 떨쳐낼 수가 없어요."

당신이 방금 위에서 읽은 이야기들은 실제로 '가면 증후군'을 겪고 있는 사람들의 사례다(다른 언급이 없는 한 이 책에 등장하는 모든 이름은 가명을 사용했다). 자, 그럼 당신은 어떤가? 다음 질문에 답해보자.

- 자신의 성공이 타이밍, 운, 또는 전산상의 실수 때문이라고 생각하는가?
- '내가 할 수 있다면 누구든 할 수 있다.'라고 생각하는가?
- 업무상의 아주 사소한 실수에도 괴로워하는가?
- 건설적인 비판마저 내 부족함의 증거라고 여겨 절망에 빠지는가?
- 어떤 일에 성공하면 이번에도 사람들을 잘 속여 넘겼다고 생각하는가?
- 진짜 실력이 들통나는 건 시간문제일 뿐이라고 걱정하는가?

만약 이 질문들의 일부(혹은 전부)에 '그렇다'라고 답했다면, 당신은 아무리 사람들의 인정을 받고 학위를 여러 개 따고 더없이 높은 지위에 올라간다 해도 아무 소용 없다는 것을 그 누구보다 잘 알고 있을 것이다. 실제로 많은 사람이 당신을 똑똑하다거나 재능이 있다거나 아주 뛰어난 사람이라고 생각하지만, 당신이 생각하는 당신은 그 어디에도 해당되지 않는다. 당신은 스스로에 대해 깊은 의심을 품고 있다. 어떤 것을 이루었고 사람들이 어떻게 생각하든, 마음속 깊은 곳에서는 자신이 가면을 쓰고 사람들을 속이고 있는 사기꾼, 가짜라고 생각하는 것이다.

## 우리는 당신을 이미 알고 있다

우리는 한 번도 만난 적이 없지만 나는 이미 당신에 대해 많은 것을 알고 있는 것만 같다. 바깥세상에서 바라보는 당신은 아마 대단히 능력 있는 사람일 것이다. 하지만 당신은 자신이 그렇게 보일 뿐이라고 믿는다. 설명회를 성공적으로 마치고, 시험에서 A를 받고, 취업에 성공해도 (당신에게는 거의 늘 있는 일이지만) 당신은 그저 운이 좋았거나 부지런했기 때문이라고 생각할 뿐, 본질적으로 자신이 잘해서라고는 절대 생각하지 않는다. 당신을 알거나 함께 일하는 사람들은 당신이 이제나저제나 자신의 무능력한 '실체'가 발각될까 전전긍긍하며 잠을 설친다는 사실을 알지 못한다.

나는 당신이 똑똑한 사람이라는 것도 알고 있다. 늘 그렇게 생각하는 건 아니겠지만 당신도 그 사실을 알고 있다. 당신은 그저 똑똑하다는 자신의 이미지를 일관적으로 유지하기가 어려울 뿐이다. 말이 나왔으니 말인데, 여기서 똑똑함이란 꼭 '학문적 똑똑함'일 필요는 없다. 물론 당신에게는 학위가 적어도 한 개는(혹은 두세 개까지) 있을 가능성이 높지만 말이다.

당신은 또 어떤 기준에서든 성공적이라고 할 수 있는 성취가다. 그럼에도 스스로를 그렇게 보는 데 어려움을 겪고 있을 수 있다. 그 성과가 반드시 부, 명예, 높은 지위여야 하는 것은 아니다(아마도 당신은 이런 것들을 갖고 있을 가능성이 크지만 말이다). 학과 최고 성적으로 졸업하거나 사다리의 꼭대기에 도달했을 필요는 없다. 하지만 사람들을 속이고 있다는 기분이 들 만한 어떤 것을 성취한 상태일 것이다. 보통 당신 스스로 기대하지 못했던 것, 아직 마스터하지 못한 일, 적어도 당신의 터무니없이 높은 기준에 미치지 못하는 것들을 성취한 상태 말이다. 맞는 것 같은가? 아마 그럴 것이다.

가면 증후군(혹은 사기꾼 증후군) 클럽의 회원은 전 세계 수백만 명에 달하지만, 그들은 아직 이 클럽의 존재를 알지 못한다. 그들은 다양한 인종, 종교, 사회경제적 계층의 남녀들로, 고등학교 중퇴자에서 다수의 박사학위 소지자, 신입 사원에서 CEO, 이 밖에도 법률, 음악, 의학 등 다양한 분야에 폭넓게 분포되어 있다.

# 성공을
# 불편하게 만드는
# 이 감정의 이름은

아마도 당신은 이 애매하지만 압도적인 자기불신과 불안의 감정에 이름이 있다는 사실을 몰랐을 것이다. 나 역시 그랬다. 대학원 1년 차 시절, 앞서 말한 폴린 클랜스 박사와 수잰 임스 박사가 1978년에 함께 쓴 논문을 보기 전까지는 말이다. 당시 이 두 심리학 교수는 조지아주립대학에서 학생들을 상담하다가 성적이 뛰어난 많은 학생들이 자신들의 성공이 분에 넘친다고 생각한다는 것을 알게 되었다.

가면 증후군은 흔히 알려져 있듯이 자신에게 지능도 능력도 부족하다고 일관되게 믿는 사람들을 가리키는 말이다. 이들은 자신의 성취가 타인의 칭찬과 인정을 받을 자격이 없다고 확신하며 모든 것이 운, 매력, 인맥, 기타 외부 요인들 덕분이라고 생각한다. 그들은 자신의 성공을 합당한 결과라고 느끼거나 받아들이지 못한 채 자신에게 과거의 성공을 되풀이할 능력이 있는지 끊임없이 의심한다. 성공을 거두면 기뻐하기보다 안심한다.

이런 감정은 시간이 지나고 지식과 경험이 쌓이면서 사라질 수도 있다. 또는 많은 사람이 그렇듯 자신의 분야에서 경력을 쌓아가는 내내 이어질 수도 있다. 어떤 사람들에게는 자신이 허세를 부리고 있다는 기분이 부모 역할이나 다른 관계 속 역할에까지 확장되기도 한다. 직장에 다니는 엄마들이 학교기금 모금행사에서 전업주부 엄마들의 심사하는 듯한 시선을 피하기 위해 가게에서 사온 파이를 집에서 만든 것처럼 보이려 한다거나, 데이트를 할 때 어떤 주제에 전혀 관심이 없는데도 관심 있는 척하는 경우가 그렇다.

우리가 여기서 이야기하는 남을 속인다는 느낌은 당신의 지식이나 능력에 대한 불안과 관련 있는 것으로, 주로 학문이나 전문 영역에서 발생한다. 당연히 가면 증후군은 대체로 자신에게 익숙하지 않거나 중요한 업무를 맡을 때처럼 새로운 도전에 직면했거나 과도기일 때 나타난다.

가면 증후군이 언제부터 있었는지는 확실치 않다. 모르긴 몰라도 인류 최초의 동굴 화가도 동료 원시인들이 자신의 벽화에 보내는 찬사에 "아, 이 그림? 하지만 다른 네안데르탈인들도 이 정도는 다 그릴 수 있었을 거야."라고 하며 손사래를 쳤을지 모른다. 확실한 것은 가면 증후군이 놀랄 만큼 흔하다는 사실이다. 얼마나 흔하냐고? 심리학자 게일 매슈스Gail Matthews가 성공한 사람들을 대상으로 실시한 연구에 따르면 무려 조사 대상의 70퍼센트가 인생의 어느 시점에선가 가면 증후군을 경험한 적이 있다고 보고했다.

확실히 해두자면, 가면 증후군은 자기가 아닌 다른 사람인 척 행동하는 것과는 다르다. 진짜 사기꾼처럼 정상에 올라서기 위해 속임수를 쓰는 행동을 가리키는 것도 아니다. 실제로 가면 증후군인 사람들은 그렇지 않은 사람들보다 표절 같은 학문적 부정행위를 덜 저지른다는 것이 입증되기도 했다.

가면 증후군을 낮은 자존감의 다른 이름으로 오인하기도 쉽다. 하지만 이 둘은 같지 않다. 가면 증후군과 낮은 자존감을 연결 짓는 연구들도 간혹 있었지만, 이를 제외한 다른 연구들에서는 둘 사이의 강력한 연관성을 밝히지 못했으며, 그렇다는 것은 자신을 사기꾼이라고 느끼지 않아도 불안감을 느낄 수 있다는 뜻이다. 물론 그렇다고 가면 증후군자들이 가끔 자존감의 위기를 겪지 않는다는 말은 아니다(그렇지 않은 사람이 어디 있겠는가?). 하지만 만약 당신이 가면 증후군이라면 적어도 어떤 목표를 정하고 그것을 성취해낼 만큼 자존감이 튼튼한 사람이라는 뜻이다.

### "물론 난 성공했어요. 그런데 어쩌다 그렇게 됐냐면요……."

당신의 성공을 입증할 증거는 많다. 높은 학점, 승진, 연봉 인상, 지위, 사람들의 인정, 각종 상과 표창장까지. 하지만 당신의 마음속에서는 이런 것들이 중요하지 않다. 모든 가면 증후군자들이 그렇듯 당신은 자신의 성공을 둘러댈 핑계를 만들어내는 데 선수다. 다음의 발언들에 자신의 모습이 들어 있는지 찾아보자.

### '운이 좋았어.'

자신의 성과를 운으로 돌리는 건 언제나 선호되는 핑곗거리다. "이번에는 운이 좋았어. 하지만 다음에는 이번만큼 운이 따르지 않을 수 있어."

### '그저 딱 맞는 시간에 딱 맞는 장소에 있었던 것뿐이야.' 또는 '별자리 덕분이야.'

주요 임원직 후보에 오른 한 여성은 선정위원들이 저녁식사 자리에서 와인을 너무 많이 마셔 판단이 흐려진 탓에 자신이 후보에 올랐다고 믿는다.

### '내가 그들의 마음에 들어서야.'

호감 가는 선택지였다는 것도 당신의 성공에 덧씌울 만한 편리한 핑계거리다. 당신은 졸업생 대표로 선정되고도 여전히 이렇게 말한다. "선생님들이 날 좋아했기 때문이야."

### '내가 할 수 있다면 누구든 할 수 있어.'

당신은 자신의 성공이 그 일의 단순성과 관련 있다고 확신한다. 캘리포니아공대에서 천체물리학 박사 후기과정 중인 한 학생은 내게 이렇게 말했다. "내가 캘리포니아공대에서 천체물리학 박사학위를 딸 수 있다면 누구든 딸 수 있어요." (나는 그녀에게 나를 포함한 대다수 사람들이 수표책의 잔고 맞추는 법조차 모른다는 사실을 알려주어야만 했다.)

### '아무나 받아준 게 분명해.'

당신은 자신의 성공이 사람들의 기준이 낮기 때문에 가능했다고 속으로 믿고 있다. 한 대학 행정직원은 자신이 스미스칼리지의 대학원 과정에 합격했다는 소식을 들었을 때 정말로 대학원을 다녀야 할지 고민했다고 말했다. "'기준이 뭐지?'라고 생각했어요." 이건 그루초 막스Groucho Marx (1920년대부터 1950년대까지 전성기를 누린 미국의 코미디언. 무성한 눈썹과 콧수염에 시가를 물고 있는 캐릭터로 유명하다.-옮긴이)식 농담의 가면 증후군 버전이다. "나 같은 사람을 회원으로 받아들이는 클럽에는 들어가고 싶지 않소."

**'누군가 엄청난 실수를 저지른 게 분명해.'**

마리아와 린다는 10년이 넘는 차이를 두고 다른 시기에 다른 대학을 다녔다. 그들은 서로 만난 적도 없지만 한 치의 오차도 없이 똑같은 말을 했다. "내 이름이 흔하거든요. 입학처에서 이름이 같은 다른 사람의 지원서와 혼동하는 바람에 날 잘못 입학시킨 거죠."

**'도움을 많이 받았어요.'**

다른 사람들과 공을 나누는 게 잘못은 아니다. 하지만 당신은 어떤 형태로든 도움을 받았다는 사실만으로 성공에 대한 자신의 기여도는 지워버린다.

**'인맥이 있었으니까.'**

당신은 인맥을 통해 도움을 받았다고 생각하는 게 아니라 인맥이 있다는 사실 자체가 입학, 취직, 계약을 가능하게 한 유일한 이유라고 확신한다.

**'그냥 친절을 베푸는 거야.'**

사람들이 친절해서 당신의 일을 칭찬하는 것일 뿐이라는 믿음이 얼마나 뿌리 깊으냐면, 어느 강연에서나 내가 이 부분에 이르러 "그건 그 사람들이……" 하고 첫마디를 시작하면 여성 청중들이 다 같이 "……친절해서예요."라고 말을 끝맺을 정도다.

**'내가 안됐다고 생각한 거야.'**

중년의 나이에 학교로 돌아간 가면 증후군자들은 교수들이 자신을 가엾게 여기는 게 아닐까 공공연히 궁금해한다. 그들이 육아, 직장, 학업을 동시에 해내기 위해 애쓰는 것을 알기 때문에 일부러 편하게 해주려 한다는 것이다.

# 당신은
# 자꾸 성공에
# 핑계를 댄다

엄청난 이력의 소유자인 어느 박사 후기과정 학생이 주장한다. "서류상으로만 좋아 보이는 거예요."

경쟁이 치열해서 1년에 단 한 명만 받는 연구 프로그램에 들어간 한 대학원생은 학교에서 다양성을 추구하기 때문에 자신이 선택되었다고 생각한다. 중서부 출신이기 때문이라는 것이다.

미생물공학을 전공하는 한 학생은 전공명을 듣고 감탄하는 이들에게 '이름이 길어서 엄청나게 들릴 뿐'이라며 재빨리 사람들의 생각을 바로잡는다.

한편으로 생각해보면 자신의 성공에 이렇게 창의적인 핑계를 여러 가지 생각해내려면 특별히 머리가 좋아야 한다는 걸 인정하지 않을 수 없다. 그러니 지금 당장 자신의 어깨를 두드려주자. 하지만 너무 오래 축하하지는 말자. 당신에게는 문제점도 있으니 말이다. 자기의 성과를 본능적인 차원에서 자기 것으로 주장하지 못한다면 당신은 자신의 능력이 이루어낸 실질적 증거를 보고도 어떻게 그런 결과에 도달했는지 알지 못하게 된다. 분명 자신이 거둔 성과인데 이상하게도 둘 사이의 연관성을 느끼지 못하는 것이다. 자기 자신과 자신이 거둔 성취의 연관성을 느끼지 못할 때, 이를 설명할 수 있는 유일한 방법은 자기가 사람들을 속였다고 생각하는 것이다.

논리적으로는 성공을 통해 가면 증후군이 완화될 수 있으리라 생각할 것이다. 성공을 거듭할수록 자신의 일을 제대로 하고 있음이 더욱 명백해지기 때문이다. 하지만 당신에게는 이와 정반대의 현상이 벌어진다. 성공은 압박감을 줄이기는커녕 더욱 악화시킬 뿐이다. 이제는 지켜야 할 명성이 생겼기 때문이다. 당신에게는 칭찬, 경제적 보상, 지위 같은 것들이 축하할 일이 아니라 압박으로 느껴질 수 있다. '이제 내가 매번 그렇게 잘해낼 거라고 기대하겠군. 애초에 그 일을 어떻게 해냈는지도 모르겠는데.'라고 당신은 생각한다.

성공은 당신을 분발시키기보다 완전히 손을 놓게 만들 수도 있다. 특히 그 성공이 '하룻밤 사이'에 일어난 일이라고 생각한다면 더욱 그렇다. 당신은 생각한다. '어쩌다 이렇게 된 거지? 제대로 된 과정을 거쳐온 게 맞나? 내가 이 자리에 있을 자격이 있을까?' 그 성공이 이르든 늦든, 가면 증후군자들을 지배하는 정서는 이렇다. '앞으로도 능력을 보여주길 바랄 텐데, 내가 그럴 수 있을지 전혀 모르겠어.' 당신의 머릿속에서는 하나의 성공과 다음 성공이 연결되지 않는다. 축적되는 것이 아니라 단절된 개별 사건들인 것이다. 그리고 이런 인식이 성공을 별일 아닌 것으로 만든다. 당신은 생각한다. '물론 지금까지는 잘해왔어. 하지만……'

## 다음번에는 정말 들키고 말 거라는 생각

당신은 행운이 영원히 지속될 수 없음을 알고 있다. 그래서 성과를 즐기는 대신 결국에는 자신의 서투름이 발각되어 창피를 당하게 될까(혹은 그 이상의 나쁜 일을 겪게 될까) 두려움 속에서 살아간다. 새로운 시도를 할 때면 매번 진짜 모습이 발각되리라 확신하기 때문에 시험, 발표, 과제를 준비할 때마다 무시무시한 불안과 자기불신에 휩싸인다. 당신은 생각한다. '한 번만 잘못 삐끗하면 난 끝이야.' 일반적으로 이러한 불안감은 성공으로 이어지고 뒤이어 회의적인 안도감이 따른다. 이 패턴은 끊임없이 되풀이된다.

물론 여기서 당신이 말하는 '다음'이란 끝내 당신의 가면이 벗겨질 때를 뜻한다. 뎁의 경우를 보자. 그녀는 로펌의 파트너변호사로서 흠잡을 데 없는 실적을 쌓았음에도 새로운 사건을 맡을 때마다 점점 더 불안감에 휩싸였다. 그러던 어느 날, 놀랍게도 그녀는 자신이 웨이트리스 구직 광고란을 훑어보고 있다는 것을 깨달았다. 그녀는 자신의 행동을 이해해보려고 고심했고, 대학 시절 웨이트리스로 일할 때는 적어도 자신이 무슨 일을 하고 있는지 잘 알고 있었다는 것을 깨달았다.

당신은 아마도 가면이 벗겨진다는 생각에 안도감이 들 때도 있을 것이다. 가짜라고 밝혀지는 것은 굴욕적이지만, 존경받는 유능한 전문가처럼 행동하려는 '가식'을 벗어버릴 수 있다면 인생이 얼마나 편해질까 상상하고 또 상상한다. "감자튀김도 같이 주문하시겠어요?"라는 말을 하는 법이나 당신이 생각하는 '당신의 수준'에 맞는 일은 언제든 배울 수 있으니 말이다. 마음속 어딘가에 이런 환상을 품고 있지는 않더라도 당신은 다가올 종말을 끝없이 기다리는 심정이 어떤지 잘 알고 있다. 조디 포스터 Jodie Foster는 배우 생활을 중단하고 대학원에 진학했을 때 처음 이런 기분을 경험했다. 배우로 복귀한 후 〈피고인〉으로 아카데미 여우주연상을 받았을 때도 그랬다. "행운도 그런 행운이 없다고 생각했어요." 〈식스티미니츠 60Minutes〉 인터뷰에서 포스터는 말했다. "예일대 캠퍼스를 걸을 때도 그랬었죠. 사람들이 진실을 알아차리고 상을 다시 가져갈 거라고 생각했어요. 집으로 찾아와 문을 두드리며 말하는 거죠. '미안하지만 그건 원래 다른 사람한테 가야 할 상이에요. 메릴 스트립 Meryle Streep 말이에요.'라고."

가면 증후군의 불안과 두려움은 어떤 사람들에게는 심신쇠약을 일으키기도 한다. 처음으로 과장 직함을 달게 된 한 여성은 자신의 능력이 부풀려지는 바람에 그 자리에 올랐다는 생각에 짓눌린 나머지 가슴 통증을 겪었다. 큰일이 벌어질까 두려웠던 비서가 구급차를 불렀고, 다행히 통증은 공황발작 때문인 것으로 밝혀졌다. 발각의 두려움으로 병원까지 가는 일은 드물지만 스트레스가 심하면 실제로 그런 결과가 초래되기도 한다.

안타깝게도 매일 우수한 학생들이 학교를 중퇴한다. 그들은 실제 능력이나 포부에 훨씬 못 미치는 직업을 갖거나, 그렇지는 않더라도 더 강한 정신력을 요구하는 만큼 더 큰 경제적 보상이 따르는 기회를 잡는 데 실패한다. 책을 쓰거나 사진작가가 되거나 자기 사업을 시작하고 싶다는 오랜 꿈을 포기해버리기도 한다. 진짜 능력이 들통나는 것을 피하기 위해서다.

물론 이는 극단적인 사례들이다. 다행히도 가면 증후군을 가진 사람들 대다수는 포기하지 않는다. 오히려 당신이 그러하듯, 계속되는 자기불신 속에서도 앞으로 나아간다. 학위를 따고, 자기 분야에서 발전을 거듭하고, 도전을 택하여 성공을 거둔다. 때로는 매우 화려하게. 그래도 불안감은 사라지지 않는다. 그러나 이제 당신은 더 이상 고통받지 않아도 된다.

## 나의 진짜 모습을 찾는 여정의 시작

똑똑하고 유능한 진짜 자신을 찾는 여정에 나설 때 알아두어야 할 점들이 몇 가지 있다. 우선 당신은 어디가 망가진 것도 아픈 것도 아니라는 점이다. 물론 가면 감정들이 100퍼센트 정상적인 건 아니지만 그렇다고 당신에게 문제가 있는 것도 아니다. 나는 당신에게 그 느낌에서 빠져나오라고 설득하지 않을 것이다. 적어도 아직은 아니다. 어쨌든 내가 아는 당신은 내 말을 믿지 않을 테니 말이다. 무엇보다도 당신은 이제 곧 스스로의 힘으로 그 감정에서 빠져나오게 될 것이다. 똑똑하고 능력 있는 자신의 진짜 모습을 느끼는 데 필요한 모든 도구와 통찰력과 정보가 여기에서 당신을 기다리고 있다.

지금까지 당신은 스스로 사기꾼, 가짜라고 느끼는 사람이 세상에 당신 혼자일 거라는 잘못된 믿음과 수치심으로 자신의 이야기를 솔직하게 털어놓지 못했다. 하지만 이 책을 집어 드는 순간 당신은 오랫동안 숨기고 있던 무언가를 인정하게 되었으며, 그 침묵을 깨고 나옴으로써 가면 증후군을 극복하기 위한 중요한 한 발을 내딛었다.

나는 이 책이 끝날 때까지 지속적으로 당신에게 가면 증후군 클럽의 동료들과 서로 응원과 격려를 주고받으라고 독려할 것이다. 당신의 문제를 알지 못하는 사람들과 이야기해봐야 별 도움이 되지 않는다는 건 당신도 어렵사리 알게 되었을 것이다. 당신의 가족, 친구, 가까운 동료들은 스스로를 의심하는 당신을 향해 '별것 아닌 일에 걱정한다'며 콧방귀를 뀌거나, 당신이 얼마나 뛰어난 사람인지 알려주며 안심시키려 하지만 끝없이 부인하는 당신에게 인내심을 잃고 짜증을 낼 것이다. 당신에게 힘이 되어주고 싶지 않아서가 아니다. 그들은 당신에게 도움이 되고 싶어

한다. 하지만 매번 삼진아웃을 걱정하다가 홈런을 치는 일이 반복된다면, 아무리 든든한 지원군도 결국은 당신에게 공감하지 못할 것이다.

좋은 소식이 있다. 이제 당신은 더 이상 혼자가 아니라는 것이다. 더 좋은 소식도 있다. 가면 증후군을 키우는 자기제한적 사고를 끊어내는 것이 실제로 가능하다는 것이다. 어떻게 그렇게 확신할 수 있냐고? 간단하다. 내가 당신을 이렇게 잘 아는 이유는 내가 바로 당신이기 때문이다. 여기서 별로 비밀스럽지 않은 비밀을 털어놓는 것으로 내 소개를 하기로 하자. 나는 소위 회복 중인 가면 증후군자다. 말했지 않은가. 나는 당신을 아주 잘 안다고!

## 더 나아가기

### 요점

당신은 자신의 성공에 핑계를 대거나 성공의 증거를 최대한 줄이는 데 능숙해진 나머지 자신이 거둔 성과를 진정으로 소유하지 못한다. 또한 원래의 자신보다 더 똑똑하고 유능한 사람으로 생각하도록 사람들을 속였다고 믿기 때문에 자신이 사기꾼, 가짜라는 사실이 발각될까 두려움 속에 살고 있다. 하지만 이제 당신은 그런 느낌에 이름이 있으며 혼자만 그렇게 느끼는 게 아니라는 사실도 알게 되었으므로, 마침내 가면 증후군에 대한 시각을 바꾸어 자신의 유능한 실체를 보기 위한 과정을 시작할 수 있게 되었다.

### 당신이 할 수 있는 일

- 가면 증후군은 상처받은 감정들로 똘똘 뭉쳐 있어 이성적으로 풀어내기가 어렵다. 또한 이를 극복하기 위해서는 자기반성도 필요하다. 손 닿는 곳에 공책을 준비해두었다가 통찰의 순간 깨달은 내용과 이 책 곳곳에서 마주치는 질문들에 대한 자신의 대답을 적어보자. 이 모든 것들을 한곳에 기록해두면 가면 증후군에서 빠져나와 이 책의 끝에서 만나게 될 '더 자신 있는 나'를 향한 여정이 좀 더 수월해질 것이다.
- 더 적극적인 경험을 위해서는 이 책을 독서클럽에서 읽으며 토론하거나 친구와 함께 읽는 것도 생각해볼 수 있다.
- 가면 증후군에 대해 처음 알게 되었다면 여기서 잠시 읽기를 멈추고 지금까지 어떤 부분이 가장 크게 와닿았는지 생각해보자. 여기서 알게 된 내용 가운데 놀라웠거나 가장 도움이 된 것은 무엇인가? 당신 안에서 발견된 가면 증후군의 생각, 감정, 행동은 무엇인가? 당신이 묻고 싶은 질문은 무엇인가? 이 질문들에 대한 대답을 공책에 적어보자.

### 다음 단계

문제는 왜 세상의 똑똑하고 유능한 여성들(그리고 남성들)이 이런 잘못된 생각의 피해자가 되느냐는 것이다. 가면 증후군에서 벗어나는 과정은 그 감정들이 어디에서 왔는지 아는 것으로부터 시작된다. 그러니 거기에서부터 시작해보자.

# 당신이 스스로 사기꾼이라 생각하는 일곱 가지 이유

# 2장

# 가면 증후군을
# 배우며 자랐다면

사람들을 분석할수록 분석해야 할 이유가 점점 사라진다. 그리고 머
잖아 우리는 인간 본성이라는 무서운 보편성과 마주하게 된다.

_오스카 와일드 Oscar Wilde

당신이 가면 증후군인 건 당신 탓이 아니다. 자
신을 부족한 사람이라고 느끼는 이 불합리한 감정은 여러 가지 요인들로
발생할 수 있다. 가면 증후군이 찾아오면 그 감정의 배후에 있을 법한 이
유들을 이해하는 것이 큰 도움이 된다. 개인적인 차원에서 벗어나야 자
신의 반응을 관점의 문제로 전환해서 볼 수 있기 때문이다. 이것은 '난
무능력하기 짝이 없는 사기꾼이야.'라는 생각과 '사기꾼이라는 느낌이
드는 건 너무 당연해. 모든 상황을 고려해보면 안 그럴 사람이 어디 있겠
어?'라는 인식의 차이다. 이런 사고의 전환을 통해 당신은 '이런 기분이
드는 건 나뿐이야.'라는 잘못된 가정이 낳은 수치심에서 빠져나올 수 있
을뿐더러, 오히려 사기꾼이라고 느끼는 것이 정상이며 어떤 상황에서는
예견된 현상임을 알게 될 것이다. 이것만으로도 불안을 줄이고 자신감을
키우는 데 많은 도움을 얻을 수 있다.

이제 당신처럼 유능한 사람들이 스스로를 가짜라고 여길 수밖에 없게
된 이유 일곱 가지를 밝히려 한다. 이들 전부가 당신과 관련이 있지는 않

을지라도 알아두면 큰 그림을 보는 데 도움이 될 것이다. 일곱 가지 이유들이 특히 여성에게만 적용되는 것은 아니며, 대부분이 상황과 관련되므로 한 가지 이상 해당될 수도 있다. 하지만 누구나 최소한 한 가지 이유는 해당될 것이다.

## 이유 1  당신을 키운 건 인간이다

여기에 해당되지 않는 사람은 거의 없을 테니 누군가에게는 가면 증후군의 시작점이었을 이 이야기에 좀 더 시간을 쓰기로 하자. 알다시피 가족은 (학교 선생님, 코치, 그 밖에 인생에서 중요한 위치를 차지하는 다른 어른들과 함께) 어린 시절의 자기기대감 형성에 중대한 영향을 미친다. 이는 나아가 현재 당신이 느끼는 자신감, 능력, 성공에 대해서도 영향을 미친다. 특히 용기를 꺾는 말은 세월이 흘러도 사라지지 않는다. 매력적인 저음의 가수 앤디 윌리엄스Andy Williams는 자신의 회고록에서 어린 시절부터 아버지에게 들어왔던 말이 늘 머릿속을 떠나지 않았다고 털어놓았다. "넌 다른 사람들에 비해 실력이 떨어지니 더 열심히 노력해야 한다." 그 말들은 윌리엄스가 오랫동안 대단히 성공적인 가수 생활을 이어오는 내내 '자신감의 위기'를 불러일으켜 그를 괴롭혔다.

가면 증후군은 이보다 훨씬 간접적이고 미세한 메시지에도 발생할 수 있다. 어릴 때 B인 한 과목을 제외하고 모두 A인 성적표를 집에 가져갔을 때, "여기 이 B는 뭐냐?"라는 게 가족의 유일한 반응이었다면 당신은 커서 완벽주의자가 되어 있을 가능성이 크다. 부모가 오직 성적에만 집착했다면 똑똑해야 사랑받을 수 있다고 믿게 되었을 수도 있다.

가족이 당신의 재능과 성과를 알아차리지 못했을 수도 있다. 상을 받거나 트로피를 가져가도 "잘했네."라는 한마디가 끝이거나 최악의 경우 아무 말도 하지 않는 것이다. 아이들에게 칭찬은 산소와 같다. 칭찬을 듣지 못하고 자란 아이는 어른이 되어 자신의 성과를 자신의 것으로 받아들이거나 당연한 결과로 느끼는 데 어려움을 겪을 수 있다. 이 말에 공감한다면 부모가 칭찬을 자제하는 데에도 여러 가지 이유가 있다는 것을 알아야 한다. 사랑이 부족해서는 아니라는 사실도 말이다.

당신의 부모는 당신이 너무 우쭐해지거나 칭찬에만 의존하게 될까 봐 걱정했을 수 있다. 당신이 늘 최고 점수만 받아 오기 때문에 단순히 거기에 익숙해졌을 수도 있고, 공부를 못하는 형제가 있어 당신만 돋보이게 만들고 싶지 않았을 수도 있다. 부모의 교육 수준에 따라 학교 교육에 별 가치를 두지 않았을 수도 있다. 혹은 겸손함을 보이며 사람들의 관심을 끌지 않는 것을 미덕으로 생각하는 환경에서 자랐을 수도 있다. 이유가 무엇이든 칭찬 없이 어린 시절을 보냈다면 어른이 되어 자신의 성공을 합당한 결과로 여기기 어려울 수 있다.

이와는 반대로, 당신은 얼마나 잘했는지와 상관없이 아낌없는 칭찬을 받았을 수도 있다. 인정받지 못하고 자란 사람에게는 부러운 일이겠지만, 과도한 칭찬에도 문제점은 있다. 자신이 한 모든 것이 대단하게 여겨졌다면 좋은 것과 뛰어난 것, 그냥 한번 해보는 것과 자신을 온통 쏟아붓는 것의 차이를 결코 배우지 못했을 수도 있기 때문이다. 사람들의 인정에 지나치게 의존하게 된 나머지 교수나 직장 상사로부터 계속 칭찬받지 못하면 그 즉시 자신이 잘하고 있는지 의심하기 시작할 수도 있다. 아니면 '난 부모님 자식이니까 내가 하는 모든 게 마음에 들 거야.'라고 생각하며 평가를 중요하게 생각하지 않을 수도 있다.

결과보다 노력을 강조하며 모두에게 트로피나 금메달을 주는 환경에서 자랐을 수도 있다. 확실히 이 방법은 운동이나 공부에 타고난 소질이 없는 많은 아이들에게 계속 해나갈 수 있는 동기를 부여한다. 하지만 당신은 결과와 칭찬 사이의 상관관계에 대해 혼란을 느꼈을지도 모른다. 카네기멜론대학에 다니는 명석한 대학원생 잭은 노력에 대해서만 칭찬해주는 부모의 성향이 성취를 합리화시키고 과정과 결과가 일치하지 않으면 죄책감을 느끼는 자신의 성향으로 이어졌다고 생각한다. 예를 들어, 특별한 노력 없이 어떤 과목에서 A를 받으면 잭은 자신이 그 점수를 받을 자격이 없다고 느낀다. 그는 또 가면 증후군이 많은 것을 성취하는 사람들에게 연료 역할을 하는 건 아닐까 생각한다. "난 오랫동안 부모님을 깜짝 놀라게 할 만한 일을 하고 싶었어요. 매번 같은 칭찬만 듣는 대신에 말이에요."

이처럼 어린 시절에 받은 성취, 성공, 실패에 대한 메시지는 깊게 남는다. 앤디 윌리엄스는 여든한 살이 되어서야 "마침내 나도 다른 사람들만큼 잘하는 것일 수도 있다고 믿기 시작했다."라고 말했다. 어린 시절에 뿌리내린 가면 증후군에서 완전히 벗어나는 데는 이렇게 평생이 걸릴 수 있다. 물론 그렇다고 극복할 수 없다는 말은 아니다.

예컨대 어릴 때 맛본 성공의 경험을 떠올려보는 것이 도움이 될 수 있다. 자랑스러운 기억이면 더 좋다. 뛰어나게 잘했던 일이나 쉽게 해냈던 일들을 떠올려보자. 당시 당신의 반응은 어떠했나? 신났나, 당황했나, 놀랐나, 아니면 자랑스러웠나? 그 결과를 축하했나, 아니면 더 잘하지 못했다고 자책했나? 친구들에게 자랑했나, 아니면 아무 말 하지 않았나? 가족이나 다른 중요한 위치에 있는 어른들은 그 성공에 어떤 반응을 보였나? 상을 주었나, 칭찬했나, 아니면 그냥 무시했나? 그들은 신나했나, 실망했나, 애매한 태도를 보였나, 자랑스러워했나? 이런 경험들이 현재 당신이 성공에 반응하는 방식에 어떤 영향을 미쳤나?

물론 성과라는 동전에는 실패, 어려움, 실수와 같은 다른 면도 있다. 그럼 여기서 어린 시절이나 청소년기에 겪었던 기억에 남는 실수나 어려움을 떠올려보도록 하자. 읽기, 수학, 미술, 외국어, 체육 등 당신이 특히 어려워했던 것이 있었나? 시험이나 발표회에서 성적이 안 좋았거나 완전히 날려먹은 적이 있었나? 과학 대회에 나갔다가 순위에 들지 못했거나 수상하지 못한 것을 실패라고 생각했나? 그때 당신은 이 실패나 어려움에 어떻게 반응했나? 당황했나, 실망했나, 화가 났나? 자책했나, 아니면 별일 아니라고 넘겼나? 더 노력했나, 아니면 낙담해서 포기했나? 당신의 감정을 다른 사람들과 공유했나? 가족의 반응은 어땠나? 당신에게 벌을 주었나, 위로와 격려를 보내며 감싸주었나, 무시했나, 아니면 구해주었나? 그 일과 관련된 선생님, 코치, 다른 중요한 위치에 있던 어른들은 어떤 반응을 보였나? 끝으로 이 경험이 현재 당신이 실패, 어려움, 위험에 반응하는 방식에 어떤 영향을 미쳤나?

자라서 가면 증후군을 갖게 된 사람들은 심리학자 조앤 하비가 '가족 신화와 이름표 family myths and labels'라고 부르는 현상의 영향을 받았을 수도 있다. 형제나 가까운 사촌이 많은 집에서는 눈에 띄는 특성이나 재능에 따라 아이들에게 이름표를 붙이는 일이 흔하다. 웃기는 아이, 운동 잘하는 아이, 민감한 아이, 책임감 강한 아이, 나쁜 아이 등등. 만약 다른 형제가 영리한 아이라고 불렸다면 당신은 가족 신화를 믿는 것과 부모님이

틀렸음을 입증하고 싶은 간절한 마음 사이에서 갈등을 겪었을 수 있다. 반면 당신이 그 선택받은 아이였다면 당신은 그 이름표에 걸맞게 살아야 한다는 압박감을 느꼈을 것이다. 어느 쪽도 쉽지 않다.

세상에서 가장 내 편이 되어주는 가족을 가졌다 해도 성인으로서 자신의 성과를 평가할 때의 기준은 가족의 시각이 될 수밖에 없다. 물론 가족마다 자식의 성공에 대한 정의는 매우 다를 수 있다. 폴라 유 Paula Yoo 의 소설 《잘하고 있어 Good Enough》에 나오는 한국계 미국인 10대 소녀 패티는 그 기대가 무엇인지 아주 잘 알고 있다. '한국인 부모를 행복하게 만드는 법'이란 제목 아래 작가는 세 가지를 적었다.

1. SAT에서 만점 받기
2. 하버드, 예일, 프린스턴 중 한 곳에 들어가기
3. 남자애들과 이야기하지 않기 *남자애들은 공부에 방해가 됨

당신이 받은 메시지가 이보다는 훨씬 덜 노골적이었을 수 있지만, 그럼에도 당신은 성공이 어떤 모습이어야 하는지 잘 알고 있을 것이다. 어떤 가정에서는 고등학교를 마치거나 직업 학교에 진학하는 것이 성공이었을 것이다. 어떤 가정에서는 4년제 대학의 학사학위였을 것이다. 또 어떤 가정에서는 그것으로는 부족해서 석사나 박사학위를 따야 했을 수도 있다. '번듯한' 대학이나 법률, 의학, 공학 같은 '번듯한' 전공의 학위가 성공인 가정도 있을 것이다. 교육이 성공의 척도가 아닌 가정들도 있다. 이런 가정에서는 자녀들이 가업을 잇거나, 군대에 들어가거나, 결혼해서 아이를 갖거나, 성직자가 되거나, 혹은 그들의 민족, 종교, 문화에 기여하

는 일원으로 성장하기를 기대하기도 한다. 일부 아프리카계, 라틴계, 아메리카 원주민계, 아시아계 미국인들이 '공동의 성공'이라고 부르는 일이다.

당신은 어떤가? 당신의 집에서는 성공이 어떻게 정의되었는가? 성공의 중심이 교육이었다면, 부모는 당신에게 학문적으로 무엇을 기대했는가? 성적표를 둘러싸고 나눈 대화는 대체로 어땠는가? 그들은 당신이 자라서 무슨 일을 하고, 무엇이 될 것이라고 생각했는가? 가족의 눈에 당신은 그 기대를 충족했는가, 뛰어넘었는가, 아니면 미치지 못했는가? 현재 당신이 이룬 성과에 대해서는 뭐라고 말하는가? 아무 말도 하지 않는다면 그들이 어떤 생각을 하고, 어떤 기분을 느낄 것이라고 생각하는가? 이 모든 것들은 현재 당신이 자신의 성공에 대해 느끼는 감정에 어떤 영향을 미치는가?

누구나 가족이 자신을 자랑스러워하길 바란다. 만약 부모가 설정해놓은 성공의 수준에 도달했다면, 그리고 그 일을 잘해내고 있다면 모두가 행복하다. 하지만 그 성공이 기대와는 다른 수준의 성공이라면 당신은 '내가 정말로 성공한 걸까?'라고 의심할 수도 있다. 가족의 기대를 훌쩍 뛰어넘었다면 부모나 형제들을 앞섰다는 것에 죄책감을 느낄 수도 있다. 부모의 기대에 미치지 못했다면 수치심을 느낄 수도 있다. 어느 쪽이든 가까운 심리치료실로 달려가게 될 수 있다.

나이가 몇이든 우리는 가족의 인정과 칭찬을 바라는 마음에서 결코 벗어나지 못한다. 하지만 칭찬을 바라는 마음과 실제로 받는 것은 또 다른 이야기다. 만약 당신의 부모가 다른 형제를 집안의 천재라고 부른다면 당신이 아무리 원해도 그것은 바뀌지 않는다. 하지만 '영리한 아이'라는 왕관을 쓴 사람이 당신이라면 늘 그 이름에 부합할 수는 없다는 것을 인정하기 바란다. 가족의 칭찬을 받기 위해 더는 시간과 감정을 소모하지 않기로 결심하면 비는 시간이 많아질 것이다. 과거를 바꿀 수는 없다. 하지만 미래는 만들어갈 수 있다. 조지 엘리엇 George Eliot 이라는 필명으로 더 잘 알려진 소설가 메리 앤 에반스 Mary Anne Evans 는 말했다. "당신이 꿈꾸었던 사람이 되기에 늦은 때란 결코 없다." 마찬가지로 자신 있고 확신에 찬 당신 본래의 모습을 되찾기에 늦은 때란 결코 없다.

끝으로, 당신의 부모도 인간에게 양육되었음을 잊지 말자. 당신이 칭찬을 받지 못했다면 당신의 부모 역시 칭찬을 받아보지 못했을 수 있다. 또는 그들도 부모로부터 완벽한 학업 성적을 요구받았기 때문에 당신에게도 그랬는지 모른다. 아니면 부모가 그렇게 해주길 바랐거나. 마침내 부모를 이해하고 용서할 수 있을 때 스스로에 대해서도 그럴 수 있을 것이다.

# 집단 속에서
# 끊임없이
# 타인과 자신을 비교한다

( 이유 2 ) 당신은 학생이다

1985년부터 지금까지 나는 60개가 넘는 대학에서 강의 초청을 받아왔다. 가끔 교수진과 학장들을 대상으로 한 강의도 있었지만 가면 증후군에 특히 취약한 집단을 위한 내 강의의 주 대상은 학생들이었다. 당연하지 않은가? 학생이야말로 매일같이 자신의 지식과 능력을 시험당하고 평가받는 유일한 집단이니 말이다.

학교에서 공부 잘하는 학생으로 통했거나 최상위권 성적으로 고등학교를 졸업했다면 아마도 당신은 똑똑한 학생, 우수한 학생으로 바라보는 시선에 익숙해져 있을 것이다. 하지만 대학에 들어가서는 갑자기 자신도 많은 학생 중 한 명일 뿐임을 깨닫는다. 이제 당신은 누구일까?

반면 고등학교에서는 평범한 학생이었다가 대학에 들어가서는 좋은 성적을 받거나 그 이상의 결과를 받을 수도 있다. 이 경우 당신은 자신이 어떻게 그런 성과를 냈는지 의심할 수 있다.

자신 있게 학교생활을 시작했지만 몰지각한 교육자에게 자신감을 짓밟힐 수도 있다. 이건 정말 너무 흔한 이야기다. 불안에 시달리던 어느 공학 전공 학생은 교수로부터 "딱히 똑똑하진 않지만 그럭저럭 해낼 수는 있겠군."이라는 말을 들었다. 잔인하고 거들먹거리기 좋아하는 지도

교수 밑에서 논문을 쓴 한 석사과정 학생은 4년 동안 들은 말 중에 가장 고무적인 말이 "논문이 너무 터무니없지는 않군."이었다고 했다. 해석하자면 '너의 논문이 너무 구리지는 않다.'라는 뜻이었다. 이런 피드백을 받고도 어떻게 자신감에 상처를 입지 않겠는가?

이루어야 할 목표가 높을수록 자신이 가짜라고 느낄 가능성은 커진다. 만약 당신이 공부에 재능이 있다고 여겨지거나 우등반 학생이라면 똑똑해야 한다는 압박감을 더 많이 받을 수 있다. 학사과정은 비교적 자신 있게 해왔지만 다음 단계의 학위를 따기로 결정하고 나면 정말 자신에게 학생에서 학자로 나아갈 능력이 있는지 의심하게 될 수도 있다. 어떤 경우든 당신은 의문에 빠질 수밖에 없다. '내가 충분히 알고 있는 걸까?'라거나 '정말로 이걸 할 수 있을까?' 또는 '내 능력으로 충분한가?'라는 의문 말이다.

지금 당신이 학생이라면 몇 가지 명심해둘 점이 있다. 한 가지는 법학부터 심리학, 예술에 이르기까지 어느 분야에나 그 분야만의 특별한, 대개는 불필요하고 복잡한 언어가 있다는 사실이다. 그에 따라 그 분야에 대한 학식이 있어 보이려면 일상의 언어로 쉽게 표현할 수 있는 것들을 '고상한' 언어를 써서 말해야 한다. 그 언어는 당신이 그 분야에 대해 비교적 잘 알고 있을 때조차도 지나치게 난해해서, 무슨 말을 하는지 이해하려면 같은 문장을 몇 번씩 반복해서 읽어야 할 정도다. 끝내 그 문장을 해독했든 해독하지 못했든, 무슨 말인지 몰라 헤맸다는 사실 하나로 당신의 가면 증후군은 경보음을 울리기 시작할 수 있다. 솔직히 더 많은 전문가들이 더 많은 사람들에게 자신들이 하는 일을 좀 더 쉽게 전달하려고 노력한다면 당신을 포함한 우리 모두는 훨씬 더 똑똑해지고 더 많이 알게 되었다고 느끼게 될 것이다.

교육 수준이 높은 사람들에게 둘러싸여 있으면 모두가 당신보다는 어딘지 더 똑똑하다고 생각하기 쉽다. 하지만 그런 사람들도 있고, 그렇지 않은 사람들도 있다. 토마스 암스트롱 Thomas Armstrong 은 자신의 책《7가지 지능: 다중지능 확인하고 개발하기 7 Kinds of Smart: Identifying and Developing Your Multiple Intelligences 》에서 똑똑함에는 여러 종류가 있다고 지적한다. '학문적 똑똑함'은 그중 하나일 뿐이다.

지적 불안감이 엄습할 때면 지식과 능력을 정기적으로 테스트하고 평가받기 위해 학교에 들어간 것이며, 그 특권을 위해 돈까지 냈다는 사실을 기억하기 바란다. 교육을 받는 데는 많은 비용이 들어간다. 그러니 학생은 비용을 지불하는 소비자의 자격으로 수업과 그 밖에 얻을 수 있는 개인 교습, 학업 상담까지 쓸 수 있는 모든 자원을 이용하는 사람이라고 생각하자. 또한 좀 더 쉬운 과목들이 있고 정말 열심히 공부해야 하는 과목도 있다는 걸 인정하자. 공부에 애를 먹고 있다면 당황하거나 자신이 부족하다고 판단하지 말고 도움을 구하자.

무엇보다도 가면 증후군이 학생 경험의 일부임을 알아야 한다. 만약 대학원생이거나 이 장에서 다루고 있는 집단에 속한다면 더욱 그렇다. 이것을 아는 것만으로도 자신감 부족을 개인적인 차원이 아니라 전체적인 학생 경험의 일부로 인식하는 데 도움이 된다. 그러니 가장 자신 있는 목소리로 다음과 같이 말해보자. **나는 학생이다. 나는 배우기 위해 여기에 있다. 멍청하다고 느끼는 게 당연하다!**

## 이유 3 ) 자기불신을 키우는 조직문화 속에서 일한다

물론 협동하고 서로 돕는 환경에서 일하면서도 여전히 자신이 부족하다고 느낄 수 있다. 하지만 각자 자기 것만 챙기는 문화 속에서 성공하기 위해 노력하고 있다면 가면 증후군에 걸릴 가능성은 더욱 커진다. 적대적인 조직문화는 새로운 현상이 아니다. 저명한 물리학자이자 화학자인 마리 퀴리 Marie Curie 는 이미 100여 년 전, 자신의 분야에 '진리를 세우기보다 오류를 찾는 데 급급한 가학적 성향의 과학자들이 있다'는 것을 알게 되었다.

학계를 예로 들어보자. 처음에 많은 사람이 대학에 남아 학문을 추구하기로 결정하는 동기는 학술 논쟁과 왕성한 연구 활동이다. 하지만 여기서 예상치 못한 점이 등장한다. 특히 경쟁이 치열한 연구 환경에서 일할 경우, 열띤 논쟁과 질의가 금세 적대감과 조소로 바뀌어버리는 문화가 존재한다는 사실이다. 이 문화가 얼마나 심하면 한 대학의 물리학 교수들은 자신들의 전공을 '전투 물리학'이라고 바꿔 부를 정도다.

실제로 캐나다 요크대학의 다이앤 존 Diane Zorn 은 학계의 공격적인 경쟁과 학문적 고립, 국수주의와 같은 학계 문화의 바람직하지 않은 요소들과 이에 대한 감시 부족이 대학 캠퍼스에 가면 증후군이 만연한 이유라고 주장한다. 비단 학생들 사이에서만이 아니다. 실제로 남성이 여성보다 가면 증후군을 더 강하게 느낀다고 주장하는 단 하나의 연구에서, 그 남성들은 바로 남성 대학교수들이었다.

비즈니스 세계에서는 양상이 조금 다르다. 이 세계에서는 다른 사람들의 이론에서 허점을 찾아내는 능력이 아니라 경쟁에서 이겨 승진하는 능력에 의해 성공이 결정된다. 그렇다고 이기주의와 앞지르기와 내부 경쟁이 부족하지는 않다. 이 세계에서 10년간 회사생활을 했던 나는 거만한 간부들이 부하직원들을 얼마나 무시할 수 있는지, '바보 같은 질문이란 없다'고들 하지만 어떻게 모두가 그런 질문이 사실은 '있다'는 것을 알게 되는지, 모험은 어떨 때 수용되는지(당신이 늘 모험에 성공할 때에만 가능하다) 체험적으로 알게 되었다. 깨어 있는 거의 모든 시간을 보내는 곳에서 스스로 멍청하거나 부족하다고 느낀다면 당신의 자신감은 고통받을 수밖에 없다.

직장이 두렵거나 과분하게 느껴진다면 자신이 '충분히 똑똑하지 않아서', '수준에 미치지 못해서'라고 생각하기를 멈추고 그 조직문화가 당신의 가면 증후군에 어떤 영향을 미치고 있는지 알아차리자. 도움이나 정보를 청하면 나약하다고 여기는가, 정당한 요구로 받아들이는가? 모르는 게 있었다고 인정하면 충분히 그럴 수 있으며 배우면 된다고 말하는가, 무능력의 징표로 여기는가? 완벽주의가 조직의 암묵적인 규칙인가?

직장이 자신의 지적 능력을 높여주는지, 불안감을 키우는지는 오직 당신만이 판단할 수 있다. 특별히 적대적인 환경에 처해 있다면 자신의 전공 학문이나 전공 분야 안팎에서 생각이 비슷한 동료들을 찾아보자. 당신의 일을 이해하고 검증해줄 수 있는 사람들과 협력하거나 단지 이야기를 나누는 것만으로도 비협력적인 환경의 부정적 영향을 상쇄할 수 있다. 어떤 방법도 효과가 없다면 옥시전 미디어 Oxygen Media 의 CEO 게리 레이본 Gary Laybourne 의 충고를 기억하자. "그들 때문에 바보가 된 기분이 들어도 계속 앞으로 나아가세요." 하루아침에 직업을 바꿀 수는 없지만 이직에 대비해 이력서를 계속 보강해해두는 현명함을 발휘하자.

# 혼자일 때,
# 혼자라 느낄 때

[이유 4] <u>혼자 일한다</u>

혼자 일을 하면서도 자신이 가짜라는 기분은 들 수 있다. 사실 어떤 면에서는 혼자 일하는 것이 자신의 경쟁력을 한층 더 의심하게 만들 수도 있다. 결국 혼자 일한다는 것은 안내서 역할을 해줄 직무 설명서도, 운영에 관한 피드백도, 외부 성과 기준도 없다는 뜻이니 말이다. 그래서 이런 단점을 보완하려고 자신만의 기준을 만들지만, 엄격하고 가차 없는 자기 자신이 상사라면 일은 더욱 힘들어진다.

혼자 일하다 보면 직업적으로 고립될 위험도 더 커진다. 자신의 아이디어나 결정에 대해 피드백해줄 사람이 없기 때문에 더 쉽게 낙담하고 자기불신의 구렁텅이에 빠져버릴 수 있다.

이렇듯 혼자 일하면 미래에 대한 전망을 보지 못하기 쉬우므로 혼자 일하는 다른 사람과 정기적인 교류를 갖는 것이 좋다. 같은 사업을 하거나 같은 분야에 몸담은 사람일 필요는 없다. 중요한 건 당신이 업무를 완수하고 마감을 지키도록 확인해주고, 문제점을 찾아주며, 함께 아이디어를 나누고, 자신이 잘해나가고 있는지 알 수 있도록 꼭 필요한 피드백을 해줄 사람을 갖는 것이다.

조너선 사프란 포어 Jonathan Safran Foer 는 자신의 소설 《모든 것이 밝혀졌다》가 〈뉴욕 타임스〉 베스트셀러 목록에 오른 후 한 기자에게 이렇게 말했다. "난 스스로에게 아주 혹독해질 때가 있어요. 그럴 때면 내가 사람들을 속이고 있다고 생각하죠." 수상 경력이 있는 작가 마야 안젤루 Maya Angelou 도 자신의 성공이 하나의 거대한 계략이 아닐까 걱정한다. "열한 권의 책을 썼지만 매번 이런 생각을 해요. '이번엔 들킬 거야. 난 사람들을 상대로 도박을 했고, 이제 모두가 나에 대해 알게 될 거야.'라고 말이에요."

작가만이 아니다. 인터넷을 보면 수많은 찬사를 받고 있으면서도 자신이 쓰고 있는 가면이 벗겨질까 걱정하는 연예계 사람들의 가면 증후군 고백이 넘쳐난다. 케이트 윈슬렛 Kate Winslet 은 인정받는 스타지만 부담이 커질수록 이런 생각이 든다고 말한다. "아침에 일어나서 촬영장에 가기 전에 그런 생각을 하죠. '난 못 해. 난 가짜인걸.'" 돈 치들 Don Cheadle 은 말한다, "전부 잘못하고 있는 것만 보이죠. 내가 하는 게 전부 다 가짜고 사기인 거예요." 당신이 있는 곳이 카메라의 어느 쪽인지는 중요하지 않다. 영화 〈배트맨〉 시리즈의 제작자 마이클 우슬란 Michael Uslan 은 말한다. "지금도 여전히 경비가 와서 날 내쫓을지도 모른다는 생각이 마음 한구석에 남아 있죠."

왜 그럴까? 창조적인 작업은 본질적으로 자신이 부족하다는 느낌을 더 쉽게 갖게 한다. 만약 전통적인 훈련이나 교육을 받지 않았다면 더하다. 우선 자신의 작품이 대중에게 공개되어 있다. 당신은 그 작품만이 아니라 개개인의 완전히 주관적인 예술적, 문학적 기준에 의해 규정된다.

전문 비평가라는 직업을 가진 사람들에게 자신의 일을 평가받는 직업이 몇 개나 될 것 같은가? 자신이 작업한 지난 그림, 지난 영화, 지난 책보다 더 나아진 게 없다는 것을 알면서 일정한 수준의 자신감을 유지하기란 힘든 일이다. 가장 빛나는 별들도 금세 빛을 잃고, 다른 직종의 사람들과 달리 매번 거듭해서 자기 자신을 증명해야 성공할 수 있는 곳에서 말이다.

만약 높은 평판을 받고 있다면 어떨까? 아마도 더 자신 있어질 거라고 기대하겠지만, 오히려 자신에 대한 의심만 더 높아질 수 있다. 주위 사람들의 반응이 너무 편향될 수 있기 때문이다. 작가인 A. J. 제이콥스A. J. Jacobs 는 말했다. "당신이 유명할 때는 입에서 농담 비슷한 말만 나와도 주위 사람들이 모두 배꼽을 잡고 웃죠." 그런 숭배를 받는다면 정말 자신이 그 정도의 관심을 받을 자격이 있는지 의심하는 게 지극히 당연하다.

가면 정서가 창조적인 사람들에게 나타나는 보편적 특성이라면 그만 저항을 멈추고 대세를 따르는 건 어떨까? 내가 이 책에서 줄곧 유명 배우들의 수많은 가면 증후군 고백을 언급하는 이유는 그들이 일반적으로 재능을 인정받는 사람들이기 때문이다. 역대 최다 아카데미상 후보인 메릴 스트립마저도 기자에게 새로운 영화를 시작할 때마다 겁이 난다고 말한 적이 있다. "이런 생각이 드는 거죠. '누가 또 날 영화에서 보고 싶어 하겠어? 난 연기를 할 줄도 모르는데 왜 이 일을 하고 있는 걸까?'" 세상에, 그 메릴 스트립이 말이다! 이 이야기를 듣고도 가면 증후군이 얼마나 정상적이며 동시에 터무니없는 감정인지 알지 못한다면 다른 어떤 이야기를 들어도 알 수 없을 것이다.

저명한 안무가 마사 그레이엄 Martha Graham 은 말했다. "만족하는 예술가는 없다. 어떤 경우에도 '만족하지 않는다.' 우리를 계속해서 나아가게 하고 다른 사람들과 구별되게 만드는 기이하고 신성한 불만, 축복받은 불안이 있을 뿐." 세상에서 가장 큰 찬사를 받는 사람들 중 많은 수가 스스로를 사기꾼이라고 느끼는데 당신이 그러지 않을 이유가 어디에 있겠는가? 자신을 나무라기보다는 시대를 막론하고 뛰어난 재능을 지닌 많은 이들과 동일한 인간적 불안을 공유할 수 있게 해주는 그 축복받은 불안에 행복한 춤이라도 출 일이다.

## 이유 6 ) 당신은 낯선 나라에 들어온 이방인이다

소속감은 자신감 유지에 영향을 미칠 수 있다. 다시 말해 자신이 아웃사이더라고 느낀다면 어떤 면에서 당신은 가면을 쓰고 있다고 할 수 있으며, 그럴 때 가면 감정이 쉽게 찾아올 수 있다. 물 밖에 난 물고기 같은 기분이 드는 경우가 몇 가지 있는데, 익숙하지 않은 문화권이나 사회경제적 계층 속에 들어가 살고 있거나 이질적인 근무 환경에서 일하는 경우가 그렇다.

가령 외국에서 근무하거나 유학 중이라면 그곳에 적응하기 위해 얼마나 끊임없이 노력해야 하는지 잘 알 것이다. 힘든 일을 하며 겪는 일반적인 기대감과 압박감 외에도, 당신은 다른 문화, 때로는 다른 언어를 헤쳐나가며 그 일을 해내야 하는 어려움을 겪는다. 외국에서 레지던트를 마친 캐나다 의대생 중 무려 85.7퍼센트가 높은 가면 감정 수치를 보인다는 실험 결과는 놀랄 일이 아니다.

사회경제적인 배경도 소속감에 영향을 미칠 수 있다. 가령 영국에서 대학에 들어가기 전 사립학교를 다닌 학생들은 가면 감정 수치가 낮았다. 하지만 노동계층 출신일 경우에는 자신을 사기꾼이라고 느낄 수 있다. 미국연방대법원 대법관 소니아 소토마요르Sonia Sotomayor는 브롱크스를 벗어나 프린스턴대학 캠퍼스에 첫발을 디뎠을 때, '낯선 나라에 도착한 방문자' 같은 기분이 들었다고 한다. 그녀는 "대학 첫해 내내 너무 당황스럽고 기가 죽어 질문을 할 수도 없었다."라고 말했다. 당신이 성공한 1세대 성공한 전문가라면 자신이 새로운 세계에 완전히 적응하지 못한 채 어정쩡한 위치에 서 있다는 것을 알게 될 수도 있다. '난 여기에 어울리지 않아. 여기에 있을 자격이 없어.'라는 정서가 배후에 깔려 있는 것이다. 새로운 세상에 허물없이 어울리면서도 절반쯤은 누군가 다가와 어깨를 두드리며 여기서 나가달라고 요구할지도 모른다고 생각할 수도 있다. "프린스턴 재학 시절부터 로스쿨을 거쳐 다양한 경력을 쌓는 동안 내가 속한 그 세계의 완벽한 일원이라는 기분을 느껴본 적이 없어요."라고 소니아 소토마요르는 말했다. "늘 뒤를 흘끗거리며 내가 여기에 맞는 사람인가 점검하죠."

지역이나 계층과는 무관하게, 회사라는 환경에서 일하는 여성이라면 인식하든 인식하지 못하든 낯선 문화 속에 들어가 있다. 여성을 대상으로 조직 정치의 암묵적 규칙을 헤쳐나가는 법을 가르치는 책들은 수없이 많지만, 딱히 세상에서 낯설 것도 새로울 것도 없는 남성을 대상으로 성공하는 법을 가르치는 책은 없는 것과 같은 이유다.

여성들이 사적인 관계 영역이나 가정에서 가면 감정과 씨름할 일이 훨씬 적다는 사실을 생각해보면 이것은 작은 문제가 아니다. 세탁물을 분류하며 사기꾼 같은 기분이 들거나 반려동물의 사랑을 받으며 운이 좋아서라고 생각하지는 않는다. 물론 그럴 때가 없지는 않을 것이다. 가령 부모로서 그냥 되는 대로 아이를 키우고 있다는 기분이 드는 경우처럼 말이다. 하지만 이건 자신의 지적 능력에 의문을 갖는다거나 자녀 양육에 성공한 걸 운이나 매력 덕분이라고 생각하는 것과는 다르다.

웰즐리 여성센터 Wellesley Centers for Women 선임 연구원인 페기 매킨토시 Peggy McIntosh 박사는 만약 가면 증후군이 단순히 자신감이나 양육의 문제라면 삶의 모든 영역에서 사기꾼이 된 것 같은 기분이 들 것이라고 말한다. 하지만 여성이 무력감과 부족함을 가장 많이 느끼는 곳은 힘과 권위가 있는 공적 영역이다. 물론 이는 남자들도 마찬가지다. 다만 여기서 다른 점은, 몇 십 년 전까지만 해도 이 영역은 남성들에게 거의 독점되다시피 한 영역이라는 것이다. 여성들이 이 영역에 발을 들인 역사는 길지 않기 때문에(특히 최고위급에는) 산업계, 금융계, 과학계, 정치계, 심지어는 예술계에서 힘 있는 전문가들이 발휘하는 솜씨가 일부 여성들에게는 완전히 불가사의해 보일 수도 있다. 당신은 중요한 일을 하는 중요한 사람들을 보며 자신의 능력이나 이해력으로는 엄두도 내지 못할 거라고 생각할지도 모른다. 하지만 게임 자체를 이해하지 못하면 겁에 질려 게임을 해볼 시도조차 못 할 수 있다.

따라서 당신이 이 경우들에 해당된다면 가장 먼저 해야 할 일은 자신에게 기회를 주는 것이다. 문화적으로 낯선 곳에 있다면 당신은 원래 그 문화 속에서 살아온 사람보다 자신의 능력에 더 큰 불안감을 느낄 수밖에 없다. 만약 1세대 전문가라면 사회계층에 따르는 도움 없이 지금의 자리에 온 것이므로 특별하며 칭찬받아 마땅하다. 가면 감정이 덮쳐오면 지금처럼 잘해내고 있는 자신에게 추가 점수를 주자.

다음으로 할 일은 낯선 나라 속 이방인으로서 느끼는 소외감을 표현할 방법을 찾는 것이다. 학생이라면 외국 유학생을 위한 캠퍼스 프로그램을 이용할 수 있을 것이다. 해외 근로자로서 같은 문화권 사람들과 접촉할 프로그램이 없다면 지금 자신이 거주하는 나라의 다른 지역에 있는 동향인들이나 아니면 고향에 있는 사람들과 접촉할 만한 온라인 장소를 찾아보자. 그런 다음에는 가면 증후군 이야기를 꺼낼 기회를 찾아보자. 고백이 아니라 흥미로운 토론 주제로서 말이다. 장담하건대 가면 감정의 보편적인 특성상, 일단 그 감정의 이름을 꺼내고 나면 같은 감정을 느끼는 사람들을 만나게 될 것이다.

어떤 이유에서든 이방인이 된 듯한 기분이 들 때는 적응하고 어울리기 위해 어느 정도의 속임수가 필요하다는 점을 기억하자. 중요한 것은 어색하고 불편한 감정을 자신이 다른 사람들보다 똑똑하지 않다거나 능력이 모자라다거나 가치가 없다는 뜻으로 받아들이지 않는 것이다. 당신이 지금 그 자리에 있는 건 그럴 자격이 있기 때문이다.

# "내가 잘해야만
다른 사람도
피해 입지 않을 거야."

───────────

[ 이유 7 ]  자신이 속한 사회집단을 대표한다

클레어 부스 루스Clare Boothe Luce가 이런 말을 한 적이 있다. "여자니까 성공하기 위해 특히 더 노력해야죠. 내가 성공하지 못하면 사람들은 '그 여자한테는 그럴 역량이 없어.'라고 말하지 않고 '여자들에게는 그럴 역량이 없어.'라고 말할 거거든요." 극작가와 잡지 편집자를 거쳐, 미국 대사, 국회의원을 지낸 루스가 처음 사회생활을 시작한 건 1935년이었다. 하지만 80여 년이 지난 지금까지 자신이 속한 성, 인종, 성적 지향 등을 대표해 능력을 보여주어야 한다는 부담감은 여전히 존재한다.

몇 년 전, 앞이 보이지 않는 한 젊은 여성이 내 워크숍에 참가한 적이 있다. 그즈음 대학을 졸업한 그 여성은 그곳에 모여 있던 다른 사람들처럼 가면 증후군과 씨름하고 있었다. 동시에 그녀는 자신이 직장 내 최초의 시각장애인이라는 점에 대해서도 엄청난 불안감을 갖고 있었다. 그녀는 설명했다. "내가 정말 뛰어난 장애인이 못 되면, 다음에 또 장애를 가진 누군가가 이 직장에 지원할 때 사람들은 생각할 거예요. '그런 사람'을 고용해봤지만 별로였다고." 이건 유색인종들에게도 아주 익숙한 상황이다.

자신이 속한 사회집단 전체를 대표해야 한다는 생각에서 비롯되는, 가면 증후군에 더 취약하게 만드는 그 압박감을 꼭 눈이 멀어야만 알 수 있는 건 아니다. 대법원장인 샌드라 데이 오코너 Sandra Day O'Connor 는 퇴임 당시 법원에서 자신이 차지하고 있던 선구자적인 위치에 대해 이렇게 회상했다. "국민들이 날 임명한 게 옳았다고 확신할 만큼 잘해낼 수 있을지 걱정이었죠. 내가 혹시 심하게 헛발질이라도 했다면 여성들의 삶을 더 힘들게 했을 겁니다."

알려진 바에 따르면 남성들에 비해 소수라는 생각을 하는 것만으로도 여성들은 눈에 띄게 불안감을 보인다(여기에 대해서는 차차 더 자세하게 알아보기로 하자). 잘해야 자의식을 느끼는 정도에서 그치고, 최악의 경우에는 겁에 질린다. 여기에 소수집단 우대정책의 결과로 지금의 자리에 도달했다는 생각(어떤 이들에게는 자동적으로 자신이 덜 유능하다는 뜻으로 해석되는)이나 아름다운 외모 덕분에 잘나가고 있다는 생각까지 더해보자. 둘 중 어디에 해당되든 이런 생각은 자신감을 약화시키고 자신을 증명해야 한다는 압박감을 강화시킬 수 있다.

머릿수가 성과에 영향을 미친다고 여기지 않는다면 다시 생각해보자. 매사추세츠공대의 연구자들은 학과 내 여학생의 비율이 대략 15퍼센트를 넘어섰을 때 여성들의 학문적 성과가 개선되었음을 발견했다. 여학교에 다니는 여학생들은 남녀공학에 다니는 남녀학생들보다 직업에 대한 포부가 더 높았다. 여자대학에 다니는 여학생들이 남녀공학인 대학에 다니는 여학생들보다 자존감과 지적 자신감이 더 높을 수 있다는 사실은 여러 연구들에서 거듭해서 나타난다. 전통적인 흑인대학에 다니는 흑인들도 역시 마찬가지다.

그럼 어떻게 해야 될까? 우선은 그것이 당신의 문제가 아님을 깨달아야 한다. 남성과 여성이 직장에서 소통하고 권위를 행사하고 협상하고 유머를 사용하고 조직 정치를 헤쳐나가는 방식에는 잘 알려진 중요한 차이가 있다. 이런 차이를 이해하고 있으면 무례함이 성차별적 태도라기보다는 스타일의 문제일 수 있다는 사실을 알아차릴 수 있다. 이런 상황에서는 유머 감각이 큰 도움이 된다.

백인이 대다수인 환경에서 일하는 유색인이라면 지배적 문화 속에서 자기 길을 가는 법을 찾아야 한다. 동시에 자신의 문화를 수용하는 것이 자기불신을 막아주는 강력한 완충제 역할을 할 수 있다. 자신의 인종이나 민족 집단의 일원이라는 사실에서 집단적 자존감을 끌어오는 유능한 유색인 여성들은 가면 감정을 느끼는 정도가 낮았다.

다음으로 할 수 있는 일은 당신의 학문적, 직업적 목표를 지지해주는 사람들과 적극적으로 관계를 맺는 것이다. 직장이나 공동체 안의 직업 네트워크에 가입하거나 직접 만들어보자. 자신이 살거나 일하는 곳이 인종적으로나 민족적으로 다양하지 않다면 그 지역 밖에서 열리는 회의나 그 밖의 네트워크 행사에 참석하려고 노력하자.

마지막으로, 수적 열세에서 느끼는 불편함을 자신이 충분히 똑똑하지 않다거나 그 자리에 있을 자격이 없기 때문이라고 잘못 해석하지 말자. 당신이 그 자리에 있는 건 당신에게 그럴 자격이 있기 때문이다. 소수집단을 대표하는 사람이 된다는 건 스트레스가 될 수 있다. 따라서 가면 감정이 덮쳐올 때 잘해내고 있는 자신에게 추가 점수를 주는 것이 더 중요해진다. 자신이 속한 사회집단 전체를 대표해야 한다는 기대를 받을 수는 있지만 그 책임감을 받아들일 필요는 없다. 당신도 어느 누구만큼이나 실패할 권리가 있다. 그 권리를 주장하자.

## 요점

당신이 스스로를 가짜라고 느낄 수밖에 없는 일곱 가지 이유가 있다. 가족들로부터 받은 기대와 메시지, 학생이라는 신분, 자기불신을 키우는 조직문화, 혼자 일하는 상황, 창조적인 분야의 특수성, 낯선 나라의 이방인이 되었거나 그런 느낌을 가질 수밖에 없는 상황, 자신이 속한 사회집단 전체를 대표해야 한다는 기대감. 일단 많은 사람들이 이런 비슷한 시나리오 속에서 똑같은 자기불신을 겪는다는 사실을 깨닫고 나면 당신은 자신의 가면 감정을 개인적인 문제가 아니라 상황적인 조건의 문제로 생각할 수 있게 될 것이다.

## 당신이 할 수 있는 일

- 한 발짝 뒤로 물러서서 가족들의 메시지와 기대가 당신의 가면 감정에 어떤 영향을 미쳤는지 살펴보자.
- 앞에서 논의한 상황들 가운데 당신은 어떤 상황에 해당하는지 생각해보자. 해당되는 상황을 넣어 다음 문장을 완성해보자.
  ＿＿＿＿＿＿＿＿＿＿＿라는 사실을 감안할 때 내가 느끼는 감정은 완전히 정상이다.
- 자신에게 해당하는 상황에 관해 읽으며 생각나거나 깨달은 점이 있다면 노트에 적어보자.
- 그래도 여전히 스스로 가짜라고 느끼는 사람은 나밖에 없다는 생각이 든다면 온라인이나 오프라인에서 같은 상황에 처한 다른 사람들을 만나 가면 증후군에 대해 얘기할 수 있는 기회를 찾아보자. 단언컨대 더 이상 혼자라는 기분은 들지 않을 것이다.

## 다음 단계

외부에서 인식하는 당신의 모습과 내면에서 느끼는 당신의 모습은 당연히 서로 연결되어 있다. 여성들에게 가면 증후군은 개인적인 경험이자 공동의 경험이다. 곧 알게 되겠지만 가면 증후군이라는 퍼즐에서 또 다른 중요한 조각은 여성의 능력에 대한 사회의 추정으로, 이 것을 알면 가면 증후군이 여성에게 더 많은 이유를 이해하는 데 많은 도움이 될 것이다.

# 모든 게
# 당신 탓은
# 아니다

3장

# 여자인 당신의 유능함을
# 인정하지 않는 사회

> 여성은 아주 약간 능력이 떨어진다고 여겨진다. 그들의 문제는 딱 그
> 만큼 덜 긴급하다. 그들의 경험도 아주 약간 쓸모가 덜하다.
>
> _디디 마이어스 Dee Dee Myers, 전 백악관 대변인

어느 국제투자은행의 한 임원이 자기 회사에서
가면 증후군에 대한 강연을 해달라고 날 초청했다. 그 강연이 도움이 될
거라고 생각되는 여성 관리자 여러 명과 이야기를 나눈 후였지만, 샌드
라의 동기가 완전히 이타적인 것만은 아니었다. 그녀는 승진할 때마다
따라오는 대단한 직책과 더 대단한 연봉에도 내심 이런 생각을 하고 있
었다. '이 사람들은 내가 얼마나 헤매고 있는지 정말 모를까?' 그러니 24
시간 안에 200명 넘는 사람들이 강연 참가 신청을 했을 때 그녀는 분명
크게 마음이 놓였을 것이다.

샌드라가 받은 메일 중에는 다른 남자 임원한테서 온 것도 있었다. 그
의 답변은 단순명료했다. "난 이런 강연 필요 없어요. 정말로 난 사람들
이 생각하는 것보다 더 똑똑하거든요." 샌드라는 거울의 안과 밖에 서 있
는 사람처럼 자신과 동료의 반응이 어쩌면 그렇게 정반대일 수 있는지
놀랐다. "어디서 그런 자신감이 나올까요?" 그녀는 물었다. 오래지 않아
나는 내 가면 증후군 워크숍에 참석했던 한 뛰어난 연구원으로부터 놀랄
만큼 비슷한 이야기가 담긴 이메일을 한 통 받았다.

내 남편은 좋은 사람이고 간부급 사다리의 꽤 높은 곳까지 올라간 성공한 남자예요. 어젯밤에 저녁을 먹으면서 가면 증후군 얘길 했는데, 남편이 정말로 진지하게, 거만한 기색 하나 없이 자기는 전혀 공감이 안 된다고 하는 거예요. 자기는 다른 사람들이 인정하는 것보다 훨씬 더, 천재적으로 똑똑하다고 생각한다면서 말이에요. 어쩜 이렇게 다를 수 있는지 웃음밖에 안 나오더라고요. 진짜 웃기죠.

정말 웃기는 게 뭔지 아는가? 그건 똑똑하고 유능하다는 수많은 남성이 이 정도로 자신감에 넘치고 있을 때, 그만큼 총명하고 능력 있는 수많은 여성은 그 정도의 자신감을 갖기 위해 고군분투하고 있다는 사실이다. 여성들은 자신의 능력을 인정하기 어려워하지만 남성들은 남들에게 자신의 뛰어남을 인정받지 못한다고 느낀다는 사실이다. 금융계부터 교육계, 체육계에 이르는 다양한 분야에서 남성들은 여성들의 자기평가와 달리 스스로를 더 유식하고 안정적이며 유능하다고 생각한다는 것이 여러 조사 결과 꾸준히 드러나고 있다는 사실이다.


## 그저 당신이 여자이기 때문에

앞 장에서 당신은 스스로 가짜라고 느낄 수밖에 없는 일곱 가지 이유에 대해 알게 되었다. 그중 어떤 경우, 즉 학생이거나, 창조적인 분야에서 일하거나, 자신과 생김새가 비슷한 사람이 몇 안 되는 소수집단의 일원이거나, 혼자 일하거나, 혹은 다른 나라에서 유학 중이거나 일을 하는 경우는 상황이 큰 요인이기 때문에 이런 상황을 유발하는 시나리오에서 빠져나온다면 가면 증후군을 피할 수도 있다. 하지만 이미 그렇게 양육되었거나 1세대 전문가 집단에 속하는 경우라면 사실상 가면 증후군에서 빠져나올 방법은 없다.

피할 수 없는 상황이 한 가지 더 있다. 여성이라는 당신의 성이다. 우리가 상황 요소들에서 눈을 돌려 사회가 어떻게 당신을 실제보다 덜 유능하다고 느끼게 만드는지 주목해야 하는 이유다. 이 사회적 요소들은 여성들에게 가면 정서가 더 흔히 나타나는 이유를 설명해준다. 특정 사회 현실들이 여성의 자기불신을 형성하는 과정을 살펴볼 때 한 가지 명심할 점은 모든 여성이 같은 경험을 갖고 있는 건 아니라는 사실이다. 만약 당신이 일찍이 최전방에 서서 여성들이 노동 인력의 온전하고 동등한 일원이 되지 못하게 막는 장벽들을 깨부수며 싸워왔다거나 여성에게 이례적인 직업에 몸담고 있다면, 그런 선구자들의 수혜를 입었거나 여성친화적 환경에서 일하는 사람들에 비해 더 많은 '싸움의 경험'을 갖고 있을 것이다.

심지어는 같은 조직에서 일하는 여성들도 직급이나 부서에 따라, 예를 들어 본사 근무인지 지점 근무인지에 따라 전혀 다른 경험을 할 수 있다. 당신이 하는 일의 종류도 중요하다. 만약 사회복지나 교육처럼 여성이 다수인 분야에 종사한다면 뚜렷한 이중잣대와 마주칠 일은 그리 많지 않을 것이다. 하지만 카메라 앞에 서는 직업을 갖고 있다면 사이즈가 77까지 불어나는 것만으로 경력이 끝나버릴 수도 있다는 사실을 아주 잘 알고 있을 것이다. 덴젤 워싱턴, 존 트라볼타, 러셀 크로 같은 남자 배우들은 관객 동원력이나 수입에 조금의 변화도 없이 근육질과 앙상함을 오갈 수 있는데 말이다.

　이번 장에서 다루는 내용 중에는 당신을 우울하게 하거나 실망하게 만드는 부분이 있을지도 모른다. 하지만 무슨 일이 일어나고 있는지 알고 있어야 당신의 가면 증후군이 개인적인 문제라기보다는 전체 맥락 속에서 이해해야 할 문제임을 깨달을 수 있다. 개인적인 경험에서 한발 물러나 바라볼 때 눈에 보이는 것 이상의 것들이 자신의 가면 증후군에 작용하고 있음을 알게 될 것이다. 그리고 그것을 시작으로 외부의 현실이 내부에서 일어나는 일에 어떻게 영향을 미쳤을지 살펴볼 수 있다.

　자신에게 나쁘게 작용할 수 있는 힘이 존재한다는 사실을 이해하고 나면 그 힘에 대처하는 법을 배우기도 쉬워진다. 동시에 우리가 이 탐색 작업을 하는 것은 당신이나 여성 전체를 피해자로 한정하기 위해서가 아니다. 물론 스스로 느끼는 자신감에 사회가 여러모로 엄청난 영향을 미치는 것이 사실이지만 거기에는 당신의 역할도 있다. 따라서 우리는 여기서 자신의 성공을 손상시킬 수도 있는 여러 가지 무의식적인 행태에 대해서도 알아보게 될 것이다.

# 사회가 여자에게
# 들이대는 이중잣대

흔히 자신에게 가장 신랄한 비평가는 자기 자신이라고들 말한다. 하지만 당신은 다른 사람들이 자신의 능력을 어떻게 평가하는지는 잘 알지 못한다. 그들은 당신에 대해 아무것도 모르면서 오직 여성이라는 사실에 근거해 당신을 판단한다. 예를 들어, 당신은 자신의 성공을 행운이었다고 둘러댄다. 그런데 그렇게 생각하는 게 당신만은 아닌 것 같다. 연구에 따르면 사람들은 남자의 성공은 능력이 뛰어난 덕분이고 여자의 성공은 운이 좋아서라고 생각하는 경향이 큰 것으로 나타났다. 남자가 긍정적인 결과를 만들어내면 그가 '그럴 만한 역량'을 갖추고 있기 때문이지만, 당신이 어떤 일을 해내면 단지 운이 좋아서라는 것이다.

게다가 여자는 남자의 두 배는 노력해야 남자의 반이라도 따라갈 수 있다는 오래된 농담도 있다. 어느새 그 농담에는 "다행히 그건 어렵지 않아."라는 여성들의 씁쓸한 농담도 추가되었다. 그런데 그 농담이 사실로 밝혀졌다. 스웨덴의 면역학자 크리스틴 웨너러스 Christine Wenneras 와 아그네스 월드 Agnes Wold 가 여성 과학자들은 남성 과학자들보다 말 그대로 '두 배 반' 더 어려울 수 있다는 사실을 발견한 것이다.

웨너러스와 월드는 전 세계의 과학 분야에서 여성 박사들의 수가 늘어나고 있음에도 왜 여전히 최고 수준의 학문 연구는 남성이 독차지하고 있는지 알고 싶었다. 그래서 그들은 연구 보조금이 어떻게 수여되는지 조사해보기로 했다. 그들은 우선 사전 준비 작업을 했다. 실력주의 시스템에 대한 스웨덴 의학위원회의 굳건한 믿음 때문에 사적 동료 평가 시스템에 대한 접근권을 얻어내기까지는 2년이라는 시간뿐만 아니라 법원 명령까지 필요했다.

마침내 커튼이 걷히고, 그들이 찾아낸 사실은 남성중심적인 과학계를 충격에 빠뜨렸다. 여성 과학자들이 연구 보조금을 신청한 남성 과학자들과 동일한 능력 점수를 얻기 위해서는 2.5배 더 많은 연구와 그만큼의 출판물이 있어야 했던 것이다. 다시 말해, 남성은 여성보다 훨씬 더 적게 일하고도 더 멀리 나아갈 수 있었던 것이다. 이 발견은 소수자 우대정책이 '수준 저하'를 가져올 거라는 고정관념과 달리 남성의 평범함은 한 번도 성공의 장애 요소가 된 적이 없었음을 확인해주는 사례였다.

> 나는 자질이 모자란 흑인과 히스패닉과 여성들이 자질이 모자란 남성들과 힘을 합쳐 우리의 정부를 운영하는 시대를 만들기 위해 노력하고 있습니다.
>
> _시시 패런홀드 Sissy Farenhold, 텍사스주 하원의원

여성이라는 건 순수하게 객관적인 평가를 기대할 수도 있는 직업 세계에서마저 더 높은 기준을 충족시켜야 한다는 뜻이다.

• 교향악단들이 스크린으로 오디션 참가 연주자들을 가린 채 심사할 경우, 여성 연주자들이 예비 심사를 통과할 확률은 두 배 더 증가하며, 결선 심

사에 진출할 확률은 몇 배 더 증가한다.

- 고등학교의 여자 과학교사들은 학생들의 대입 준비에 남자 교사들과 똑같은 능력을 보인 것이 입증되었음에도 최근 졸업생들로부터 남자 교사들보다 낮은 평가를 받았다.

- 남녀 심리학 교수들은 가상의 조교 후보자들을 평가할 때 2 대 1의 비율로 '캐런'보다 '브라이언'을 더 선호했으며, 양쪽의 이력이 같아도 '그'의 자격을 더 높이 평가했다.

여성에게는 기준만 더 높은 게 아니라 남성에게는 거의 요구되지 않는 방식으로 능력을 증명해야 하는 짐까지 지워진다. 예컨대 남녀 종신 교수 후보들 모두가 뛰어난 이력을 바탕으로 똑같은 승진 기회를 갖고 있다고 가정할 때, 심사위원들이 여성 후보에게 이력을 뒷받침할 증거를 요구할 확률은 네 배 더 높다. 자력으로 연구 보조금을 타냈다는 증거나 시범 수업을 해보라는 식의 증거 말이다. 나는 이런 비슷한 이야기들을 수많은 여학생들과 유색인 학생들로부터 들은 적이 있다. 그들의 논문이 '지나치게 우수'하다고 생각한 교수들이 표절을 의심하며 '증명해보라'고 했다는 것이다.

> 오늘날 우리의 싸움은 여자 아인슈타인을 조교수로 임명시키기 위한 것이 아니다. 서툴고 부족한 여성도 서툴고 부족한 남성들과 같은 속도로 승진할 수 있게 하려는 것이다.
>
> _벨라 앱저그 Bella Abzug. 미국 정치가이자 여성운동 지도자—옮긴이

하지만 이런 종류의 이중잣대에 화가 난다 해도 그 화를 억제해야 할 것이다. 유능한 사람으로 보이길 원한다면 말이다. 도널드 트럼프와 존 매켄로 같은 남자들은 내키는 대로 분노를 발산하며 결과야 어찌 되든 상관하지 않기로 유명하다. 물론 이런 행동이 통하는 한 가지 이유는 그들이 사람들의 평가를 신경 쓰지 않기 때문이기도 하다. 하지만 그들이 남성이라는 사실은 '그런 데 신경 쓰지 않아도 된다'는 뜻이기도 하다. 가상의 취업 면접 실험에서 관찰자들은 화를 내는 여성 후보자들보다 화를 내는 남성 후보자들이 더 높은 지위와 더 높은 보수를 받을 자격이 있을 뿐 아니라 업무 능력도 더 나을 것으로 기대된다는 결론을 내렸다. 남성의 짜증은 지위의 표상으로 여겨지는 것이다. 하지만 여성이 화를 내면 '덜 유능'하다고 여겨진다.

여성의 능력에 대한 부정적인 생각이 어떤 손해를 입히는지 증명하기 위해 직접 나선 사람이 있다. 웹디자인과 카피라이팅 비즈니스 블로그로 많은 독자를 거느린 '맨 위드 펜스 Men With Pens'의 설립자 제임스 차트런드 James Chartrand 는 '왜 제임스 차트런드는 여자 속옷을 입는가'라는 제목의 글에서 '그'가 사실은 자신을 남자로 내세우는 '그녀'임을 폭로했다. 남자일 때는 프리랜서 일을 따내기가 훨씬 쉬울뿐더러 남성이라는 존재에 함축된 신용과 평판 덕분에 요금 협상을 덜 해도 되기 때문이었다. 심지어는 차트런드가 입찰에서 각각 남자와 여자로 같은 요금을 제출해도 입찰을 따내는 건 남자였다. 이 30대의 캐나다 여성은 말한다. "남자 이름으로 글을 쓰자 새로운 세상이 열렸다. 같은 일을 하고 같은 서비스를 제공해도 진짜 내 이름으로 버는 것보다 두 배, 세 배에 이르는 수입을 올렸다. 실랑이는 없었고 선택받는 비율이 높아졌다. 사업 기회들이 저절로 굴러들어 왔다. 사람들은 내게 조언을 구했고 또 그 조언에 고마워했다."

## 내부 원인과 외부 원인 연결하기

이미 잘 알다시피 당신은 쉽게 완벽한 수준에 도달하기를 기대하며 자신에게 더 높은 기준을 강요한다. 그런데 그 이유가 다른 사람들의 비현실적인 기대 때문이라는 생각을 해본 적이 있는가? 이미 자기 스스로 자신의 능력을 의심하고 있다면 승진하지 못한 이유가 정말로 자신이 부족해서인지, 아니면 다른 기준으로 평가받고 있기 때문인지 판단하기가 더 어려워질 수밖에 없다.

따라서 이제 한발 뒤로 물러나 성별이나 인종, 나이, 장애에 근거한 편견들이 자신을 실제보다 더 무능하다고 느끼는 현상에 어떤 역할을 하는지 살펴보아야 한다.

- 당신이 무언가를 잘해내면 사람들이 당신이 얼마나 '운이 좋았는지'에 대해 이야기하는가?
- 스스로 목표를 초과 달성해야 한다고 느끼는가? 자신이 여성이라는 이유로 더 높은 기준을 강요받거나 반대로 더 낮은 기준이 적용된다고 느낀 적이 있는가?
- 남자들과 다른 방식으로 자신의 자질을 증명해야 한다고 느낄 때가 있는가?

위 질문들 가운데 한 가지라도 그렇다는 대답이 나온다면 잠시 시간을 갖고 그 경험들이 현재 자신이 느끼는 자신감과 능력에 어떤 영향을 미쳤는지 돌아보자. 그리고 지금부터는 자신이 승진에서 누락되었다거나 자신의 능력이나 자격을 입증하는 추가 증거를 내라는 요구를 받는 이유가 자신이 어딘가 부족하기 때문이라는 생각을 멈추자. 동시에 자신과 관련된 결정들이 어느 한쪽으로만 흐르거나 경력에 진전이 생기지 않는 데는 성별이나 인종적 편견과는 무관한 이유들도 있다는 점을 기억하자. 누구에게나 자신이 보지 못하는 사각지대는 존재한다. 그러니 반칙이라고 외치기 전에 스스로에게 몇 가지 질문을 던져보자.

- 경력이 진전되기를 합리적으로 기대할 수 있으려면 더 많은 경험이나 실적이 필요하지는 않은가?
- 아이디어를 제시하거나 협상이나 면담하는 능력을 개선할 수 있는가?
- 가고 싶은 자리에 가기 위해 개선해야 할 점이나 바꾸어야 할 점에 대해 객관적인 피드백을 해줄 사람이 있는가?

# 여자의 일은
# 언제나 작고 사소해진다

당신이 여성이라는 건 당신과 당신이 하는 일이 자동적으로 무시당하고 하찮은 취급을 받고 평가절하를 당한다는 뜻이다. 그렇지는 않더라도 남성이나 남성이 하는 일보다 덜 진지하게 취급된다는 뜻이다. 예술을 예로 들어보자. 도예, 수예, 베 짜기, 그 밖에 여성과 관련된 예술들은 똑같이 공들여 만든 창의적인 작품임에도 역사가와 큐레이터들에 의해 '공예'라는 열등한 지위로 좌천당한다. 이와 비슷하게, 여성들의 학문적, 과학적, 문학적인 성과 역시 일반적으로 남성이 이룬 성과만큼의 '중요성'이나 '우수성'을 인정받지 못해왔다. 여성이 만들거나 여성을 대상으로 하는 책과 영화들은 흔히 '칙 릿 chick lit(여성 취향의 문학-옮긴이)'이나 '칙 플릭 chick flicks(여성 취향의 영화-옮긴이)'으로 불리며 비웃음을 산다. 하지만 남성 관객들에게 인기 높은 폭력 액션 영화를 묘사하는 용도로 이런 비하적인 어감을 가진 이름이 사용되는 예는 거의 본 적이 없다. 산발적으로 행해지는 비하 발언이 당신의 자신감을 해칠 수는 없을 것이다. 특히 그것이 모르는 사람이 한 말이라면 말이다. 하지만 넌지시 내뱉는 말들이 쌓이면 피해가 발생할 수 있다. 나는 나와 함께 일했던 수백 명의 매우 성공한 남성 임원들이나 기업가들 중에서 자신의 일이 하찮게 취급받고 있다고 불평하는 사람을 단 한 명도 본 적이 없다. 그것은 주로 여성들이 많은 불만을 갖는 주제다.

남자들은 '하찮다, 작다, 별것 아니다'라는 말을 흔쾌히 받아들이지 않는다. 적어도 자신들과 관련된 일에 사용될 때는 그렇다. 하지만 여성인 당신의 일에 대해 이야기할 때는 그 말이 얼마나 자유롭게 오가는지 모른다. 내가 아는 한 젊은 교수는 자신의 연구 보조금이 나왔다고 신이 나서 말했다가 "아, 그 쥐꼬리만 한 거?"라는 학장의 반응에 완전히 낙담하고 말았다. "당신의 작은 아이디어를 다른 사람들과 함께 나누지 않겠어요?"라거나 "작은 고문 회사를 시작했다면서요?"라거나 "당신의 작은 쇼는 언제 하죠?"처럼 순수하지만 무시하는 듯한 말들은 당신이 제공하는 것이 정말 별것 아니라는 메시지를 전달한다.

아동 연구자들의 주장이 옳다면 남성들은 단지 여성을 덜 진지하게 여기도록 배우며 성장했는지도 모른다. 아이들이 서로 짝을 지어 놀 때, 두 살 반밖에 안 된 어린아이들 사이에서도 남자아이들은 다른 남자아이들의 항의에는 주의를 기울이지만, 여자아이들이 뭔가를 그만두라고 말할 때는 그 말을 무시한다.

합동 과학 프로젝트의 일환으로, 이보다 좀 더 큰 아이들을 대상으로 진행한 연구에서도 여자아이들 속에서 혼자 남자인 아이의 경험과 남자아이들 속에서 혼자 여자인 아이의 경험은 극적으로 달랐다. 여자아이 셋과 남자아이 하나로 팀을 구성했을 때 여자아이들은 혼자인 남자아이에게 결정을 맡겼고, 그 남자아이는 다른 여자아이들을 다 합친 것보다 두 배 더 많은 말을 했다. 하지만 반대의 상황에서는 남자아이들이 혼자인 여자아이를 무시하고 모욕했다. 성인이 되어서도 이런 패턴은 이어진다. 첨단기술 회사에 근무하는 중견급 여성들은 남성이 대다수인 근무 환경이 대단히 '경쟁적이고 비우호적'이기 때문에 자신들의 목소리를 들려주려면 '적극적이고 단호한 목소리를 내기 위해 혼신의 노력을 다해야 한다'고 말한다.

누구나 다른 사람들에게 자신의 목소리가 들리길 원한다. 그렇지만 여성에게는 자신의 목소리가 다른 사람에게 들리는 것이 다른 무엇보다 더 중요할 수 있다. 교실이나 회의실에 앉아서 자신의 공헌도가 무시당하는 기분을 느낀 적이 있다면 여학생들이 교수가 자신의 질문을 무시한다고 느낄 때 자신감이 저하된다고 답한 조사 결과가 놀랍지는 않을 것이다. 반대로 여성은 사람들이 자신의 목소리를 듣고 있다고 느낄 때 자신감이 상승한다.

다른 사람에게 자신의 목소리가 들리는 게 얼마나 중요한지 미국 연방 대법원의 대법관 루스 베이더 긴즈버그 Ruth Bader Ginsburg 보다 더 잘 아는 사람은 없을 것이다. 긴즈버그는 〈USA 투데이 USA Today〉와의 인터뷰에서 자신이 60, 70년대에 여성 변호사로 일하며 겪었던 경험에 대해 이렇게 말했다. "얼마나 많은 회의에 참석했는지 몰라요. 그리고 꽤 좋은 아이디어라고 생각한 걸 말하죠……. 그럼 다른 누군가가 정확히 내가 했던 말을 하는 거예요. 그러면 사람들이 거기에 귀를 기울이고, 반응을 하죠." 그로부터 30년이 지난 지금도 긴즈버그는 고등법원의 다양성 부족에 여전히 지칠 때가 있음을 인정한다. "그런 일은 심지어 법원 회의에서도 일어날 수 있어요. 내가 무슨 말을 하려고 해도…… 다른 사람이 그 말을 하고 나서야 모두가 그 점에 집중하는 거죠."

자신이 사기꾼처럼 느껴질 때는 스스로를 과소평가하기 쉽다. 하지만 시야를 좀 더 넓혀 '어떻게 그러지 않을 수 있는가?'를 물어야 한다. 어떤 분야에 더 많은 여성들이 들어오면 보수 체계가 낮아지고 그 일의 위상도 떨어진다. 돈과 지위가 존경받는 사회에서 보수도 위상도 낮다는 건 당신이 하는 일이 그다지 중요하지 않다는 인식을 강화할 뿐이다. 적어도 여자가 그 일을 할 때는 말이다. 〈마이애미 해럴드 Miami Herald〉의 유머 칼럼니스트 데이브 배리 Dave Barry 는 이 점을 지적하며 다음과 같이 제안했다. "가사 문제에 대한 분명하고 공정한 해결책은 지금부터 한 6000년 동안 남자들에게 가사를 맡겨서 서로 공평해지도록 만드는 것이다." 그리고 농담을 덧붙였다. "문제는 남자들이 자기들이 하는 일은 모두 다 중요하다는 엄청난 생각을 갖고 있기 때문에, 머지않아 지금의 사업체들이 그렇듯 온갖 가식과 허위로 포장해서는 비서를 고용하고 컴퓨터를 사들이고 버뮤다로 날아가 가사 회의를 열겠지만 무언가를 치우는 일은 절대 하지 않을 것이라는 점이다."

배리의 농담에 담긴 진실에 웃기는 쉽다. 하지만 자신의 일이 매일같이 점점 더 작아지고 있는 마당에 마냥 웃을 일은 아니다. 클린턴 정부 시절 백악관 대변인으로 일했던 디디 마이어스에게 물어보라. 마이어스는 자신의 책《여성이 세상을 지배해야 하는 이유 Why Women Should Rule the World》에서 여성을 덜 중요하게 만들어버리는 교묘하거나 그리 교묘하지 않은 방법들을 알려준다. 그녀는 당시 대통령 당선자였던 빌 클린턴이 '미국다운' 정부를 만들겠다는 공약을 지키기 위해 극심한 압박감을 느끼고 있었다고 말한다. 불행히도 그가 처음 임명한 각료들은 별로 차별성이 없었다. 그때 인수위 관계자들이 마이어스를 최초의 여성 백악관 대변인으로 임명하자는 계획을 세웠다. 마이어스는 그 소식을 대통령 인수위원회 위원인 조지 스테퍼노펄러스 Geroge Stephanopoulos 와 리키 시드먼 Ricki Seidman 에게 들었다. 여기서부터는 마이어스의 이야기를 직접 들어보자.

"그들은 내가 백악관 대변인 직책을 맡게 될 거라고 했다. 하지만 좀 다를 거라고. 조지가 언론 담당관을 맡아서 인수위에서 그랬듯이 일일 브리핑을 하고, 나는 백업 브리핑을 맡게 될 거라고. 웨스트 윙에 있는 언론 비서관 사무실은 그가 차지하고, 나는 그 안에 있는 더 작은 사무실을 쓰게 될 거라고. 그가 대통령 수석 보좌관이 될 것이고(이전의 모든 대변인이 그랬듯이), 나는 더 낮은 지위에 급여도 더 적은 부보좌관이 될 거라고(당연히)." 그 제안을 받은 마이어스는 다음과 같이 생각했다. "나는 문득 내가 아주 어려운 문제에 직면했음을 깨달았다. 그건 여성들이 너무나 흔히 부딪히는 일이었다. 상응하는 권위 없이 책임만 지는 자리."

백악관에 들어가자 마이어스의 그런 생각은 한층 더 굳어졌다. 다른 사무실의 부보좌관이 그녀보다 책임은 덜 지면서 1년에 1만 달러나 더 받고 있었던 것이다. 마이어스는 이 간단하고 쉽게 고칠 수 있으리라 생각되는 실수를 바로잡기 위해 수석 보좌관 리언 패네타 Leon Panetta 를 찾아갔다. 하지만 패네타는 그 다른 부보좌관은 대통령 밑에서 일하기 위해 급여를 삭감하고 왔으며, 예산이 없기 때문에 그녀의 급여를 인상해 줄 수 없다고 설명했다(일주일에 800달러를 말이다!). 게다가 그 부보좌관에게는 가족이 있지만 그녀에게는 없지 않느냐고 말이다. 마이어스가 자신의 입장을 설명하려 하자 패네타는 "인상은 없어요."라는 말과 함께 미팅을 끝내버렸다.

특별히 권력이나 돈을 좇지 않더라도 이런 경험들이 여성의 자신감 저하에 어떤 영향을 미치는지는 짐작할 수 있다. 마이어스는 이렇게 적었다. "대통령과 고위 참모들은 그 일을 전보다 덜 중요하게 만들었고, 그럼으로써 '나'를 덜 중요한 사람으로 만들었다."

## 내부 원인과 외부 원인 연결하기

만약 자기 자신을 과소평가해왔다면 그건 당신이 사는 세상이 당신을 과소평가하기 때문일 수도 있다. 내부 원인과 외부 원인을 연결하기 전에 살아오면서 무시당하거나, 경시당하거나, 덜 진지하게 취급된다고 느낀 경우가 있었는지 생각해보자. 자신의 목소리가 들리도록 더 열심히 일해야 했던 경우와 금전적으로 평가절하를 당했던 경우들도 찾아보자. 이런 외부의 현실들과 스스로 유능하고 당당하게 느끼기 위해 겪어왔던 내적 싸움이 서로 연결되어 있다는 것을 알겠는가?

더 큰 사회적 풍경을 이해하고 있다 해도 다른 사람들의 생각이나 행동을 통제할 수는 없다. 하지만 특정 상황들을 완화하거나 적어도 그런 상황들에 주의를 기울일 수는 있다. 가령 직장에서 화를 내는 경우를 생각해보자. 물론 당신도 원한다면 화를 낼 수 있다. 하지만 그럼으로써 당신이 덜 유능해 보일 수 있다는 사실을 명심하자. 한 가지 알아둘 점이 더 있다. 연구에 따르면 여성들이 자신이 화를 낸 이유를 설명하면 사람들은 그 사정을 이해해주는 경향이 높다고 한다. 반면 남성들의 경우에는 자신의 감정에 이유를 대는 것을 나약함의 증거라고 여겨서 봐주지 않는 경우가 더 많았다.

주위 사람들이 자신을 진지하게 대하지 않으면 스스로도 진지하게 여기기 어려워진다. 그렇다고 당신이 할 수 있는 일이 없는 건 아니다. 합동 과학 프로젝트에서 여자아이들 가운데 혼자 남자였던 아이가 세 여자아이를 모두 합한 것보다 두 배 더 많은 말을 했다는 걸 기억하고 있는가? 우리 모두는 무대를 독차지하는 남성들과 마주친 적이 있다. 하지만 그렇게 하도록 내버려둔 게 누구일까? 자신의 목소리가 전달되지 않는 것 같다면 이 역학관계에 자신이 기여하는 바는 없는지 생각해보자. 당신은 미적대며 자기 차례를 기다리는 여성적인 소통 방식을 더 많이 사용하는가? 이해관계가 깊지 않을 때는 그래도 괜찮다. 언제나 규칙을 늘 지켜야 한다는 믿음을 갖고 있더라도 상황에 따라서는 자신의 목소리가 들리도록 규칙을 뛰어넘어야 할 때도 있다.

손 드는 것을 예로 들어보자. 손을 드는 것만으로는 충분하지 않다. 손을 '계속' 들고 있어야 한다. 그것이 당신이 배운 것과 배치되는 행동이라도 말이다. 페이스북 COO인 셰릴 샌드버그Sheryle Sandberg는 아이러니하게도 직원들에게 여성 리더의 수가 적은 이유에 대한 강의를 하고 난 후에 이 교훈을 배웠다고 한다. 강의가 끝난 후 한 젊은 여자 직원이 다가와 자신이 그 강의에서 배운 가장 큰 교훈은 계속 손을 들고 있어야 한다는 것이었다고 말했다는 것이다. 그 직원의 말에 따르면 샌드버그는 강의를 마치고 질문을 두 개만 더 받겠다고 했고, 그 말에 그 직원과 다른 여자 직원들은 모두 손을 내렸다. 하지만 샌드버그는 계속해서 더 많은 질문을 받았고, 그건 모두 계속 손을 들고 있던 남자 직원들의 질문이었다.

자신의 목소리가 들리길 바란다면 자신의 안전지대에서 나와 다른 길을 선택하기도 해야 한다. 가면 증후군이 있든 없든 자기 자랑을 늘어놓는 것이 편하지 않을 수 있다. 아무리 자신감 넘치는 사람이라도 일은 일로써 말해야 한다는 군건한 믿음을 갖고 있다면 자기 홍보를 하기가 여전히 망설여질 수도 있다. 하지만 일은 일로써 말하지 않는다. 남자들은 일이 저절로 알려지지 않는다는 것을 알고 있다. 그렇기 때문에 남자들은 아무리 작은 일이라도 편하게 자랑을 늘어놓는 것이다.

나는 일의 성격상 주요 로펌의 매우 성공한 여성 파트너변호사 수십

명과 알고 지내왔다. 그러면서 그들이 아주 사소한 활동이라도 로펌 내부 소식지에 근황이라고 올리는 남자 동료들의 의지력에 혀를 내두르는 모습을 여러 번 보았다. 한 변호사는 이렇게 말했다. "어떤 사람들은 로터리클럽의 조찬 모임에 갔다는 시덥잖은 소식을 올리면서도 아무렇지 않아 하더라고요. 나였다면 기조연설자도 아니고 밥 먹은 정도의 사소한 일을 떠들어대기가 창피했을 텐데 말이에요."

당신이 그것을 옳다고 생각하든 하찮다고 생각하든 상관없다. 중요한 건 당신이 다른 사람들이 지켜보고 있을 거라고 믿으며 뼈 빠지게 일하는 동안 이 남자들은 자신을 이끌어줄 지위의 사람들 앞에서 자기 이름을 알리느라 바쁘다는 것이다. 홍보에 타고난 재능이 없더라도 걱정하지 말자. 다른 기술처럼 이 기술도 배워 익힐 수 있다. 책을 읽거나, 수업을 듣거나, 당신을 지도해줄 코치를 고용하면 된다. 스스로 확신하지 못하면서 자신의 훌륭함에 대해 말하는 것이 얼마나 어려운 일인지는 나도 잘 안다. 하지만 자신의 성취를 아무도 모르게 꽁꽁 싸매고 있으면 사람들은 알아차리지 못한다. 당신이 당신의 이야기를 하지 않으면 누가 하겠는가?

이와 마찬가지로 일을 잘한다는 게 자동으로 알려지고 따라서 보상도 자동으로 받을 거라고 생각하는 실수를 범하지 말자. 그런 일은 없다. 디디 마이어스가 정당한 급여 인상을 받지 못한 건 사실이다. 하지만 적어도 그녀는 '요구'했다. 경제학자 린다 뱁콕 Linda Babcock 과 그녀의 동료들이 발견한 바에 따르면, '요구'는 여성들이 잘하지 못하는 행동이다. 이들은 석사학위를 받은 남학생들이 똑같이 석사학위를 받은 여학생들보다 평균 4000달러 가까이 많은 초봉을 받는 이유를 조사한 후, 여학생들보다 여덟 배나 더 많은 남학생들이 더 많은 급여를 요구했기 때문이라는 사실을 알아냈다. 달리 말하자면, 여학생들의 93퍼센트는 처음의 제안을 그대로 받아들였다는 것이다.

마이어스는 "남자들은 늘 접시 위 가장 큰 브라우니를 노리는 것 같다."라고 말하며 이렇게 덧붙인다. "게다가 그들은 다른 남자들(때로는 여자들)도 그럴 거라고 생각한다." 4000달러가 별것 아니라고 느껴진다면 다시 생각해보기를 바란다. 뱁콕과 사라 래시버 Sara Laschever 는《여자는 어떻게 원하는 것을 얻는가》라는 제목의 책에서, 처음에는 비교적 아주 작았던 금전적 차이가 결국에는 최소한 100만 달러까지 벌어지는 지경까지 이어질 수 있다고 지적한다. 책의 저자들은 말한다. "이것은 한차례 협상에 대한 대가로는 엄청난 손해다. 보통 채 5분도 걸리지 않는 불편함을 피하기 위한 대가로는 말이다."

당신의 일, 당신의 목소리, 당신의 직업이 덜 중요하게 여겨질 때는 자신이 가진 능력에 감사하기는커녕 그것을 인정하기도 어렵다(감사라는 말은 감히 꺼내지도 않겠다). 하지만 자기가 자기 일을 소중하게 여기지 않으면서 다른 사람들이 그렇게 해주길 기대할 수는 없다. 자신을 소중하게 여기려면 자신의 전문 지식과 노동에 정당한 가치를 매길 수 있도록 관련 정보를 반드시 챙겨야 한다.

- 자신과 같은 분야의 사람들이 현재 받고 있는 급여 시세를 알고 있는가? 만약 모른다면 해당 업계의 협회에 연락해 알아보자.
- 혼자 일하는 경우에는 온라인에서 업계 요금이나 가격을 확인하자. 장담컨대 당신보다 경험이 적거나 상품의 질도 떨어지면서 훨씬 더 높은 가격을 받는 사람이나 회사들을 발견할 수 있을 것이다.

일단 필요한 정보를 얻었다면 손을 드는 것이, 그리고 그 손을 계속 들고 있는 것이 자신을 존중하는 일임을 명심하자. 손을 든다는 건 자신이 무엇을 원하고 무엇을 가질 자격이 있는지를 파악하고 목표를 향해 나아가는 일이다. 아래의 질문을 통해 자신의 현재 상황을 평가해보자.

- 당신은 자신의 진로를 이끌어줄 위치의 사람들에게 자신의 목표와 성취 결과를 정기적으로 알리는가, 아니면 알아주길 기다리는가?
- 만족스럽지 못한 제안도 그대로 받아들이는 편인가?
- 작은 것에 만족하는 편인가? 그렇지는 않더라도 '더 큰 브라우니'를 나서서 요구하지는 않는 편인가?
- 만약 그렇다면 더 많은 것을 요구하거나 자신의 이익을 주장할 경우 일어날 수 있는 최악의 상황은 무엇인가?
- 손을 계속 들고 있지 않거나 더 많은 것을 요구하지 않았을 때의 결과는 무엇인가?

더 많은 돈, 더 많은 직원, 승진, 재택근무를 원한다면, 혹은 갤러리에 자신의 작품을 걸고 싶다거나 누군가 자신의 멘토가 되어주길 원한다면 그것을 얻는 방법은 한 가지밖에 없다. 요구하는 것이다. 물론 단순히 요구한다고 얻어지는 것은 아니다. 하지만 오페라 가수 베벌리 실즈Beverly Sills가 말하지 않았던가. "실패하면 실망할 수도 있겠지만 시도하지 않는다면 당신은 망할 일밖에 없다." 혹은 흔히 그렇듯이 '다시 시도'하지 않는다면 말이다.

# "여자는 수학을 못해."라는 고정관념

미국 하원의회 의원으로 선구적인 정치가였던 셜리 치점 Shirley Chisholm 이 이런 말을 한 적이 있다. "의사가 '여자아이네요.'라고 말할 때부터 여성에 대한 감정적, 성적, 심리적 고정관념화가 시작된다." 다양성 전문가인 리타 하디먼 Rita Hardiman 과 베일리 잭슨 Bailey Jackson 은 고정관념화가 진행되는 두 가지 다른 양상을 지적한다. 소위 더 많은 권력을 가진 집단이 늘 '이름 붙이기 naming'를 하며, 이름 붙이기를 하는 집단은 그 이름이 지적하는 특성이나 행동이 자신들 내부에는 없다고 부정하거나, 있다고 인정할 경우에는 그 특성이나 행동을 긍정적인 용어로 다시 바꿔 부른다는 것이다.

가령 이런 식이다. '그는 당당하다/그녀는 권위적이다', '그는 자기주장이 강하다/그녀는 못돼 처먹었다', '그는 끈질기다/그녀는 너무 밀어붙인다', '그는 결단력 있다/그녀는 충동적이다', '그는 화를 낸다/그녀는 히스테리를 부린다', '그는 여러 가지 경우의 수를 신중히 고려한다/그녀는 결정을 못 내린다'.

물론 남성들도 고정관념에서 자유롭지 않다. 하지만 경력적인 면에서 당신이라면 이 두 고정관념 중 어느 쪽에 속하고 싶겠는가? 남자의 경력에서 공격적이고 성취도가 높고 일중독이라는 고정관념(모두 A형 성격이라는 보증마크와도 같은)은 자산이지만, 여성인 당신에게는 불리한 특성으로 여겨진다. 이것만으로도 왜 가면 증후군이 A형 성격의 여성 사이에서 많이 발생하고 A형 성격의 남성에게서는 그렇지 않은지 설명이 가능하다. (A형 성격 유형은 1959년 미국 심장병전문의인 마이어 프리드먼Meyer Friedman 박사가 관상동맥질환의 원인을 찾는 과정에서 발견한 행동 특성과 성격으로, 적극적이고 투쟁적인 A형과 느긋하고 여유로운 B형으로 나누어진다.-옮긴이)

> 남성은 자신의 나약함에 대해 사과하도록 배웠고, 여성은 자신의 강함에 대해 사과하도록 배웠다.
>
> _로이스 와이스 Lois Wyse, 작가, 칼럼니스트

심지어는 의사소통 규칙도 다르다. 당신은 무슨 말을 어떻게 할지를 생각해야 할 뿐만 아니라 그 말을 할 때 '어떻게 들릴지'까지 걱정해야 한다. 만약 남성적인 특징이라고 여겨지는 낮은 음성과 끝을 내리는 말투를 사용해 단호한 어조로 말한다면 공격적이라고 인식된다. 그런데 문제가 있다. 높은 음성과 좀 더 부드러운 소리로 끝을 올리는 말투를 사용해 기존의 여성스러운 방식으로 말하는 여성은 '덜 유능하다'고 인식된다는 것이다.

고정관념은 큰 문제다. 너무 쉽게 진실로서 내면화되기 때문이며, 반복된 연구에서 드러나듯이 그렇게 내면화된 고정관념은 다시 행동에 영향을 줄 수 있기 때문이다. 이것은 '고정관념의 위협 stereotype threat'이라는 현상으로, 스탠퍼드대학의 연구원인 클로드 스틸 Claude Steele 과 조슈아 애런슨Joshua Aronson 에 의해 처음으로 입증되었다. 모두가 여성은 수학에

약하다고 알고 있다. 그런데 모두가 이러한 추정적 사실을 알고 있기 때문에, 단순히 수학 시험을 치기 전 여학생들에게 그것이 성별과 상관없는 시험이라고 알려준 것만으로 그들은 더 좋은 성적을 냈다. 반대로 그것이 성별에 따라 다른 결과를 보여주었던 시험이라고 알려준 다음에는 성적이 현저히 떨어졌다. 고정관념의 위협은 더 섬세한 상황에서도 작용한다. 단순히 시험지에 성별 표시란을 만들어놓은 것만으로 여성들은 남성들보다 낮은 점수를 기록했다.

사례는 더 많다. 각각의 연구들에서 부정적 고정관념이 자극된 여성들은 그렇지 않은 여성들과 비교해서 다음과 같은 경향을 보였다.

- 시험에 나온 수학 문제를 풀지 않으려는 경향이 높았다.
- 지도부에 들어가는 것에 대한 관심이 적었다.
- 컴퓨터 작업에 실패했을 때 자신의 무능을 탓하는 경향이 높았다. 반면에 남자들은 작업 실패를 장비 탓으로 돌렸다.
- 외모에 대해 호들갑을 떨거나 전형적인 여성 활동에 참여한 여성을 묘사하는 TV 광고를 본 후에는 뛰어난 수학 실력이 필요한 직업에 대한 선호도가 떨어졌다.

이와 비슷한 결과는 인종과 계층에 관한 연구에서도 나타났다. 흑인 학생들에게 언어 능력을 측정하는 시험임을 알리고 시험을 쳤을 때, 그들은 지능에 대한 인종적 고정관념이 자극되어 그 정보를 받지 않은 다른 학생들보다 낮은 점수를 받았다. 프랑스에서는 학생들에게 자신이 속한 사회경제적 위치를 떠올리게 한 다음 시험을 치르게 하자 저소득계층

학생들이 고소득계층 학생들보다 낮은 점수를 기록했다.

고정관념은 남성에게도 영향을 미친다. 남성이 여성보다 떨어진다고 알려진 '사회적 감수성'에 관한 시험이라는 말을 들은 남성들은 그것이 '복잡한 정보 처리 능력'을 측정하는 시험이라는 말을 들은 남성들보다 낮은 점수를 기록했다. 동일한 시험에서 여성들의 성적은 두 집단이 다르지 않았다.

고정관념은 큰 문제다. 소위 긍정적인 고정관념도 행동을 잘못된 방향으로 바꾸어 한계를 설정하기 때문이다. 골프 퍼팅 테스트에 '타고난 운동 능력'을 측정하는 시험이라는 프레임을 씌웠을 때 흑인 학생들은 백인 학생들보다 좋은 성적을 기록했다. 하지만 그 테스트를 '스포츠 지능' 측정 테스트로 바꾸자 두 집단 모두에서 반대의 결과가 나타났다. 마찬가지로 아시아계 미국 여성들에게 그들의 민족적 정체성을 상기시킨 다음 수학 시험을 치게 했을 때, 그들은 통제 집단보다 더 좋은 점수를 받았다. 하지만 여성이라는 정체성을 부각시킨 후에는 성적이 떨어졌다.

고정관념은 큰 문제다. 세대를 이어 많은 여성들이 여성의 일과 남성의 일이 다르다는 고정관념이 만들어준 자아상을 갖고 성장했기 때문이다. 얼마 전까지만 해도 여성들이 돈을 받고 할 수 있는 일은 대체로 교사, 간호사, 비서, 사회복지사 혹은 가정부에 한정되어 있었다. 중산층, 아니 노동계층 가정에서 자랐다 하더라도 당신은 직업이 미래의 남편에게 어떤 일이 일어날 경우 '기댈 수 있는' 대비책 같은 것이라고 배웠을 것이다. 대학에 가라는 권유나 심지어는 기대를 받았다 해도 대체로 대학은 그 자체로 목적이었지 다른 무언가로 향하는 중간 단계로 여겨지지는 않았다. 대학은 짝을 찾을 수 있는 다재다능한 사람이 되기 위한 장소였다.

만약 당신이 이 세대의 사람이라면 전통적인 남성의 역할로 침범해 들어간다는 자부심과 그 세계의 진짜 일원이 아니라는 소외감을 동시에 느끼며 혼란을 겪었을 수도 있다. 한 회사의 수석 부사장은 자신이 대학에 가서 결혼을 하고 아이를 여러 명 낳아 엄마이자 주부로서 가정에 정착할 거라고 생각하며 자랐지만 아이를 갖기도 전에 남편이 세상을 떠나면서 그 계획이 갑자기 바뀌게 된 사연을 들려주었다. 갑자기 생계를 떠맡은 그녀는 당시에 유일한 일자리였던 비서로 취직했다. 그리고 수년에 걸쳐 수석 부사장 자리까지 올라갔다. 하지만 지금도 그녀는 거울을 들여다보며 이런 생각을 하는 순간들이 있음을 시인한다. '내가 여기서 뭘 하는 거지? 이건 내가 하고 있을 일이 아닌데. 넌 여기에 속하지 않아. 넌 가짜야.'

고정관념은 큰 문제다. 다음 세대의 여성들이 스스로를 인식하는 방식에 계속해서 영향을 미치기 때문이다. 물론 지금 자라고 있는 여자아이들에게는 많은 것이 바뀌었다. 2004년에 바비는 남자친구인 켄을 차버렸고, 요즘 여자아이들은 공주 바비나 간호사 바비만큼 해적 바비, 우주인 바비, 히스패닉계 대통령 후보 바비도 갖고 있다. 그들에게 앞으로 뭐가 되고 싶은지 물어보라. 그러면 대부분의 아이들은 뭐든 될 수 있다고 말할 것이다. 그리고 그 말이 대체로 맞다.

하지만 더 깊이 들어가보면 여자아이들은 또 다른 이야기를 들려주기도 한다. 걸스 사의 조사에 따르면 고등학교 졸업 후 대학에 진학하고 싶어 하는 비율이 71퍼센트에 이르지만 그중 3분의 1 이상은 대다수 사람들이 결혼해서 아이를 갖는 것이 여성에게 가장 중요한 일이라고 생각한다고 믿는 것으로 드러났다. 또한 오늘날의 젊은 여성들은 예전보다 더 어린 나이에 특정한 여성 고유의 성공 모델을 따라가야 한다는 압박감을 강하게 느낀다. 여자는 말라야 하고 옷을 잘 입어야 한다는 등 완벽한 외모에 대해 높아진 기대감과 함께, 잘난 척하지 않고 조용히 말해야 하며 돌보는 역할을 맡아야 한다는 고정관념도 지속된다. "사회는 여성들이 그들의 능력과 바람에 대한 전통적인 기대감을 뛰어넘을 수 있는 여지를 어느 정도 만들어주고 있는 듯하다. 단, 그들이 여성스러움에 대한 기존의 개념에 순응한다면." 연구자들의 결론이다.

마지막으로 고정관념이 큰 문제인 이유가 있다. 남성과 같은 분야에서 활동하고 있더라도 권력을 가진 성공한 남성과 여성에 대한 시선과 대우가 다른 이 세상에서는 서로에게 적용되는 게임의 규칙도 다르기 때문이다. 2008년, 야심찬 두 여성이 미국의 최고 권력과 두 번째 권력에 도전했던 역사적인 미국 대선 예비선거 기간에 한 국제 무대에서 펼쳐진 이 중잣대가 바로 그 예였다.

〈뉴욕 타임스〉에서 주디스 워너 Judith Warner 는 민주당 대선 후보였던 힐러리 클린턴을 다룬 언론의 태도를 비판하면서, 영국의 칼럼니스트 앤드류 스티븐 Andrew Stephen 이 '고삐 풀린 채 비웃음을 일삼는 추악하기 그지없는 성차별의 시간'이라고 불렀던 당시의 일에 대한 수많은 증거들을 예로 든다. 이것은 공화당 부통령 후보 세라 페일린 Sarah Palin 이 몇 달 후 경선에 참가하면서 겪어야 했던 일이기도 하다.

이 일은 젊은 사람들에게 많은 영향을 미쳤다. 선거는 오래전에 끝났지만 아마도 그 영향은 한동안 사람들의 마음에 남아 있을 것이다. 미국 걸스카우트에서 선거 전후로 실시한 조사에 따르면 그 선거는 여성이 처한 어려움에 대해 남녀 모두의 이해도를 현저히 높여주었던 것으로 나타났다. 물론 가장 실망한 건 여성들이었다. 그 선거 이후로 많은 여성들은 여성이 리더가 되는 것이 남성보다 더 어렵다고 믿게 되었으며, 남녀가 리더의 위치에 도전할 기회를 동등하게 갖고 있다고 믿는 사람의 수는 더 적어졌다. 하지만 그렇다고 이들을 비난할 수 있을까? 워너는 말한다. "흑인들이 운전을 하다가 위험에 처하고 수모를 받고 있음이 널리 알려져 비난받고 있는 시대에, 여성의 노력은 (그 정도가 과하고 지나치게 현실적으로 보이면) 여전히 나쁜 짓으로 간주되고 있다."

## 내부 원인과 외부 원인 연결하기

시인 에이드리엔 리치 Adrienne Rich 는 말한다. "문화가 여성들에게 각인시키는 사실들 가운데 가장 주목할 것은 한계에 대한 감각이다. 한 여성이 다른 여성을 위해 할 수 있는 가장 중요한 일은 자신의 실질적인 가능성에 대한 감각을 개발하고 확장시키는 것이다." 여성들의 노력이 늘 쉬울 수는 없지만 그럴 만한 가치는 있다. 장애물은 더 높고 난관도 더 많지만 여성들은 상원의회에서 주식거래 시장까지, 이사회에서 수술실까지, 테니스 코트에서 대법원까지, 어디에나 자신들의 자국을 남겼으며 계속 남기고 있다. 그리고 당신도 그렇게 할 수 있다.

자신감을 해치는 고정관념에 맞서는 최선의 방어책은 바로 자기인식이다. 남녀 할 것 없이 우리는 모두 성별에 따라 같은 행동을 다르게 보며 자랐다. 가면 증후군이 찾아오면 고정관념이 자신을 보는 방식에 어떤 영향을 미칠 수 있는지 알아차리자. 스스로 본의 아니게 자기 자신이나 다른 여성들에 대해 어떤 식으로 특정한 고정관념을 강화하고 있는

지도 알아차리자. 예를 들어 그렇지 않다는 걸 알고 있으면서도 여성 관리자나 의사는 더 친절하거나 공감력이 뛰어날 거라고 기대하고 있지는 않은가? 남자보다 여자에게 더 많은 것을 기대하거나, 전통적으로 남성적 행동이라고 여겨지는 행동을 하는 여자에게 더 비판적인 경우는 없는가? TV에서 강한 여성을 보면 처음 드는 생각이 '머리가 왜 저래?'이지는 않은가?

자기인식이 중요한 이유가 바로 이것이다. 이 모든 것이 남성의 편견 때문이라고 쉽게 탓할 수 있지만, 이 책에 인용된 각각의 연구들에서 드러나듯이 '여성도 다른 여성에게 더 높은 기준을 기대한다'는 것이 슬픈 현실이기 때문이다. 성차별과 인종차별은 교묘하게 자행되는 경우가 많기 때문에 벌어지고 있는 일이 편견 때문인지, 회사 내 정치 때문인지, 아니면 단순히 나쁜 매너 때문인지 알아내는 것이 아주 어려울 수 있다. 원인이 무엇이든 당신은 싸울 때와 흘려보낼 때를 결정해야 한다. 어떤 경우는 싸울 수 있고 싸워야 한다. 하지만 싸움을 시작하지 않고 다른 날을 위해 힘을 아껴둬야 할 때도 있다. 성적 편견에 부딪힐 경우, 다음의 질문들을 자신에게 던져보자.

- 그 일이 얼마나 중요한가? 아주 중요한 게 아니라면 그냥 흘려보내자. 만약 중요한 일이라면 다음 질문으로 넘어가자.
- 내가 할 수 있는 일이 있는가? 아니라면 역시 흘려보내자. 만약 할 수 있는 일이 있다면 다음 질문으로 넘어가자.
- 예상되는 결과가 싸울 가치가 있는 일인가? 만약 그렇다면 싸움을 시작하자. 그렇지 않다면 그대로 흘려보내자.

## 요점

엘리너 루스벨트 Eleanor Roosevelt 의 현명한 말을 기억하자. "당신의 동의 없이는 어느 누구도 당신에게 열등감을 느끼게 할 수 없다." 지금까지 여성들이 이루어낸 많은 진전에도 기본적인 사실은 그대로다. 남성이거나 백인일 경우에는 그렇지 않다고 증명되기 전까지 유능하다고 여겨진다는 것이다. 여성의 능력에 대해 남녀 모두가 갖고 있는 대부분의 편견은 미미하고 대체로 우발적이다. 그렇다고 사소하다거나 중요하지 않다는 뜻은 아니다. 어떤 일이나 분야에서 성공하려면 성실함과 결단력과 안내가 필요하다. 그런데 여성으로서 성공을 거두기 위해서는 그 외에 더 많은 것들이 필요하다. 그렇기 때문에 자신이 어떻게 스스로를 억압하고 있는지 알아차리는 것 외에도, 외부의 현실이 교묘하거나 그리 교묘하지 않게 자신감을 깎아내리는 방식들에도 주의를 기울여야 한다.

가면 증후군 경험이 전적으로 개인적인 일처럼 느껴질 수도 있지만 거기에는 더 큰 사회적 맥락이 존재한다. 이 사실을 알고 있으면 외부에서 벌어지는 일과 스스로를 부족하다고 여기는 잘못된 느낌 사이의 관계를 이해하는 데 도움이 될 것이다.

## 당신이 할 수 있는 일

• 여성의 능력에 대한 사회의 부정적인 시각을 경계하자.
• 여성의 능력에 대한 질문들을 진지하게 받아들이되 감정적으로 받아들이지 말자.
• 자기 자신과 다른 여성들을 과소평가하고 고정관념화하는 데 나도 모르게 어떤 식으로 공모하고 있는지 알아보자.

## 다음 단계

가면 증후군에는 밖에서 벌어지는 일들 외에 더 많은 다른 일들이 있다. 가면 증후군이 당신의 삶에서 어떻게 작용하는지 지금부터는 내부를 더 깊숙이 들여다보기로 하자.

# 능력을
# 숨기려는
# 노력들

# 4장

# "저는 똑똑하지 않아요.
# 남들보다 더 노력할 뿐이죠."

지금도 언제든 무능력자를 잡아내는 경찰이 와서 날 잡아갈 것만 같아요.

_마이크 마이어스 Mike Myers

지금까지 어떻게든 자신을 실제보다 더 똑똑하고 재능 있는 사람으로 생각하도록 사람들을 속여왔다고 믿는다면, 당신에게 제일 두려운 건 무엇일까? 아마도 들키는 것일 테다. 언제까지고 사기꾼이라는 게 '들통'나길 기다리는 건 힘들고 지치는 일이다. 따라서 자연히 당신은 유능한 사람인 척 행세한 죄가 밝혀질 수 있다는 스트레스를 관리할 방법을 찾아 나선다. 그런데 자신이 그 스트레스를 어떻게 관리하고 있는지 생각해본 적이 있는가?

당신은 아주 오랫동안 들키지 않고 지내온 탓에 자신의 방어적 행동이 얼마나 자동적이고 잘 훈련되어 있는지 모른다. 그 행동들 속에 들키지 않는 것 이상의 어떤 의미가 들어 있는지도 말이다. 하지만 여기까지다. 이제 우리는 당신이 지금까지 사기꾼, 가짜 배역을 맡겼던 사람에 대해 알아볼 것이다. 이 과정을 통해 당신은 사기꾼이라는 두려움에 더 건강하게 대처하는 법을 익히고, 궁극적으로는 그 두려움을 없애줄 깨달음을 얻게 될 것이다.

스스로를 사기꾼이라고 느끼게 된 것은 자신의 선택이 아니었지만, 알게 모르게 당신은 그 감정에 대처하는 방법을 찾아냈다. 실제로 가면 증후군을 가진 사람들이 불안한 감정을 관리하고 아직 자신의 위장이 안전하다는 것을 확인하기 위해 무의식적으로 체득한 방법들은 적어도 일곱 가지에 이른다. 가면 현상을 발견한 폴린 클랜스와 수잰 임스는 여러 연구자들과의 합동 연구를 통해 가면 증후군자들이 사용하는 네 가지 보호기제를 밝혀냈다. 근면성실, 자기억제, 매력 활용하기, 미루기다. 내 연구에서는 추가로 세 가지가 더 관찰되었다. 눈에 띄지 않거나 하나에 정착하지 않기, 절대 끝내지 않기, 자기파괴적인 행동하기다. 다음에 나오는 각각의 보호기제들을 읽어보며 어떤 것이 자신에게 해당되는지 주의 깊게 살펴보자. 이제 곧 유용하게 쓰일 데가 있을 테니 말이다.

### 보호기제 1 ) 과도한 준비와 근면성실

1980년대 중반에 보스턴 지역 방송국의 한 TV 쇼에서 다른 게스트들과 함께 가면 증후군 이야기를 해달라는 요청을 받은 적이 있다. 게스트 중 한 명은 캐런이라는 이름의 의대생이었는데, 방송이 끝나갈 무렵 진행자가 캐런을 보며 물었다. "그런데 캐런, 당신은 의대생이니까 당연히 아주 똑똑할 것 같은데요, 그렇지 않나요?" 캐런은 잠깐의 틈도 없이 대답했다. "그렇지 않아요. 그냥 다른 사람들보다 더 노력할 뿐이죠."

주변 모든 사람들이 자기보다 더 똑똑하고 유능하다고 믿는다면 그렇지 않은 자신을 들키지 않게 위장하는 한 가지 방법은 특별히 더 노력하는 것이다. 그런데 이 노력은 우리가 좋은 의미로 말하는 전통적인 근면성실과 다르다. 아무런 노력 없이 현재 위치에 도달한 사람은 없으며 그건 당신도 마찬가지다. 하지만 여기서 말하는 근면성실은 사소한 발표 내용 하나하나에 집착한다거나 이미 다 알고 있는 내용까지 공부하고 또 공부하는 행동들을 뜻한다. 이런 행동을 하는 건 자신의 성공이 오직 엄청난 노력 때문이라고 굳게 믿기 때문이다. 따라서 당신은 일의 모든 부분이 다 핵심인 양 접근한다.

가면 증후군자가 아닌 사람은 맡은 일을 완수하기 위해 열심히 일한다. 그리고 열심히 일한 대가를 얻으면 자신감이 강화된다. 하지만 당신은 맡은 일을 해내고 나면 대체로 안도한다. 클랜스와 임스는 자신이 사기꾼이라는 잠재의식이 그 노력의 원동력이기 때문이라고 말한다. 성공을 거두고 기뻐한다 해도 오래가지 않는다.

일중독은 벗어나기 어렵다. 자신을 보호해줄 뿐 아니라 실제로 성공에도 기여하기 때문이다. 주변 다른 사람들보다 더 늦게 남아 더 열심히 공부하거나 더 오래 연습하면 확실히 잘할 확률이 더 높아진다. 따라서 이런 면에서는 근면함이 유용하다. 하지만 이런 행동을 촉발하는 불안감은 그대로 남는다.

조이스 로시가 바로 그랬다. 비영리단체인 걸스의 전 회장이자 CEO인 로시는 노동계층 가정에서 열한 명의 남매들 가운데서 자랐다. 컬럼비아대학에서 학사를 마친 뒤 그녀는 얼마 지나지 않아 에이본과 레블론에 들어가 촉망받는 인재가 되었다. 1970년대에 여성이 그 정도로 빨리 앞서 나간다는 건 놀라운 일이었다. 흑인 여성일 경우에는 특히 더 그랬다. 고위 경영진으로 승진해 하루 열네 시간씩 일하던 시절을 되돌아보며 로시는 그때 성공의 기쁨이 그렇게 빨리 사그라진 건 '마음속 깊은 곳에서는 사람들이 하는 말을 믿지 않았기 때문'이었음을 깨닫는다. "실패할까 봐 무서워서 그렇게 죽어라 일했던 거죠. 하지만 성공은 자신의 진짜 정체가 들통날 수 있다는 두려움을 강화시킬 뿐이에요."

당신이 근면함에 매달리는 또 다른 이유는 그것이 수치화될 수 있기 때문이다. 당신이 자신을 신뢰하지 못하는 이유는 재능이나 똑똑함 같은 능력은 명확하게 잴 수 있는 척도가 없기 때문이다. 하지만 당신이 일한 시간은 잴 수 있다. 주변 사람들이 일한 시간도 잴 수 있다. 따라서 당신은 생각한다. '내가 대체 뭘 하고 있는지는 모르겠지만, 최소한 내가 150퍼센트를 쏟지 않는다고 비난할 사람은 없어.' 일단 일중독이라는 러닝머신에 올라타게 되면 거기서 내려오기란 죽도록 어렵다. 그것만이 유일한 성공의 이유라고 믿기 때문이다. 그리고 성공이 더 오래 이어질수록 자신이 사기꾼임을 들킬 가능성도 줄어들기 때문이다.

'요즘 과로하지 않는 사람이 어디 있어?'라고 당신은 생각할지도 모른다. 자신의 과도한 준비와 근면성실함이 단지 상황 때문인지, 가면 감정을 위장하기 위한 목적도 있는지 구별하기 어렵다면 육감에 판단을 맡겨보자. 당신의 육감이 "내가 바로 저런 경우야!"라고 알려준다면 그게 맞다.

# 안 하는 척하거나,
# 들키기 전에
# 도망치거나

<br>

**보호기제 2  자기억제**

　자기보호 수단으로서의 자기억제는 여러 형태로 나타날 수 있다. 가령 힘든 일을 좋아하지 않는 사람은 힘든 일을 하지 않음으로써 자신의 정체를 간파당하지 않으려 할 수 있다. 심리학자들은 이것을 '노력 안 하기 증후군low-effort syndrome'이라고 부르는데, 이 현상은 고집스러울 정도로 공부하기를 거부하는 똑똑한 10대들 사이에서 흔히 찾아볼 수 있다. 하지만 성인들도 이 기제를 사용한다. 자신이 더 많은 것을 성취할 수 있다는 것을 알지만 그렇게 하지 않는 것이다. 여기서 작동하는 무의식적 사고는 '실패할 거라면 멍청해서가 아니라 게을러서 실패한 걸로 보이는 게 낫다.'라는 것이다. 게다가 자신이 한 일에 대해 평가할 이유를 주지 않을수록 평가받을 일도 적어진다.

　당신은 목표를 이루기 위해 노력할수록 자신이 취약해진다는 것도 알고 있다. 사업을 일으키거나 상위권 성적을 받으려고 모든 시간과 에너지를 쏟아부었음에도 실패한다면 어떤 기분이 들겠는가? 자신을 다른 사람들의 평가에 노출시켰다가 기대에 미치지 못할 바에야 노력하지 않는 편이 훨씬 덜 고통스럽다. 게다가 절대 최선을 다하지 않는다면 언제든 자신은 위대한 작가, 예술가, 리더, 변호사가 될 수 있었노라고 주장할 수 있다(비록 자신에게만이지만). 그러니까 정말로 노력했다면 말이다.

물론 많은 가면 증후군자들이 노력한다. 그럼에도 당신은 승진 대열에서 이탈하거나, 우등반에 들어가기를 거부하거나, 그 밖에 무엇이든 자신을 너무 취약하게 만들 수 있는 것들을 피하는 방식을 통해 스스로를 억제한다. 자기억제는 클랜스와 임스가 '지적 가식 intellectual inauthenticity'이라고 부르는 형태로 나타나기도 한다. 반대 의견에 부딪히면 입을 닫아버리거나, 인사 담당자나 상사들에게 그들이 가장 듣고 싶어 하는 말을 해주며 입맛에 맞추려고 하는 것이다.

학생인 경우에는 자신의 연구 내용을 보완이 필요한 수준에 맞춰놓고 지도교수의 연구나 의견을 적극적으로 수용하기도 하고, 자신의 능력을 평가할 위치에 있는 사람들에게 '지적 아첨'을 떨며 비위를 맞추려 할 수도 있다. 문제는 이렇게 거둔 성공에 자부심을 느끼는 게 아니라 사기꾼이 되어버린 기분이 든다는 것이다. 그리고 속으로 이렇게 생각한다. '진짜 내 모습을 보여줬어도 날 그렇게 훌륭하다고 생각할까?'

## 보호기제 3 ) 눈에 띄지 않거나 하나에 정착하지 않기

당신은 아주 성공한 사람일 수 있지만 사람들의 눈에 띄지 않을 방법을 찾아내 검증의 눈길로부터 자신을 보호하려고 애쓴다. 그래서 자신도 모르게 독립적으로 일하거나 비교적 눈에 띄지 않고 일할 수 있는 분야나 진로를 선택했을지도 모른다. 가령 직장인이라면 응당 받아야 하는 관리 감독과 일상적 평가를 피하기 위해 자영업에 마음이 끌렸을 수 있다. 당신은 생각한다. '물론 지금 난 내 사업을 성공적으로 운영하고 있어. 하지만 내가 만약 취직을 해야 했다면 누가 날 써줄까?' 회사를 대표해 공식적으로 나서야 할 경우가 생기면 당신은 인터뷰든 연설이든 다 거절해버리거나, 아니면 다른 사람을 앞세우려 할 것이다. 하지만 레이더망을 피해 안전하게 지내기가 불가능한 직업이나 분야에 몸담고 있다면 스스로를 보살필 다른 방법을 찾아내야 한다. 그래서 무의식적으로 선택한 방법이 하나에 정착하지 않는 것이다. 가면 증후군자들은 자신이 등에 커다란 표적을 붙이고 다닌다고 느낀다. 따라서 자신의 능력을 과대평가하는 사람들을 피하려면 스스로 움직이는 표적이 되는 것보다 더 좋은 방법은 없다. 학생이라면 정기적으로 전공이나 지도교수, 연구 주제 같은 것들을 바꾸고, 직장인이라면 끊임없이 직장을 전전하며 경력을 바꾼다. 합리적인 이유가 있어서가 아니라 정체를 들키지 않도록 자신을 보호하기 위해서다. 3년마다 병원을 옮겨 다니는 습관을 가진 병원장 이야기를 읽은 적이 있는데, 그가 이렇게 한 이유는 병원 이사회에서 그의 정체를 알아내는 데 걸리는 시간이 3년이라고 생각했기 때문이었다.


### 보호기제 4 ) 매력이나 감수성을 이용해 호감 얻기

당신은 한편으로는 자신이 부족하다고 느끼지만 또 다른 한편으로는 꽤 뛰어나다고 생각한다. 그 뛰어남을 알아주고 당신이 그 능력을 수용하도록 도와줄 사람이 나타나기만을 바란다. 그래서 존경할 만한 사람을 발견하면 그가 자신을 '지적으로 특별한 사람'으로 봐주길 바라며 좋은 인상을 남기기 위해 사교성을 발휘한다. 클랜스와 임스에 따르면, 문제는 그 노력이 성공하더라도 당신은 그 사람의 피드백을 무시한다는 것이다. 그가 당신을 특별하게 생각하는 이유는 단지 당신을 좋아해서라고 믿기 때문이다. 게다가 자신에게 외부 검증이 필요하다는 사실은 자신이 가짜라는 믿음을 강화시킬 뿐이다.

계산적인 유머의 사용도 이런 경우에 해당된다. 타고난 재치의 소유자라면, 당신은 지적 능력처럼 자신이 가장 자신 없어 하는 부분을 들키지 않기 위해 유머에 의지하게 되었을 수 있다. 한 영업 사원이 이런 말을 한 적이 있다. "계속 사람들을 웃길 수 있다면 그들에게 내가 아무것도 모른다는 사실을 숨길 수 있죠." 하지만 그렇게 사람들에게 좋은 인상을 남겨도 당신은 스스로를 사기꾼이라고 느낀다.

# 일을 끝마치지 않는
# 여자들의 심리

보호기제 5 ) 미루기

누구나 가끔은 해야 할 일을 미룬다. 하지만 가면 증후군자들은 자신의 몰락으로 이어질 거라며 두려워하는 상황을 피하기 위해 미루기를 이용한다. 자영업자거나 학생이라면 이 미루기가 가면 증후군에 대한 당신의 보호기제일 가능성이 높다. 자신에게만 변명하면 될 때는 일을 질질 끌기가 더 쉽기 때문이다.

당신은 일을 미루는 이유가 '압박감을 느껴야 일이 제일 잘되기 때문'이라고 생각한다. 그럴 수도 있다. 하지만 중요한 일을 마지막 순간까지 미뤄놓았다가는 일의 질이 떨어질 가능성이 커진다는 사실도 알고 있다.

미루기는 무의식적인 차원에서 자신에게 빠져나갈 구멍을 만들어주는 한 가지 방법이라고 클랜스는 말한다. 케이트의 경우를 보자. 정치과학을 전공한 그녀는 워싱턴 정가에서 인턴십을 하고 싶어 했고, 그러려면 장문의 지원서를 써내야 했다. 준비할 시간이 몇 달이나 있었지만 그녀는 마지막 순간까지 기다렸다가 마감 하루 전날에야 지원서를 급히 휘갈겨 쓴 다음 속달로 보냈다. 당연히 인턴 자리는 얻지 못했다.

케이트가 일부러 기회를 날려버린 것은 아닐 것이다. 하지만 그렇게 실패하고 나면 미루기는 핑곗거리가 된다. '실망스럽긴 하지만 별로 놀랍진 않아. 마지막 순간에 급하게 쓴 거잖아.' 하지만 반전이 있다. 인턴으로 뽑혔더라도 그것을 합당한 결과로 받아들이지 못했을 것이라는 점이다. 그 지원서에는 최대한의 노력이 들어가지 않았다는 사실을 그녀 자신이 알고 있기 때문이다. 고질적으로 일을 미루는 사람들에게 성공은 이번에도 사람들을 속여 넘겼다는 믿음을 강화할 뿐이다.

### 보호기제 6 ) 절대 끝내지 않기

간발의 차이는 있어도 일을 미루는 사람들 대부분은 결국 자신이 맡은 일을 완성한다. 대부분은 그렇다. 하지만 극단적으로 미루고 미루다가 시작만 한 채 절대 끝내지 않는 사람들이 있다. 연구 과정을 모두 마치고 논문만 남겨놓은 미완성의 상태로 때로는 몇 년씩 힘들어하는 박사 후보자가 있는가 하면, 한 작품에 매달려 계속 작업을 하면서 절대 완성은 하지 않는 화가도 있다. 한 가지 사업 아이디어를 갖고 끝없이 연구하고 계획하며 만지작거리기만 할 뿐 절대 시작은 하지 않는 꿈 많은 사장 후보도 있다.

일을 마무리 짓지 않으면 자신의 진짜 정체를 들킬 가능성을 차단할 뿐만 아니라 비판당하는 수모도 효과적으로 피할 수 있다. 만약 누가 당신의 일이나 능력, 전문 지식에 의문을 제기하면 당신은 언제든 "아직 하는 중이야."라거나 "그냥 해보는 거야."라고 주장하면 되는 것이다.

### 보호기제 7 ) 자기파괴적인 행동하기

경우에 따라 당신은 정체를 들킬까 봐 불안해진 나머지 무의식적으로 자신의 성공을 해치는 일을 할 수 있다. 이것은 노력을 자제하는 것과는 다르다. 어쨌든 표면적으로는 여전히 노력하고 있기 때문이다. 하지만 당신의 행동은 성공 가능성을 낮추는 효과를 발생시킨다. 예를 들어 중요한 오디션이나 약속에 지각하거나 준비가 안 된 채로 나타나기도 하고, 큰일을 하루 앞둔 전날 밤에 늦게까지 깨어 있거나 술을 지나치게 많이 마실 수도 있다. 그렇게 해서 일이 잘못되면 피로나 숙취 탓을 하면 된다. 하지만 그럼에도 일이 잘되면 부당하다고 생각한다. 최악의 상황만 간신히 면했을 뿐임을 스스로 잘 알기 때문이다.

'다른 고양 효과 other enhancement'라는 또 다른 자기파괴 전략도 있다. 이 현상은 다른 사람과 경쟁하거나 비교되는 상황에서 일어나는데, 이때 당신은 경쟁 상대에게 정보를 알려주거나 어떤 식으로든 도움을 주기도 하고, 상대가 더 잘할 수 있도록 편의를 봐준다. 그럼으로써 자신의 성과와 그에 대한 평가의 상관관계를 전략적으로 흐리게 만드는 것이다. 실제로 그런 행동들이 당신의 성과를 해치는 것은 아니므로 당신은 여전히 좋은 평가를 받을 수 있다. 하지만 경쟁 상대가 앞설 경우에도 당신에게는 다른 사람을 도왔다는, 자신의 실패를 덮어줄 수 있는 편리한 핑곗거리가 마련되어 있다. 게다가 다른 사람을 돕는 행동을 통해 이타적인 사람이라는, 여성에게 특히 중요한 이미지를 가질 수 있다.

약물 중독 역시 성공을 피하고 가면 증후군의 감정적 부담감에서 도피하는 또 하나의 방법이다. 한번은 스물다섯 살 딸이 음주운전으로 체포된 후 걱정에 휩싸인 어머니로부터 조언을 구하는 편지를 받은 적이 있다. 딸은 그래픽아트 학위를 받기까지 3학점만 남겨놓은 채 1년 반째 허송세월하는 중이었다. 그 어머니는 편지에 이렇게 적었다. "체포된 후에 딸은 자기가 학위를 받을 자격이 안 되는 것 같다고 했어요. 교수들이 자기를 뛰어난 학생으로 생각하도록 속였다면서요."

하지만 어떤 사람이 위험한 장난으로 자신의 경력을 위험에 빠뜨린다고 해서 그 사람이 가면 증후군이라는 뜻은 아니다. 그럼에도 몇몇 언론들에서는 휴 그랜트, 빌 클린턴, 엘리엇 스피처 Eliot Spitzer 의 부적절한 성 행위부터 〈뉴욕 타임스〉 기자인 제이슨 블레어 Jayson Blair 의 기사 조작 행위까지, 온갖 종류의 자기파괴적 행동의 원인으로 가면 증후군을 지목했다. 물론 이들이 자신의 부족함에 절망하여 그렇게 행동했을 가능성도 있다. 하지만 온갖 충격적인 자기파괴적 행위들을 모두 가면 증후군 탓으로 돌려서는 안 된다.

# 당신이
# 보호기제로
# 얻는 것들


다음의 보호기제들 가운데 가장 공감되는 것들에 체크해보자.


___ 과도한 준비와 근면성실

___ 자기억제

___ 눈에 띄지 않거나 하나에 정착하지 않기

___ 매력이나 감수성을 이용해 호감 얻기

___ 미루기

___ 절대 끝내지 않기

___ 자기파괴적인 행동하기


확실히 해둘 게 있다. 위와 같은 보호기제들은 실제로 당신의 가면 감정을 완화시켜주지 않는다. 이 보호기제들의 역할은 가면이 벗겨지는 수치심과 모욕감을 피하고, 가짜라는 스트레스를 약간이나마 완화시켜 상처받지 않도록 자신을 안전하게 보호하는 것이다. 우리가 이런 자기파멸적 행동을 하는 것은 마조히스트라서가 아니다. 우리가 이런 행동을 하는 것은 특정한 상황에서 자기 자신을 보호하기 위해 최선을 다하고 있기 때문이다. 즉 당신은 스스로를 보호하기 위해 정말로 노력하고 있다는 것이다.

그런 면에서 당신은 자신이 어떤 보호기제를 만들어냈든 그것에 고마워해야 한다. 대부분의 가면 증후군자들은 여러 자기 보호 전략들 중에서 한 가지에 집중적으로 의존한다. 하지만 다양한 보호기제를 사용하고 있다고 해서 놀랄 필요는 없다. 그렇다는 건 당신이 '정말로' 자신을 보살피고 있다는 뜻이니 말이다.

## 나는 무엇으로부터 나를 보호하는가

자신이 가면 증후군을 어떻게 관리하려고 노력해왔는지 아는 것도 중요하지만 이건 시작일 뿐이다. 자신의 머릿속에서 무슨 일이 벌어지고 있는지 제대로 이해하기 위해서는 좀 더 깊이 들어가야 한다. 이를 위해서는 제럴드 웨인스타인 Gerald Weinstein 박사의 연구를 빌려 오기로 하자. 웨인스타인 박사의 책 《자아교육 Education of the Self 》의 핵심은 '자기 발견 과정'이다. 이 과정은 스스로를 제한하는 행동 패턴(이 경우에는 가면 증후군)을 알아차리고 바꾸는 데 도움을 주는 일련의 질문들로 구성되어 있다.

예컨대 당신은 현재의 행동 패턴이 생긴 이유가 가면이 벗겨져 진짜 정체가 탄로 나는 것을 막기 위해서라는 것을 이미 알고 있다. 하지만 그것이 끝이 아니다. 어떤 행동 패턴을 갖고 있든 그 행동 패턴이 수행하는 폭넓은 기능을 이해하려면 스스로에게 다음의 세 가지 질문을 해보아야 한다. **이 행동을 통해 나는 무엇을 피하는가? 이 행동은 무엇으로부터 나를 보호하는가? 이 행동으로 나는 무엇을 얻는가?**

표면적으로 이 질문들은 모두 같은 것을 묻고 있는 것처럼 보인다. 하지만 이 질문들에 답하기 시작하면서 당신은 각각의 질문이 약간씩 다른 각도에서 문제를 바라보고 있으며, 그렇지 않았다면 알아차리지 못했을 겹겹의 층들을 벗겨내는 데 도움이 된다는 것을 알게 될 것이다. 예를 들면 다음과 같다.

### 1. 이 행동을 통해 나는 무엇을 피하는가?

만약 지적인 방면으로 절대 노력하지 않는다면 당신은 노력했다가 부족함이 드러났을 때 겪을 창피를 피하는 것이다. 논문이나 사업계획서를 마무리 짓지 않는다면 그것을 다른 사람들에게 보여줄 필요가 없어지고, 따라서 부정적인 피드백을 받지 않아도 된다.

### 2. 이 행동은 무엇으로부터 나를 보호하는가?

당신은 계속 직업을 바꿈으로써 자신의 능력이 어디까지인지 밝혀지는 것으로부터 보호한다. 사람들의 눈에 띄지 않게 저자세를 유지하는 것으로 검증의 시선에서 자신을 보호하는 것이다.

### 3. 이 행동으로 나는 무엇을 얻는가?

이 질문에는 대답하기 어려울 때가 많다. 자신의 성공을 스스로 방해해서 스트레스와 비참함 외에 얻을 게 무엇이란 말인가? 그럼에도 더 깊이 들어가보면 그러한 행동들을 통해 당신이 생각보다 더 많은 것을 얻고 있음을 분명히 알게 될 것이다.

예를 들어 일주일에 80시간씩 일을 하면 윗사람들의 인정을 받을 가능성이 높아진다. 친구들에게 줄기차게 전화를 걸어 이제 곧 나는 실패할 거라며 괴로움을 토로한다면 아마도 많은 동정과 위로를 받게 될 것이다. 사람들의 눈에 띄지 않으려고 조심하면 자연히 어느 정도의 안정감과 안전이 따라온다. 만약 어떤 일을 미루고 있다면, 현재 미루고 있는 일보다 더 재미있는 일, 혹은 최소한 더 쉬운 일들을 할 시간이 많아질 것이다.

이와 비슷하게, 과도하게 준비하는 경향을 가진 사람은 머릿속으로 최악의 시나리오들을 몇 번씩 돌려보며 많은 시간을 보낸다. 심리학자 앨버트 엘리스 Albert Ellis 가 '과장화 awfulizing'라고 부르는 현상이다. '난 자격시험에 떨어질 뿐 아니라 웃음거리가 될 거야. 아무도 나와 다시는 일하고 싶어 하지 않겠지. 직장에서 쫓겨날 테고 말이야. 결국 난 강가에 종이상자를 갖다 놓고 거기서 살게 될 거야.'

머릿속에서 전개되는 이 재난 영화가 매우 괴롭기는 하지만, 웰즐리대학의 심리학 교수인 줄리 노럼 Julie Norem 은 이런 행동이 사실상 적응이라는 측면에서 큰 도움을 준다고 주장한다. 과도한 준비가 어느 정도 성공을 보장해주는 면이 있는데, 바로 자신이 이름 붙인 '방어적 비관주의 defensive pessimism'라는 심리 때문이라는 것이다. 이 심리는 비현실적으로 낮은 기대감을 갖고 있을 때 나타난다. 기대감이 낮기 때문에 혹시라도 잘못될 수 있는 모든 점들을 예상하고 그에 대한 대처 계획을 세우기 위해 엄청난 에너지를 쏟아붓는 것이다. 노럼은 생각할 수 있는 모든 부정적 결과를 머릿속으로 점검하는 일은 잠재된 문제들을 최소화하기 위해 확실한 조치를 취하는 과정을 통해 가면 증후군자들의 불안감을 낮추는 데 도움이 된다고 말한다.

이제 당신 차례다. 자신의 가면 증후군 행동 패턴이 어떤 목적을 갖고 있는지 알아내기 위해 스스로에게 물어보자. 이 행동을 통해 나는 무엇을 피하는가? 이 행동은 무엇으로부터 나를 보호하는가? 이 행동으로 나는 무엇을 얻는가?

## '파괴적 신념'으로부터 벗어나기

당신은 자신의 보호기제가 생긴 이유가 오직 사기꾼이라는 정체를 숨기기 위해서라고 생각한다. 하지만 모든 자기제한적 행동 패턴의 핵심 기능은 웨인스타인이 '파괴적 신념 crusher'이라고 부르는 것으로부터 자신을 보호하는 것이다. 이 '파괴적 신념'은 우리가 스스로에 대해 갖는 핵심적인 부정적 신념으로, 자신을 부족하고 무가치하게 느끼는 기본적 정서와 관련이 있다. 이 숨겨져 있는 부정적 신념과 마주하지 않아도 되도록 지금의 자기보호 패턴이 만들어진 것이다.

아마도 당신은 모든 가면 증후군자들이 '나는 가짜다'라는 파괴적 신념을 공유한다고 생각할지도 모른다. 하지만 표면 밑으로 조금 더 내려가보면 이 파괴적 신념에는 자기 자신과 자신의 보호 전략에만 존재하는 더 깊고 고통스러운 믿음이 반영되어 있음을 깨닫게 될 것이다. 가령 정체가 발각되어 수치를 당하는 일이 없도록 회의나 수업에서 말을 하지 않는 전략을 사용한다고 가정해보자. 당신은 그 이유가 다른 사람들에게 멍청하게 보이고 싶지 않기 때문이라고 생각한다. 하지만 당신이 감추고 있는 진짜 이유는 자신에 대한 부정적 핵심 믿음에 담긴 '난 진짜 멍청해'라는 진실과 마주하지 않기 위해서다.

중요한 것은 이 파괴적 신념이 하루아침에, 혹은 저절로 만들어진 것이 아니라는 점을 자각하는 것이다. 이 비합리적인 부정적 신념은 가족, 교사, 동료들과의 교류를 통해, 그리고 앞에서 살펴보았듯이 사회 전반적인 문화를 통해 강화되어 왔다.

자신의 파괴적 신념을 확인하는 한 가지 방법은 가상의 가면 증후군 시나리오에서 자신이 가장 듣기 무서운 말이 무엇인지 상상해보는 것이다. '넌 절대 못 해낼 거야.'라거나 '너에겐 특별한 재능이 없어.' 또는 '넌 다른 사람들만큼 똑똑하지 않아.' 같은 말을 말이다. '넌 재능이 없어.'라는 말이나 '넌 독창적인 사고를 못해.' 혹은 '넌 가치가 없어.'라는 말일 수도 있다. 자신의 파괴적 신념이 금방 떠오르지 않는다면 자신을 보호하기 위해 기울인 최상의 노력들이 실패해서 사기꾼이라는 정체가 공개적으로 드러났다고 상상해보자.

이제 잠시 시간을 갖고 마음을 가라앉힌 다음 자신의 파괴적 신념에 귀 기울여보자. 자신의 파괴적 신념에 발언권을 주는 것은 감정적으로 매우 강렬한 경험이 될 수 있다. 하지만 자신이 이해하지 못하는 것을 바꿀 수는 없다. 이 단계가 매우 힘들기는 하지만 이 가짜 신념을 반드시 밝은 곳으로 끌고 나와야 그것이 사실은 거짓임을 깨달을 수 있다. 파괴적 신념이 진짜처럼 느껴진다는 건 안다. 하지만 생각하는 모든 것을 믿을 수는 없다. 진짜 진실은 바로 이것이다.

조금의 예외도 없이 모든 파괴적 신념은 거짓이다.
당신의 파괴적 신념도 그렇다.

이 말을 완전히 믿으라고 기대하지는 않는다. 적어도 지금 당장은 그럴 수 없을 것이다. 그러니 지금 당장은, 자신이 지금까지 대면하지 않고 피해왔던 거짓말을 의식적으로 알아차리는 것부터 시작하자.

# 어떤 대가를 치르게 될까

좋은 소식을 한 가지 알려주자면, 가면 증후군 상황에 대처하는 자기보호적 행동들은 실제로 당신을 해로움으로부터 안전하게 지켜준다. 이 행동들은 당신이 정체를 들켜서 겪을 창피함, 파괴적 신념과 마주하며 겪을 고통을 피할 수 있도록 도와준다. 그러나 세상에 공짜는 없다. 보호기제가 실제로 당신을 보호한다고 해도 언제나 그에 대한 대가는 치러야 한다.

우선 자신의 보호기제에 대한 대가가 무엇인지 알아내기 위해 다음 질문에 대답해보자.

• 내가 이 방어적 패턴을 절대 바꾸지 않는다면 어떤 일이 벌어질까? 나는 어떤 값을 치르게 될까? 어떤 기회를 놓치게 될까? 어떤 기회와 가능성을 잃게 될까?

몇몇 대가들은 모든 가면 증후군자들이 공통적으로 치러야 하는 것들이다. 파국의 순간을 기다리는 불안감을 갖고 살거나, 한 워크숍 참가자의 표현을 빌리자면, '두려움 때문에 인생의 즐거움을 빼앗기는 것'이다. 그 밖의 대가들은 개인과 개인의 상황에 따라 '이 연구를 끝내지 않으면 절대 졸업하지 못할 거야.'라든가 '종신 재직권을 얻지 못할 거야.' 또는 '이렇게 계속 미루기만 하다가는 프랑스에서 일할 기회를 놓칠 거야.' 등 구체적으로 달라진다. 아래에 나열된 대가들 중 공감하는 것들이 있는지 살펴보자.

## 내가 이 패턴을 절대 바꾸지 않는다면

• 나의 재능과 열정을 100퍼센트 활용하지 못하는 장래성 없는 안전한 일만 하게 될 것이다.

• 건강이 나빠질 것이다.

• 나의 재능과 노력으로 어디까지 도달할 수 있는지 확인하지 못했다는 후회를 안고 살아갈 것이다.

## 내가 지불할 대가는

• 불필요한 심리적 스트레스와 피로에 시달릴 것이다.

• 벌이가 더 줄어들고, 그에 따라 하고 싶은 일들을 하는 데 지장이 생길 것이다.

• 목표를 이루도록 도와줄 소중한 멘토를 만나거나 인맥을 만들지 못할 것이다.

• 실수로부터 배우는 과정을 통해 진정으로 성장할 수 있는 기회를 갖지 못할 것이다.

• 내가 한 일에 대해 절대 인정받지 못할 것이다.

• 나의 성공을 진정한 나의 것으로 느끼고 소유하며, 그를 바탕으로 계속 성공을 쌓아나가는 것이 어떤 기분인지 절대 알지 못할 것이다.

## 내가 놓치는 기회들은

• 성공했든 실패했든 노력하고 시도했음을 아는 데서 오는 만족감을 느낄 기회

• 나 자신과 세상에 대해 새로운 것들을 배울 기회

- 성장하고 발전하는 데 필요한 긍정적이고 비판적인 소중한 피드백을 받을 기회
- 내 분야에서 발전하기 위해 알아야 할 것들을 배울 기회
- 마음을 단련하고 자기발전을 즐기는 데서 오는 흥분과 도전정신과 성장을 누릴 기회

## 내가 잃게 될 가능성들은

- 나의 경력(혹은 사업)을 가능하다고 생각하는 수준까지 발전시킬 가능성
- 더 도전적이고 만족스러운 직장을 얻을 가능성
- 나의 평판을 높이는 데 필요한 경험을 얻을 가능성
- 세상에 긍정적인 변화를 만들어낼 가능성

이제 당신 차례다. 상황에 대처하는 자기보호적 행동 패턴을 절대 바꾸지 않는다면 당신에게는 어떤 일이 벌어질까? 당신은 어떤 대가를 치러야 할까? 어떤 기회를 놓치고, 어떤 기회와 가능성들을 잃게 될까?

당신은 가면 증후군이 자신의 에너지와 잠재력을 크게 떨어뜨리고 있다는 것을 이미 알고 있었다. 그럼에도 정체를 숨기기 위해 시도하는 행동들이 가져올 대가를 구체적으로 정리해보라고 했다면 매우 힘들어했을 것이다. 하지만 이제는 그 대가가 어떤 것인지 알게 되었다. 보호기제의 대가를 알게 되었으니 이제 당신에게는 이 불필요한 자기제한적 패턴을 버리기 위한 단계를 밟아나갈 개인적인 동기가 생겼다.

하지만 자신에게 무엇이 가장 좋은지 알고 있음에도 습관적 반응을 그만두기란 쉽지 않다. 익숙한 것들은 아무 효과가 없어도 미지의 것들

보다 늘 더 편하게 느껴진다. 하지만 성장은 편해지기 위한 것이 아니다. 우리는 자신의 잠재력을 100퍼센트 발휘하여 최고의 목적을 이루기 위해 성장하려는 것이다.

좋은 소식은 이 책에 담긴 모든 정보가 당신의 '변화 전' 모습과 일치한다는 것이다. 지금 당신의 가면 증후군 패턴을 구성하는 감정, 생각, 행동들은 앞으로 바뀌게 될 자신감 넘치는 당신에게는 해당되지 않는다. 지금 당신이 여기서 하고 있는 노력은 이 책의 끝에서 당신의 '변화 후' 모습이 완벽하게 나타나는 순간 최종적인 결실을 거둘 것이다.

## 본래의 모습을 되찾는 작은 노력들

자신감 넘치는 모습을 되찾기 위해 할 수 있는 작은 일들이 있다. 만약 일을 미루고 있다거나 중요한 일을 아직 끝내지 못하고 있다면 마음을 다잡고 마감 날짜를 정하자. 그리고 그 날짜를 공개적으로 알림으로써 스스로에게 책임감을 지우자. 그런 다음에는 달력을 꺼내놓고 어떤 일정으로 그 일을 해나갈지 정하자. 이렇게 시간을 정해놓으면 그 일을 하기로 한 그날(또는 그날의 일부라도) 다른 일을 하지 않게 된다.

마지막으로 하루를 온전히 쏟지 않으면 어떤 일을 할 수 없다는 생각을 버리자. 완성까지 여러 단계나 시간이 필요한 일은 거의 언제나 집중해서 보내는 작은 시간들이 모여 며칠, 몇 주, 몇 달, 심지어는 몇 년에 걸쳐 이루어진다. 일단 일을 시작하기 위해 45분에서 한 시간 정도로 타이머를 맞춰놓고 한 가지 일을 하는 데 집중하자. 알람이 울리면 멈춰도 좋다. 하지만 시작이 가장 어려우므로 알람이 울려도 일을 계속 이어갈 가능성이 높다. 어떤 경우든 당신은 더 많은 일을 할 수 있을 뿐 아니라 뿌듯함도 느끼게 될 것이다.

호감을 얻기 위해 매력이나 감수성에 의존해왔다면 타인의 인정을 구하는 데 집착하지 말고 다음 일을 잘해내는 데 집중하자. 지적 아첨에 의존해왔다면 자신의 롤모델에게 점심을 청해 함께 먹으며 자신의 의견이나 일에 대해 말하는 연습을 해보자. 자기파괴적인 일들을 해왔다면 자신이 어떤 일을 왜 하고 있는지 관심을 기울이고, 자신을 지키는 게 어떤 기분인지 느껴보자. 어떤 일에 전념하는 것을 피해왔다면 이번 주에 이룰 목표를 한 가지 정해서 도전해보자.

또 다른 일들도 있다. 신뢰하는 사람에게 피드백을 구하자. 자신이 자랑스러워하는 것, 가령 자기가 썼던 글이나 받았던 상에 대해 다른 사람과 이야기해보자. 자신의 성과나 특성을 다른 사람의 눈을 통해 볼 수 있도록 자신에 대한 추천서를 적어보자. 이제부터는 칭찬을 고맙게 받아들이겠다고 결심하자. 이전에는 빼놓았거나 중요하게 생각하지 않았던 성과와 기술을 추가하여 이력서를 다시 적어보자. 다음번 회의나 수업 시간에는 자기비판 없이 자신의 생각을 말해보자. 대중 연설 세미나에 참석하거나 토스트마스터 클럽 Toastmasters Club(발표 능력을 기르기 위한 동호회-옮긴이)에 가입하자. 도전적인 대화나 상황을 가정해 연습해보자. 왜 급여가 인상되고 승진되어야 하는지 합당한 이유를 적어보자. 스터디 그룹이나 글쓰기 동호회, 기타 세상의 흐름에 뒤처지지 않게 도와줄 수 있는 지원 단체에 가입하자. 매일 5분씩 늘 자신 없어 하던 상황에서 자신 있게 행동하는 자신의 모습을 상상하자.

## 더 나아가기

### 요점

마리 퀴리는 말했다. "삶에서 두려워할 것은 없다. 이해해야 할 것만 있을 뿐. 이제 우리는 두려움을 줄이기 위해 더 많은 것을 이해해야 한다." 세상의 모든 가면 증후군자들이 가면이 벗겨지는 것에 대해 근본적인 두려움을 갖고 있지만 모두가 같은 방식으로 그 두려움을 다루지는 않는다.

지금까지 당신은 가면 증후군을 들키지 않기 위해 어떻게 대처해왔는지 알지 못했을 것이다. 그렇기 때문에 가면 증후군에 대처하기 위해 어떤 무의식적인 보호기제를 사용해왔는지 분석하는 일이 중요하다. 이 분석을 통해 당신은 자기제한적 패턴이 스스로에게 미치는 영향과 그에 따른 대가를 깨달을 수 있다. 여기까지는 당신의 '변화 전' 모습이다. 이제 이 정보들을 토대로 당신은 본래의 강하고 자신 있는 모습을 되찾을 수 있다.

### 당신이 할 수 있는 일

• 가면 감정을 관리하고 정체를 들키지 않기 위해 사용하는 보호기제가 무엇인지 확인하자.
• 가면 증후군에 대처하는 보호기제가 어떤 기능을 하는지, 자신의 파괴적 신념은 무엇이며 숨겨진 대가는 무엇인지 분석해보자.
• 이번 주에 실천할 행동 단계를 한 가지 선택하자.

### 다음 단계

당신은 너무 오랫동안 자신이 받아 마땅한 칭찬을 부인하며 지내왔다. 가면 증후군 패턴을 버리기 위해 반드시 거쳐야 하는 다음 단계는 당신이 성공한 이유들에 대한 오해를 바로잡는 것이다.

여자는
왜 자신의 성공을
우연이라
말할까

# 5장

# 행운은
# 요행이 아니다

| 난 운이 좋은 게 아니었다. 나는 그럴 자격이 있었다. |

**_마거릿 대처** Margaret Thatcher

당신은 학교를 마치고 직장에 들어가 어떤 역할을 맡아서 거래를 성사시키고 임원이 된 이유가 그럴 자격이 있었기 때문이라고 믿는가? 자신의 성과가 요행이 아니라 온전히 자신이 이룬 것이라고 받아들이고 있는가 말이다. 만약 그렇다면 당신은 스스로를 사기꾼이라고 느낄 이유가 전혀 없을 것이다. 하지만 불행히도 현실은 그렇지 않다.

당신은 기본적으로 성과에 대한 공로를 자신을 제외한 다른 것이나 다른 사람에게 돌림으로써 자신이 이룬 성공을 내다 버리며 살아왔다. 당신은 눈먼 행운이나 별자리 덕이라고 생각한다. '아빠가 날 거기에 넣어줘서' 혹은 '심사위원들이 날 마음에 들어 했기 때문'이라고 생각하기도 한다. 그러나 이제 당신이 성공한 진짜 이유들을 밝힐 때가 왔다.

## "우리가 원하는 건 팩트입니다."

1950년대를 대표하는 TV 시리즈 〈드라그넷 Dragnet 〉의 조 프라이데이

형사에게는 유명한 유행어가 있었다. 심문받는 목격자가 아무 관련성 없는 정보를 제공하며 본론에서 벗어나려고 하면 "우리가 원하는 건 팩트입니다, 부인."이라고 말하며 다시 본론으로 데려오는 것이다. 우리는 당신이 유능한 사람인 척 흉내를 내는 죄를 저지르고 있다고 생각한다는 걸 이미 잘 알고 있다. 그러니 내가 아무리 당신과 가면 증후군 클럽의 사람들이 모두 대단히 유능한 사람들이라고 말해도 아직 내 말을 믿지 않을 것이다. 당신이 어떻게 아느냐고 따지면서 말이다. 하지만 증거가 있다. 아주 확실한 증거가.

앞 장에서 당신은 수많은 사람들이, 마이크 마이어스의 표현을 빌리자면 '무능력자를 잡아내는 경찰이 들이닥쳐 자신들을 체포해 갈지도 모른다는 불안감' 속에 살아왔음을 알게 되었다. 그럼 이제 이런 무능력자를 찾아내는 경찰 부대가 실제로 존재해서 당신을 잡아가 심문한다고 상상해보자. 하지만 이 부대는 당신이 사기를 쳐서 성공했다는 자백을 받아내려는 게 아니라 당신에게 죄가 없다는 것을 밝히려고 한다. 그러기 위해서는 증거가 필요하다. 그리고 그 증거는 당신에게서 나올 것이다.

증거는 상황에 따라 여러 형태를 띤다. 학문적인 능력과 성공은 자격시험 점수나 상위권 학교 입학, 높은 시험 성적, 장학금, 인턴십, 상장, 교수 추천서, 면허증 등으로 측정된다. 직장인으로서의 성공은 직위나 연봉, 성과 평가, 승진, 급여 인상, 표창이나 상장으로 평가된다. 경우에 따라 임명직에 지명되거나 선거에서 선출되는 것도 능력의 증거가 될 수 있다.

창조적인 분야에서의 능력과 성공은 역할을 따내고 보조금을 받고 계약을 하고 인정받고 선택되는 것들로 평가된다. 백일장에서 당선되고,

경연에서 상을 받고, 화가, 작가, 음악가, 시인, 배우, 공예가로서 먹고살 수 있는 정도면 될 것이다. 기업가적 능력과 성공의 증거는 어떤 사업이냐에 따라 매우 다양하지만 기본적으로 이윤 창출이 가능한 일을 도모하는 능력에 달려 있다.

문제는 당신이 자신의 삶에 그런 증거들이 존재한다는 것을 부정한다는 데 있다. 그리고 강박적으로 자신의 성공 이유에 한정어를 붙여 둘러대려고 한다는 데 있다. 하지만 이번에는 그렇게 안 될 것이다. 당신은 지금껏 해온 모든 일에 대한 비밀을 털어놓게 될 것이다. 학교에서 특히 어려운 과목의 시험을 통과한 것에서부터 중요한 위원회의 의장직을 요청받은 일까지, 당신이 사실은 똑똑하고 재능이 많으며 그렇지 않다 하더라도 매우 유능한 인간임을 보여주는 증거라면 무엇이든 말이다.

그리고 이번에는 다른 핑계를 둘러대지 못하게 될 것이다. 이렇게 자신이 이룬 성취의 역사를 재구성해가는 과정에서 '언제, 어디서, 무엇을'이라는 기본 틀에서 벗어나고 싶은 기분이 든다면 이 말을 기억하자. "우리가 원하는 건 팩트입니다." 좋은 점수를 받았는지 받지 않았는지, 논문을 썼는지 쓰지 않았는지, 승진했는지 안 했는지, 무대 위에서 공연을 했는지 하지 않았는지, 판매에 성공했는지 못 했는지만이 중요하다. 한정어 없이, 가정 없이, '그런데'라는 말 없이 말이다.

이제 10분간 시간을 갖고 자신의 리스트를 만들어보자.

## '관점'이 필요하다

모든 수식어를 빼고 손에 쥔 증거만 본다면 당신은 자신이 누구이며 무엇을 성취했는지에 대해 아주 다른 그림을 보게 될 것이다. 실제로 철저하고 냉정하게 모든 증거를 검토했을 때 합리적인 사람이 도달할 수 있는 단 하나의 결론은 당신이 모든 혐의에 무죄라는 사실이다. 무능력자를 잡아내는 경찰에게 이 일을 맡긴다면 지금 당장 당신을 가면 증후군 클럽에서 추방해버릴 정도로 말이다.

다행인지 불행인지, 궁극적으로 자신이 가짜라는 믿음에서 해방시켜줄 수 있는 유일한 사람은 오직 자기 자신이라는 사실을 당신도 나도 잘 알고 있다. 그렇기 때문에 우리에게는 '관점'이 필요하다. 그리고 관점을 가지려면 성공이 어떻게 이루어지는지에 대해 당신과 다른 가면 증후군 자들이 갖고 있는 근본적인 오해를 정리하고 넘어가야 한다. 이제 곧 알게 되겠지만 행운, 타이밍, 인맥, 매력 같은 요인들은 당신의 성과를 낮추거나 무효로 만들기보다는 당신을 포함한 모든 사람들의 성공에서 일정한(정당한) 역할을 한다. 당신의 생각처럼 성공을 완전히 부정해버리는 것이 아니라.

# 성공의 필수 요소 네 가지:
# 행운, 타이밍, 인맥, 성격

## 중요한 건 행운으로 무엇을 하느냐다

당신의 성공, 그리고 다른 모든 사람들의 성공은 일정 정도 모종의 행운이 가져다준 결과다.

- 작가인 레이 브래드버리 Ray Bradbury는 서점에서 영국 출신의 미국 작가 크리스토퍼 이셔우드 Christopher Isherwood를 우연히 만난 덕분에 권위 있는 비평가와 자신의 첫 작품에 대한 의견을 나눌 기회를 얻었다.
- 언론상 수상자인 특파원이자 앵커 크리스티안 아만푸어 Christiane Amanpour가 언론계에 발을 들인 건 여동생이 런던의 한 저널리즘대학을 중퇴할 때 학장이 수업료를 환불해주지 않았기 때문이었다. 크리스티안은 이렇게 말했다. "그럼 제가 대신 다닐게요."
- 아마도 가장 엉뚱한 사례가 되겠지만, 믹스미디어 아티스트인 호프 샌드로우 Hope Sandrow는 닭을 그린 그림으로 미술계에서 유명해졌는데, 이 모든 일은 그녀가 자신의 고양이를 찾아 집 근처 숲으로 들어갔다가 16세기 유럽의 화가들이 사랑한 화려한 색채의 이국적인 파두안 수탉이 길을 잃고 헤매는 것을 발견하면서부터 시작되었다.

이 이야기들을 듣고 나니 이 사람들이 덜 유능하게 느껴지는가? 이들이 그런 성공을 누릴 자격이 줄어든 것 같은가? 사기꾼처럼 보이는가? 전혀 그렇지 않을 것이다. 그렇다면 왜 자신의 성공에서 우연한 행운이 어떤 역할을 할 때는 그렇게 생각하는가?

행운은 개인의 성공뿐 아니라 조직의 성공에도 영향을 미친다. 거대 회계법인인 딜로이트 Deloitte 에서는 사업의 성공에 관한 한 행운은 단순히 한 가지 요소에 그치는 게 아니라 '중심' 요소라고 주장한다. 딜로이트 회계법인은 2009년 〈우수성에 관한 무작위 조사 A Random Search for Excellence〉라는 제목의 법인 백서에서 뜻밖의 성공을 거둔 회사들을 조사했을 때 압도적인 다수가 "단순히 운이 좋은 회사라고 해도 무방할 정도다."라고 지적한다.

시야를 넓혀서 만약 당신이 운 좋게도 선진국에서 자랐다면 지독한 가난을 겪지 않았을 가능성도 컸을 테고, 따라서 성인이 되어 경제적 성공을 이룰 가능성도 더 컸을 것이다. 이처럼 좋은 학교에 다닌다거나, 훌륭한 멘토의 관심을 받고 있다거나, 다문화적인 직장의 이점과 내부에서 사람을 키우는 것의 장점을 아는 조직에서 일하고 있다면 당신은 정말 운이 좋은 것이다. 성공할 가능성이 월등히 높아지기 때문이다.

사실 말콤 글래드웰 Malcolm Gladwell 의 책 《아웃라이어》의 주요 전제도 세상에서 가장 성공했다고 손꼽히는 사람들 중에는 유리한 흐름을 탄 사람이 많았다는 것이다. "자격 있는 사람도 있고 자격 없는 사람도 있으며, 스스로 획득한 사람도 있고 그저 운이 좋았던 사람도 있다." 빌 게이츠가 중학교에 들어갈 시기가 되었을 때 부모는 그를 엘리트 사립학교에 보냈다. 운 좋게도 그 학교 어머니회는 자선바자회 수익금으로 컴퓨터 터미널이라고 하는 신기한 물건을 구입해 학생들에게 선물했다. 몇 년 후 최초의 PC가 세상에 등장했을 때 이미 수천 시간의 프로그래밍 경험을 가진 게이츠는 컴퓨터광들 중에서도 훨씬 앞서 있었다.

누구든 운이 좋을 수 있다. 차이를 만드는 건 그 행운으로 무엇을 하느냐다. 빌 게이츠Bill Gates의 동기들도 이 초기 컴퓨터를 사용할 수 있었다는 사실을 명심하자. 하지만 마이크로소프트는 레이크사이드 고등학교의 1973년 동기생들이 설립한 게 아니다. 그 회사는 자신에게 주어진 유리한 점을 이용하는 지혜, 행동에 나서는 진취성, 끝까지 지켜보는 끈기를 가진 사람에 의해 공동으로 고안되고 설립되었다. 미국의 거물 기업가 아만드 해머Armand Hammer는 이런 말을 한 적이 있다. "하루 열네 시간, 일주일에 7일을 일할 때 난 운이 좋아지죠."

오랫동안 나는 성공한 사람들은 사실상 '더 운이 좋은' 사람들이라고 이야기하고 다녔다. 하지만 전적으로 우연한 행운 때문만은 아니다. 성공한 사람들은 일상적으로 좋은 일들이 일어나기 쉬운 상황 속에 자신을 집어넣는다. 그들은 흥미로운 사람들을 쉽게 만날 수 있는 장소에 나타난다. 평생 배우기를 멈추지 않는 학습자들로서 수업과 심포지엄과 회의에 자주 참석한다. 목표를 정하고 계획적인 행동을 통해 끝까지 그 목표를 좇는다.

또한 성공한 사람들은 호기심이 왕성하다. 그들은 비행기에서, 아이들의 운동회에서, 티켓을 사려고 선 줄에서, 또는 동네 카페의 카운터 뒤에서 일하면서 자기 옆에 있는 낯선 사람들과 이야기를 나눈다. 그들만큼 성공하지 못한 사람들은 거의 하지 않는 행동들이다. 하지만 성공한 사람들은 이런 행동들을 통해 인맥과 조언과 도움과 협력자들에 관한 좋은 운을 끌어오는 위치에 효과적으로 자리 잡는다. 〈굿모닝 아메리카Good

Morning, America〉의 앵커 로빈 로버츠 Robin Roberts 는 자신이 명성을 얻게 된 과정에 대해 이렇게 적는다. "나는 좋은 일이 생길 수 있는 곳에 자리 잡는 법을 배웠다. 남성들에게 수적으로 밀리거나 두려울 때에도, 공이 내게로 날아올 때는 반드시 그 공을 잡을 수 있도록 준비했다."

한편 성공을 오직 행운의 관점에서만 보는 것은 위험하다. 당신은 한때의 꿈이었던 어린이책을 쓰는 사람이나 동기부여 연설가나 라디오 쇼를 진행하는 사람을 보며 '저 여자는 운도 좋지.'라고 생각한다. 하지만 이 말의 정확한 뜻은 '저런 일은 저 여자한테나 일어나지 나한테는 절대 일어나지 않을 거야.'다. 아마도 당신의 생각이 맞을 것이다. 당신이 불운을 타고났기 때문이 아니라, 성공을 전적으로 복권 당첨 같은 행운의 문제로 바라보는 한 당신이 성공할 가능성은 100만분의 1밖에 되지 않기 때문이다. 저명한 사고방식 전문가 얼 나이팅게일 Earl Nightingale 은 이렇게 말했다. "성공은 단순히 운의 문제다. 실패한 사람들한테 물어보라."

## 때로는 타이밍이 전부다

타이밍은 행운과 쌍둥이다. 자신을 가짜라고 느끼는 사람들은 그들이 지금의 위치에 있게 된 이유가 우연히 옳은 때에 옳은 장소에 있었기 때문이라고 믿는 경우가 많다. 만약 당신이 이런 식으로 자신이 이룬 성과를 부인해오고 있다면 당신에게 해주고 싶은 말이 있다. 가끔 타이밍이 전부일 때가 있다고.

글래드웰은 상황에 따라 그 사람이 태어난 해나 달에 성공 여부가 결정될 수도 있다는 사실을 발견했다. 예컨대, 피위베이스볼과 하키 같은 어린이 스포츠에는 나이에 따른 마감일이 정해져 있다. 스포츠 스타들 가운데 그 마감일 날짜 바로 다음 달에 태어난 비율이 높은 건 어린 시절에 그들이 다른 아이들에 비해 신체적인 우월함을 누릴 수 있었기 때문이다. 하지만 이 선수들이 자신들의 성과에 대해 단순히 옳은 때에 옳은 배 속에 들어 있었기 때문이라고 치부하는 이야기를 들은 적은 한 번도 없을 것이다. 오히려 그들은 자신들이 다른 모든 성공한 사람들과 똑같이 행동했다는 것을 알고 있다. 그들은 삶이 그들에게 선사해준 타이밍의 장점을 이용했고 메이저리그에 들어가기 위해 매일 죽어라 훈련했다. 바로 이것이 당신이 해야 할 일이다. 타이밍이 당신에게 유리하게 작용했다면 고마워하자. 그런 다음에는 그 멋진 타이밍이 결실을 맺을 수 있도록 필요한 모든 노력을 기울이자.

핵심은 자신에게 유리하게 타이밍을 이용하는 법을 배우는 것이다. 성공한 사람들은 네트워크로 연결되어 있는 소중한 인적 네트워크나 거래처들과의 연락 시기를 놓치지 않는 것이 성공 기회를 잡느냐 날리느냐를 결정할 수 있음을 잘 알고 있다. 그렇게 해서 일이 잘되면 그들은 자기 자신에게 그 공을 돌린다. 행동해야 할 때를 알고 실제로 행동하는 것 자체가 능력이라는 것을 잘 알기 때문이다.

## 인맥이 성공의 전부를 담당할 수는 없다

대학 기여 입학에서 채용 특혜에 이르기까지, 인맥이 좋은 사람들은 남보다 앞서 나갈 가능성이 높다. 고위급으로 올라가면 특히 더 그렇다. 행운의 덕을 본 것이 문제일 수는 없다. 능력이 담당하는 역할을 부정하지만 않는다면 말이다. 어머니가 스펠맨대학이나 바사르대학을 나왔을 수도 있고, 내부자가 중개인과 함께 당신에 대해 보증을 서주었을 수도 있다. 하지만 어떤 기관, 어떤 추천자, 어떤 고용주도 당신에게 그 일을 할 능력이 있다고 생각하지 않는다면 자신들의 명성이나 원칙에 금이 갈 일을 하지 않는다. 누군가 문을 열어주었을 수는 있지만 일단 안에 들어 가서 기대에 부응하는지 부응하지 못하는지는 당신에게 달려 있다.

게다가 인맥이 있다고 그것을 이용하는 사람이 자기 능력 이상의 성 과를 낼 수는 없다. 부자 동네의 고등학교 졸업 앨범들을 한번 훑어보라. 엄청난 인맥을 포함해 온갖 유리한 점들을 갖고 있으면서도 자신의 잠재 력을 제대로 발휘하지 못한 사람들을 찾을 수 있을 것이다. 어떤 경우에 는 지나치게 좋은 인맥이 그 사람의 신뢰도를 해칠 수도 있다. 부자나 유 명한 사람들과 관계가 있다는 것만으로 당신은 인맥의 도움 없이 지금의 자리에 올 수 있었을까 하는 의심을 받는다. 이런 이유로 이방카 트럼트 Ivanka Trump 는 자신이 그 유명한 아버지의 회사에 들어가 일하는 상황을 당연하게 여기지 않는다. 그녀는 청중들에게 이렇게 말했다. "더 똑똑한 사람들이 있겠죠. 경험이 더 많은 사람들도요……. 하지만 전 더 열심히 할 겁니다."


## 성격은 능력이 아니라는 편견

'이기는 성격 winning personality'이라는 말이 존재하는 데는 이유가 있다. 행운, 타이밍, 인맥이 성공에 정당한 역할을 하는 것처럼 호감도도 그렇 다. 하지만 여성들은 그 중요성을 특히 과소평가하는 경향이 있다. 남자들이 여자들처럼 "그 사람들이 날 좋아해서 그렇게 된 거야."라며 자신의 성과가 별것 아닌 것처럼 말하는 경우는 거의 없다. 남성들은 성격을 성공을 깎아내리기 위한 핑곗거리가 아니라 있는 그대로, 즉 능력의 한 형태로 생각한다.

취업 면접장에서 회사 측 자리에 앉아본 적이 있다면, 모든 조건이 같은 상황에서 늘 최종 합격자는 더 호감 가는 후보라는 것을 알 것이다. 공정하지 않아 보일 수도 있지만 대부분의 상황에서 훌륭한 성격은 교육이나 경험처럼 절대적인 자질마저 능가한다. 이것을 이해한다면 당신은 똑똑한 사람임을 증명하기 위해 노심초사하는 대신 당신이야말로 동료들이 일주일에 40시간 이상을 함께 지내고 싶어 할 만한 사람임을 보여주는 데 그만큼의 노력을 기울이게 될 것이다.

비교적 인간중심적이지 않은 분야에서조차 성격은 능력의 한 요소로 인식된다. 실제로 저명한 벨 연구소의 전기 기술자들에게 팀에서 가장 소중하고 일 잘하는 동료를 선정해달라고 요청했을 때 그들이 뽑은 동료는 최고 학력의 소유자도, IQ가 가장 높은 사람도 아니었다. 그들이 뽑은 건 사회적 지능이 높은 사람들이었다.

만약 당신이 뛰어난 유머 감각을 갖고 있다면 자신이 지금의 위치에 있게 된 이유가 오직 '그들이 날 좋아하기 때문'이라고 잘못 믿고 있을 가능성이 높다. 하지만 한 가지 팩트를 알려주자면, 조직의 정상까지 올라가는 사람들은 사회적 지능이 높을 뿐만 아니라 다른 사람들이 재미있다고 여기는 사람이기도 하다.

물론 처음에는 오직 카리스마로만 승승장구하는 사람들도 있지만 결국은 주위 사람들도 알게 된다. 매력과 성격이 성과라는 케이크를 덮고 있는 달콤한 코팅이라면 일을 해내는 능력은 케이크 그 자체다. 다른 사람들이 같은 팀이 되길 원하는 사람이라는 건 다른 능력과 다를 바 없는 또 하나의 능력이다. 그러니 그 능력을 갖고 있다면 활용하자!

# 성공을 진정으로
# 소유하는 방법

이제 운과 타이밍, 인맥, 성격이 성공에 얼마나 중요한 역할을 하는지 알게 되었으니 당신의 그 해묵은 핑곗거리는 사라졌다. 그럼 이를 증명하기 위해 이 장을 시작하며 작성했던 자신의 성취 목록을 꺼내 이 요소들이 실제로 작용했던 경우가 있었는지 생각해보자. 그 옆에 자신이 가졌던 행운, 타이밍, 인맥, 매력에 어떤 행동이 더해져 결국 성공에 이르게 되었는지 적어보자. 여기서 끈기, 주도권, 한발 더 나아가는 노력, 행운이나 인맥의 활용, 이기는 성격 같은 것들에 대한 칭송은 모두 당신의 차지가 되어야 한다.

이제 당신은 자신과 다른 모든 이들의 성공에 외부 요소들이 개입하는 때가 있다는 것을 알게 되었을 것이다. 당신의 마음속 사기꾼이 진정으로 깨달아야 할 것은 행운, 타이밍, 그 밖의 다른 모든 요소들이 성공에 도움을 주었을 수는 있지만 결국 성공을 이루어낸 건 바로 당신이라는 점이다. 외부 요소들이 당신이나 당신의 성취에서 어떤 것도 빼앗아 갈 수 없음을 진심으로 이해하고 나면 이제 당신의 과거 성취는 물론 미래의 성취를 바라보는 시선도 영원히 바뀔 것이다.

무엇보다 이제 당신은 앞서 작성했던 자신의 성취 목록을 다른 모두가 그러하듯 당신이 똑똑하고 유능한 사람이라는 명백한 증거로 보게 될 것이다. 새로운 시선으로 바라보면 예전에는 별것 아닌 것으로 치부했던 모든 성공들이 이제는 제자리를 찾아 '내가 해낸 일' 목록에 들어갈 수 있다.

그럼 지금부터는 당신과 당신이 이룬 성과 사이의 정신적 연결을 강화하는 작업을 시작해보자. 우선 당신이 언제, 어떤 식으로 자신의 성과를 과소평가했는지 주의 깊게 살펴보자. 운이 좋아서 승진한 거라고 말하며 돌아다니지는 않더라도 당신이 생각보다 더 자주 사람들의 칭찬을 부정하고 있었음을 알게 될 수도 있다.

만약 그렇다면 칭찬을 거부하는 대신 "고마워요." 같은 좀 더 적절한 말로 대응하는 연습을 하자. 이런 대응이 몸에 배면 다음에는 한 걸음 더 나아가 "그렇게 말해줘서 정말 고마워요."라거나 "고마워요. 내 노력이 보상받아서 정말 기분이 좋네요."라고 말해보자. 내가 그 일을 했다고 스스로 말하는 것만으로 자신의 성과를 온전히 내면화하는 데 도움을 얻을 수 있다.

당신은 자신이 그저 겸손할 뿐이라고 생각할지도 모른다. 하지만 칭찬받을 만한 사람이 아닌 이유를 늘어놓다가 오히려 칭찬하는 사람에게 모욕감을 줄 수 있다는 점을 생각해본 적이 있는가? 생각해보면 가면 증후군에는 거만함으로 보일 만한 요소가 있다. 결국 당신이 말하는 것은 "당신네들이 너무 멍청해서 내가 모자라다는 걸 모르는 거야!"이지 않은가. 가령 우리가 우연히 만나 당신이 내게 책을 잘 읽었다고 말을 건넸는데 내가 "정말요? 당신은 책을 많이 읽지 않나 보군요. 아니, 집 밖으로 좀 나가긴 하나요?"라는 식으로 반응했다고 치자. 정말 오만하지 않은가?

## 자기 자신에게도 보상을 주어야 한다

우리는 모두 자신의 일이 사람들의 눈에 띄고 인정받는 것을 좋아한다. 하지만 기억하자. 당신은 가면 증후군을 갖고 있고, 그렇기 때문에 당신의 성취를 누구보다 더 인정해야 할 사람은 바로 당신 자신이라는 것을 말이다. 이를 위한 한 가지 방법은 대형 프로젝트를 끝내거나 어떤 일에서 승리를 거둘 때마다 자신에게 그에 맞는 보상을 해주는 것이다. 자신을 인정하는 법을 배우는 건 재미있기도 하지만 다른 사람들의 인정을 구하다가 인정받으면 그것을 다시 부정해버리는 오래된 패턴에서 빠져나오는 데도 도움이 된다. 보상을 주는 간단한 행동은 자신과 자신이 이룬 성과의 정신적 연결 강화라는 목표를 이루기 위한 구체적인 방법이다.

어떻게 보상하느냐는 중요하지 않다. 마사지, 근사한 저녁 식사, 혹은 좋아하는 공원에서의 간단한 산책도 좋다. 이 책의 집필을 마치고 나는 집에 놓을 그림을 한 점 구입했다. 그 그림을 볼 때마다 이 책에 쏟은 시간과 노력을 떠올린다. 이 이야기를 했을 때 친구는 책이 망하면 그 그림이 고통스러운 기억을 불러일으키지 않겠느냐고 걱정했다. 하지만 보상은 승리만을 위한 것은 아니다. 무언가에 최선을 다했다면 당신은 여전히 그 노력에 대한 찬사를 받을 자격이 있다.

자신의 성취를 마음속에 확실하게 새길 수 있는 또 다른 방법은 그 성취를 좀 더 시각화하는 것이다. 더 이상 아이가 아니라고 해서 추천서나 자격증, 그 밖에 당신의 성공을 보여주는 유형의 증거들을 자랑스럽게 벽에 도배하지 못할 이유는 없다. 공공연하게 자기자랑을 드러내는 게 불편하다면 좀 더 사적인 방법으로, 가면 감정들이 스멀거리고 올라올 때마다 혼자서 볼 수 있는 성과 폴더를 만드는 것도 좋은 방법이다.

## 요점

가면 증후군을 가진 사람은 자신의 성공에 대한 공로를 자신이 아닌 외부 요인들에 돌림으로써 그 성공을 외면화시킨다. 하지만 실제로 당신이 똑똑하고 유능하다는 증거는 당신의 주변 도처에 존재한다. 자신의 성공을 100퍼센트 마땅하게 느끼려면 본능적인 차원에서 성취를 자신의 것으로 주장할 수 있어야 한다. 이 과정은 행운, 타이밍, 인맥, 성격과 같은 외부 요소들이 당신뿐 아니라 모든 사람의 성공에서 정당한 역할을 하고 있음을 이해하는 것부터 시작된다.

## 당신이 할 수 있는 일

• 자신이 이룬 크고 작은 성취들의 목록을 작성하자.
• 각각의 성취 옆에 행운, 타이밍, 인맥, 성격이 담당했을 역할을 적어보자.
• 그런 다음 이 요소들을 온전히 활용하기 위해 자신이 했던 구체적인 행동들을 적어보자.
• 다음에 누군가가 당신의 일을 칭찬할 때는 "고맙습니다."라고 말한 다음 입을 다물기로 자기 자신과 약속하자.

## 다음 단계

이제 당신은 자신의 성취가 온전히 자신에게서 비롯된 것임을 알게 되었을 것이다. 지금부터는 현실 점검에서 나아가 가면 감정의 핵심일 수 있는 것들을 살펴보기로 하자. 바로 능력에 대한 당신의 시각이다.

# 유능함의
# 기준을
# 바로잡아야
# 한다

6장

# 유능함에 대한 기준을
# 바로잡아야
# 하는 이유

> 내 작품은 마땅히 도달해야 할 수준에 도달하지 못하여 신과 인류를
> 실망시켰다.

_레오나르도 다 빈치 Leonardo da Vinci

　　　　　　당신은 어떤 기준으로 자신의 유능함을 판단하는가? 성과를 내려는 사람은 누구나 최선을 다하고 싶어 한다. 하지만 스스로를 사기꾼이라고 느낄 때 이 '최선'이라는 말에 단순히 잘하는 것을 넘어서는 자기기대감이 포함되어 있다. 아는지 모르겠지만 능력에 대한 당신의 시각은 '나는 사기꾼'이라는 믿음을 영속시키는 주요 원인이다. 지난 세월 동안 당신은 자신이 재능과 지식과 능력을 갖춘, 한마디로 충분히 '잘난' 사람으로 보이는 데 필요한 요건들에 대한 자신만의 기준을 형성해왔다. 이 기준들은 당신이 자신에 대해 느끼는 능력과 자신감에 100퍼센트 영향을 미친다. 모두가 뛰어난 능력자라고 생각하는 사람을 당신만 자격 없는 가짜라고 생각한다면 당신이 갖고 있는 능력 기준에 문제가 있다는 뜻이다. 지금 당신이 얼마나 똑똑하고 재능과 능력이 출중한지는 중요하지 않다. 여기서 한 가지 알려줄 것이 있다. 당신은 스스로 설정해놓은 말도 안 되게 높은 기대 수준에 절대 도달하지 못하리

라는 것이다. 따라서 정말로 가면 증후군에서 벗어나고 싶다면 당신은 유능함의 기준에 대한 자기제한적 사고를 바로잡아야 한다. 단언컨대 이 조정 과정은 당신을 자신감으로 인도해줄 가장 빠른 지름길이다.

## 유능함의 기준에 대한 다른 시선들

전 세계의 모든 가면 증후군자들은 능력에 대해 왜곡된 시각을 갖고 있다. 하지만 그 시각이 모두 같은 식으로 왜곡되어 있는 건 아니다. 이게 무슨 말인지 알아보려면 여기서 잠깐 멈춰서 제일 먼저 머리에 떠오르는 생각들로 다음 문장들을 완성해보자.

- _____ 일 때(할 때) 나는 내가 _____에 능력이 있다는 것을 알 수 있다.
- 내가 정말로 똑똑하다면 _____일 수(할 수) 있을 것이다.
- 나는 늘 _____일 수(할 수) 있어야 한다.
- 내가 정말 자질이 있다면 나는 _____일(할) 것이다.

이제 곧 알게 되겠지만 여기에 대한 대답은 당신이 기준으로 설정해 놓은 능력 유형에 대해 많은 것을 알려준다. 능력 유형에는 완벽주의자, 타고난 천재, 엄격한 개인주의자, 전문가, 슈퍼우먼이 있다. 각각의 유형은 능력 기준에 대한 각각의 오류적 사고를 보여준다. 바로 당신의 능력 기준이 그렇듯이 말이다.

능력 기준에는 '당연히'나 '언제나' 혹은 '하지 말라', '절대' 같은 말들이 포함된다. 예를 들어 '내가 정말로 똑똑하다면 언제나 무슨 말을 해야 할지 알 것'이라는 내면의 능력 기준에 따른다고 치자. 이런 식의 사고는 '옳다고 100퍼센트 확신하지 않는다면 절대 손을 들지 말라'거나 '도움을 청하지 말라'거나 '언제나 과도하게 준비하라'와 같은 행동 규칙들을 가동시킬 수 있다. 여기에는 당신과 나 같은 한낱 인간은 거의 성취할 수 없고 절대 유지할 수도 없는 능력에 대한 강력한 내적 기대감이 반영되어 있다.

다섯 가지 능력 유형을 알아가다 보면 부분적으로 여러 가지 유형에 속한다고 느낄 수도 있다. 하지만 대개는 주로 해당하는 한 가지 지배적인 유형이 있다. 자신이 가진 자기제한적 기대감을 보다 분명히 이해한다면 목표에 이르지 못했을 때 느끼는 수치심과 자신이 가짜라는 생각에서 빠져나오는 데 큰 도움이 될 것이다.

이제 무엇이 문제인지 분명히 알게 되었다면, 다음 단계는 당신의 오래된 비합리적인 기준들을 여기서 제시하는 '한낱 인간을 위한 유능함의 기준'으로 바꾸는 것이다. 곧 알게 되겠지만 이 새로운 기준에는 현재 당신의 두려움을 부채질하는 사고방식과는 완전히 다른 사고방식이 담겨 있다. 그리고 이 새로운 기준들은 능력을 현실적인 조건 속에서 새롭게 정의하기 때문에 당신은 즉각적으로 더 자신 있고 더 유능해진 기분을 느낄 수 있을 것이다.

# 모든 것이
# 완벽해야 한다는 강박

### – 완벽주의자 유형이 능력을 보는 관점

완벽주의자는 단 하나의 초점만을 갖고 있으며, 모든 일은 그 초점에 맞추어 이루어진다. 당신의 능력 기준은 단순명료하다. 백이면 백 흠잡을 데 없는 성과를 내야 한다거나, 스스로 한 일은 모든 면에서 모범이 되어야 한다거나, 완벽하지 않은 건 용납할 수 없다는 식으로 말이다. 이 비현실적으로 높은 기준에 미치지 못할 때마다 당신의 가면 증후군은 확고해질 뿐이다.

이 가혹한 기준을 자신에게만 적용하는 완벽주의자들이 있는가 하면 다른 사람들에게까지 강요하는 이들도 있다. 후자에 해당하는 사람들은 아마도 가정에서 이렇게 말할 것이다. "안 돼, 여보. 수건은 그렇게 접는 게 아니야. 이렇게 접어야지." 이들에게는 휴가를 갈 때 차에 물건을 싣는 일부터 프로젝트를 계획하는 일까지 모든 일에 옳은 방법과 그른 방법이 있다. 어느 누구도 당신의 정밀한 기준에 부응하지 못하기 때문에 당신은 '어떤 일이 제대로 되기를 원한다면 직접 하자'라는 좌우명을 갖고 있다. 다른 사람에게 일을 위임해야 할 때는 그 결과에 자주 좌절하고 실망한다.

분명히 해두는데, 완벽주의는 뛰어나고자 하는 건강한 욕구와는 다르다. 탁월함은 완벽을 요구하지 않고도 추구할 수 있다. 무엇보다도 완벽주의자가 아닌 사람들은 어려운 일에 도전해서 그 일에 성공했든 성공하지 못했든 끄떡하지 않는다. 그리고 상황에 따라 성공의 의미를 재정립할 만큼 유연하다. 그렇다고 실패해도 실망하지 않는다는 뜻은 아니다. 하지만 최선을 다한 이상 부끄러워하지 않는다.

그러나 완벽주의자들에게는 정반대의 일이 벌어진다. 질적인 면에서 완벽주의자들은 언제나 금메달, A⁺, 일등을 추구한다. 거기에 조금이라도 미치지 못하면 자신이 '실패'라고 생각해 많은 경우 통렬한 내적 비판에 시달리며 깊은 수치심을 경험한다. 실패했을 때의 엄청난 수치심 때문에 새롭거나 어려운 것을 시도조차 하지 않으려 할 수도 있다. 결국 일을 '제대로' 해내려면 많은 노력과 에너지와 어려움이 요구되는데, 이런 힘든 과정과 기대에 미치지 못했을 때 따라올 수치심을 감수하느니 시도조차 않는 것이 훨씬 더 쉬운 것이다.

아무리 적극적으로 덤벼들었어도 결과가 만족스럽지 않은 이유는 언제나 훨씬 더 잘할 수 있었다고 믿기 때문이다. 당신은 좋은 학교에 들어가도 더 좋은 학교에 들어갈 수 있었기 때문에 실망한다. 최고의 프레젠테이션을 하고도 몇 가지 사소한 점을 놓쳤다고 자신을 질책한다. 중요한 거래를 중개하고도 더 나은 거래를 할 수 있지 않았을까 생각할 뿐이다.

완벽주의는 깨기 어려운 습관이다. 자체적으로 강화되기 때문이다. 과도한 준비 덕분에 눈부신 실적을 내는 경우가 많고, 그에 따라 완벽한 기록을 유지하려는 욕구도 강화된다. 하지만 이것은 거대한 함정이다. 자신과 자신의 일이 늘 완벽하기를 기대하는 것은 당신이 실망하게 될지 말지의 문제가 아니라 '언제' 실망할지의 문제이기 때문이다.

완벽주의는 최고를 추구하는 것이 아니다. 그것은 우리 내면에 존재하는 최악의 속성을 추구하는 것으로, 그 속성은 우리가 하는 어떤 일도 충분하지 않을 거라고, 다시 해야 한다고 말한다.

_줄리아 캐머런 Julia Cameron, 작가, 시인, 극작가, 영화제작자

## 완벽주의자 유형을 위한 능력 기준 재정립

아마도 당신이 단순하게 '만족스럽다'라고 생각하는 일은 실제 요구되는 수준을 훨씬 넘어설 것이다. 그렇기 때문에 현재 당신이 갖고 있는 '수준'이나 '기준'에 대한 사고방식을 재정립하는 것이 매우 중요하다. 나는 16년 넘게 사업을 준비하는 사람들을 도와오면서 어떤 일을 시작하기 전에 모든 것이 완벽해질 때까지 기다리는 여성들이 남성들에 비해 현저히 많다는 것을 발견했다. 그들은 모든 것이 제대로 갖추어졌는지를 확인하고 끝없이 재보면서 절대 시작은 하지 않는다. 결국 '높은 수준'과 '제대로 하기'에 대한 고결한 생각이 행동의 마비를 초래하는 것이다.

전반적으로 남성 기업가들은 수준에 대해 전혀 다른 정의를 갖고 일을 한다. 내가 참석했던 수많은 인터넷 마케팅 세미나에서 강사들이 주문처럼 되풀이하는 말은 결국 "제대로 할 필요 없으니 일단 시작하라."였다.

한 마케팅 전문가는 더 나아가 시작을 미루고 있는 완벽주의자들에게 "대충 하는 것이 아예 안 하는 것보다 낫다."라고까지 했다. 표현이 거칠수는 있지만 이 말에 담긴 기본적인 진실은 같다. 모든 게 완벽하기를 기다린다면 절대 행동하지 못한다는 것이다. 제품이든 서비스든 아이디어

든 일단 첫 상품을 내놓은 다음 피드백을 얻고 개선해서 새롭게 향상된 상품을 만들어내면 된다. 방향은 가는 길에 언제든 바로잡을 수 있다. 물론 어느 시점에서는 그 상품이 정말로 충분히 좋은지 판단해야만 한다.

회사나 학계에 몸담고 있는 경우라면 "대충 하는 것이 아예 안 하는 것보다 낫다."와 같은 충고에 의욕이 꺾일 수도 있다. 그렇다면 이 말을 좀 더 고상하게 포장해보면 어떨까? 하나의 패러다임으로 말이다. 예를 들어 소프트웨어 개발업계는 앞에서 말한 내 인터넷 마케팅업계 친구들과 기본적으로 같은 사고방식을 공유하고 있을 뿐 아니라 그에 대해 뭔가 공식적인 것처럼 보이는 이름까지 갖고 있다. 패러다임 창시자인 제임스 바흐James Bach가 말하는 '충분히 좋은 수준, GEQ Good Enough Quality'다.

〈충분히 좋은 수준, 유행어를 넘어Good Enough Quality: Beyond the Buzzword〉라는 바흐의 글은 컴퓨터정보기술 이론과 적용의 발전에 기여한 저명한 간행물에 실렸다. 이 글에서 바흐는 GEQ가 소프트웨어 제조업계의 표준 처리 절차라고 단언하며, "마이크로소프트는 알려진 버그가 있는 채로 소프트웨어 제품을 출하할 것을 염두에 두고 모든 프로젝트를 시작한다."라고 설명한다. 이것은 마이크로소프트나 그 밖의 다른 소프트웨어 회사들을 공격하려고 하는 말이 아니다. 오히려 어느 정도의 불확실성을 안고 회사를 운영해야만 하는 기술업계 제조사들의 현실을 인정하는 말이다.

분명히 해두자. GEQ나 '대충 하는 것이 아예 안 하는 것보다 낫다'라는 말에 담긴 원칙은 평범한 수준이면 된다는 뜻이 아니다. 책임을 면할 정도의 최저 수준을 제공해도 된다는 뜻도 아니다. 내가 아는 100만,

1000만 달러 단위의 수익을 올리는 기업가들 중에서 싸구려 물건을 팔면서 부자가 된 사람은 아무도 없다. 빌 게이츠와 스티브 잡스가 열등한 제품을 팔아 세계에서 가장 유력한 기술 회사로 성장한 게 아니다. 바흐는 '충분히 좋은' 것으로 여겨지는 제품이 되기 위해서는 여전히 특정한 기준을 충족해야 한다고 주장한다. 이를 위한 노력의 방향을 제시하기 위해 그는 충분히 좋은 수준이라는 패러다임에 여섯 가지 요소와 여섯 가지 '필수적 관점'을 포함시켰다. 주목할 점은 여기에 완벽함은 포함되지 않는다는 것이다.

이것이 탁월함을 추구하는 노력을 그만두어야 한다거나 일을 아무렇게나 해도 된다는 말은 아니다. 수술을 하거나 비행기를 조종하는 것처럼 몇 가지 명백한 경우를 제외하고는, 당신이 하는 모든 일에 전력을 다할 필요는 없다는 뜻이다. 이것은 어디에 노력을 쏟을지에 대한 선택의 문제이며, 적당한 노력으로 충분할 때는 일상적으로 반복되는 일에 안달복달하며 시간을 낭비하지 않겠다는 결심의 문제이다. 과거로 다시 돌아가서 개선할 수 있는 기회가 생긴다면 좋지만 그렇지 않다면 계속 앞으로 나아가자. 과학자이자 공상과학 소설가인 아이작 아시모프Isaac Asimov가 스스로가 '비완벽주의자'라는 것을 자랑스러워하며 팬들에게 "고민하지 마세요. 그건 당신을 느리게 만듭니다."라고 말하는 데는 이유가 있다. 자신의 이름으로 500권의 책을 낸 그가 괜히 이런 말을 하는 게 아니다.

완벽주의의 정의를 재정립하는 작업은 경력 면에서도 영리한 행보다. 다른 사람들과 함께 일할 경우 모든 게 완벽해야 한다는 당신의 끝없는 욕구는 그 사람들에게도 문제가 될 가능성이 크다. IBM의 한 프로젝트

매니저는 완벽주의에 사로잡힌 한 팀원 때문에 상황이 최악으로 치닫는 바람에 결국 그 직원을 불러내 한 소리 하지 않을 수 없었다고 말했다. "그만 좀 해요. 당신 때문에 팀 전체가 느려지고 있잖아요."

완벽주의적인 사고방식은 당신을 성공으로 이끄는 게 아니라 사실상 거대한 장벽으로 기능한다. 이제 고인이 된 작가 제니퍼 화이트Jennifer White 도 그렇게 말했다. "완벽주의는 일을 제대로 해내는 것과는 아무 상관이 없다. 높은 기준을 가진 것과도 무관하다. 완벽주의는 당신이 앞으로 나아가는 것을 막는다." 마지막 말이 특히 강력하다.

연습이 필요하겠지만 당신도 비완벽주의의 미덕을 알아보는 눈을 가질 수 있다. 가장 아름다운 나무들은 가장 뒤틀리고 비뚤어진 나무들일 때가 많다. 가장 심오한 과학적 발견으로 손꼽히는 다수는 실수의 결과물이었다. 어떤 이슬람 예술품에는 오직 신만이 완벽함을 겸허히 인정한다는 의미로 일부러 작은 결점들이 심겨 있다는 글을 읽은 적이 있다. 모든 파도가 완벽한 파도이고 모든 키스가 완벽한 키스라면 인생은 얼마나 지독히도 지루하겠는가. 완벽하지 않은 것에는 유용함과 아름다움과 고상함이 있다. 그것을 포용하는 법을 배우자.

### 완벽주의자 유형을 위한 새로운 능력 기준

- 완벽주의는 성공을 방해한다.
- 때로는 좋은 것으로 충분하다.
- 모든 일에 100퍼센트 전력을 다할 필요는 없다.
- 당신의 완벽주의는 다른 이들에게 영향을 미친다.
- 비완벽주의를 포용해야 한다.

# '나는 배우지 않아도
# 잘해야 해.'
### – 타고난 천재 유형이 능력을 보는 관점

지금 우리가 살펴보고 있는 다섯 가지 능력 유형 가운데 아마도 가장 분명하고 익숙한 유형은 완벽주의자일 것이다. 그런데 이와는 완전히 다른 능력 기준을 가지고 있으면서 가면 증후군자의 특성이 두드러지는 타입이 있으니, 바로 내가 '타고난 천재'라고 부르는 이들이다.

웹스터 사전 Webster's Dictionary에 따르면 '능력'은 '특정한 방법으로 기능하거나 발전할 가능성을 지닌 것'이라고 정의된다. 여기서 중요한 단어는 '가능성'과 '발전'이다. 불행히도 타고난 천재들에게는 이것을 알려주는 사람이 없었던 것 같다. 타고난 천재인 당신이 생각하는 진정한 능력이란 타고난 지능과 능력이다. 지능과 능력을 타고난 것으로 보기 때문에 성공은 손쉽게 이루어져야 한다는 사고방식이 작동한다. 타고난 천재 유형이 가장 관심을 갖는 건 성취가 '언제 어떻게 발생하느냐'다.

완벽주의자처럼 타고난 천재도 내면의 능력 기준을 불가능할 만큼 높게 설정한다. 하지만 흠이 없어야 한다는 완벽주의자의 핵심 기준 대신 타고난 천재인 당신은 쉬운 정도와 속도에 근거해 자신을 판단한다. 당신은 배우지 않아도 알아야 하고, 노력 없이도 앞서야 하며, 한 번의 시도로 모든 걸 제대로 해내길 기대한다. 당신은 '내가 정말 똑똑하다면 한 번만 들어도 모든 걸 이해할 수 있어야 해.'라거나 '내가 진짜 작가라면 글 쓰는 게 이렇게 어려울 리 없어.'라고 생각한다. 어떤 일을 재빨리, 혹은 유능하게 해내지 못하면 가면 증후군이 발동한다.

타고난 천재들이 중간 단계의 고단함 없이 곧장 초보자에서 전문가로 변신하길 원하는 이유는 게으름 때문이다. 중간 단계가 존재한다는 것조차 인식하지 못하고 있기 때문이다. 자기 분야의 정상에 서 있는 사람들을 보면 모든 게 너무 쉬워 보이기 때문에 당신은 처음 일을 시작하는 단계인데도 뛰기부터 하려고 한다. 학생이라면 태어날 때부터 자신이 고등미적분을 풀거나 논문 쓰는 법을 알고 있었어야 한다고 생각한다. 사업가라면 사업을 시작한 바로 첫날에 수익을 올리기를 기대한다. 악기를 배우거나 복잡한 절차를 익힐 때에도 바로 그 자리에서 모든 것을 습득하기를 기대한다.

쉽게 이해되지 않는 일이나 배우기 어렵고 시간이 걸리는 일에 부딪힐 때, 더 유능한 사람이라면 지금쯤 훨씬 멀리 가 있을 것이라고 믿기 때문에 당신은 '내가 문제인 게 틀림없어.'라고 생각한다. 이 생각은 도제 정신은 까맣게 잊어버린 채 노력보다 재능을, 꾸준한 진전보다 하룻밤 사이의 성공을 더 우러러보는 문화에 의해 강화된다.

지금의 탁월함을 얻기까지 얼마나 열심히 노력했는지 사람들이 안다면 결국 나의 탁월함도 그리 훌륭해 보이지 않을 것이다.

_미켈란젤로 Michelangelo

타고난 천재 유형이 능력을 바라보는 관점은 스탠퍼드대학 연구원 캐럴 드웩 Carol Dweck 이 '고정된 마음가짐'이라고 부르는 것과 비슷하다. 그녀는 《마인드셋》이라는 자신의 책에서, 지능과 성공 요건에 대한 관점이 자신의 능력을 바라보는 시각에 얼마나 막대한 영향을 미치는지를 보여주는 지난 30년간의 연구를 요약, 정리하여 알려준다.

간단히 말해, 고정된 마음가짐을 갖고 있을 때 당신의 에너지는 일 잘하고 똑똑한 사람이 되는 것에 집중되며, 이에 따라 당신은 계속해서 자기 자신을 증명해내야 한다. 성공은 자신감을 고취시킨다. 한동안은 말이다. 하지만 실패에 부딪히면 당신의 자신감은 무너진다. 일을 잘해내지 못했다는 사실에 극심한 수치심을 느낀 나머지 많은 경우 당신은 한참 동안 도전과 실패를 피하게 된다.

마음가짐이 고정된 사람에게 지능과 실력은 제로섬 게임과도 같다. 당신은 수학을 잘하거나 아니면 못한다. 예술적 재능이 있거나 아니면 없다. 세일즈 능력이나 훌륭한 연설가가 될 재능을 갖고 있거나 아니면 갖고 있지 않다. 당연하게도 드웩은 고정된 마음가짐을 가진 사람들은 가면 증후군 등급에서 높은 자리를 차지할 가능성도 크다는 것을 발견했다.

## 타고난 천재 유형을 위한 능력 기준 재정립

타고난 천재의 능력 기준에서 가장 크게 재정립해야 할 부분은 타고난 재능과 탁월함은 놀랄 만큼 관계가 없음을 인식하는 것이다. 당신은 무수히 많은 일을 배울 수 있을 뿐 아니라 심지어 그 일들을 훌륭하게 해낼 수도 있다. 그러기 위해 노력할 의지만 있다면 말이다. 미국과 영국에서 시행한 광범위한 조사에 따르면 음악에서 스포츠, 체스에 이르기까지 자신의 분야에서 두각을 드러낸 사람들은 '계획적인 연습'에 대부분의 시간을 쏟아부은 사람들이었다.

이것은 단순한 반복 연습이 아니라 높은 기준과 목표에 기초한 반복 연습이다. 이미 정상에 오른 사람들도 그 자리에 머물기 위해서는 끊임없는 연습이 필요하다는 것을 안다. 코미디언이자 배우인 크리스트 록 Christ Rock이 TV 심야 토크쇼에 출연하기 전에 이틀 밤 정도 스탠드업 코미디 공연을 하며 출연에 대비하는 것도 이런 이유 때문이다.

지속적 향상에 대한 추구는 드웩이 '성장 마음가짐'이라고 부르는 것의 특성이기도 하다. 앞서 살펴본 고정된 마음가짐과 달리, 성장 마음가짐은 지능은 쉽게 바뀌며 능력은 시간에 걸쳐 형성될 수 있다고 본다. 또한 성공은 타고난 지능이나 재능, 능력의 작용으로 이루어지는 것이 아니며, 탁월함은 평생에 걸친 학습과 능력이 쌓여 이루어진다고 여긴다.

성장 마음가짐을 지닌 사람들은 실수와 실패로부터 배우는 법을 알고 있기 때문에 어려운 도전에서 물러서거나 낙심하는 대신 노력을 배가한다. 자신이 꾸준히 발전하고 있다고 생각한다면 자신이 부족하다고 느낄 확률은 자연히 더 낮아진다.

유능해지기 위해 타고난 재능이 꼭 필요한 것이 아닐뿐더러 타고난 재능이 있다고 해서 자동적으로 성공이 보장되는 것도 아니다. 드웩은 스포츠계에서 예술계에 이르기까지 평범한 능력으로 시작했지만 꾸준히 노력한 결과 재능을 타고났음에도 전력을 다하지 못한 이들만큼 뛰어나게 성장했거나 그들을 능가한 이들의 사례를 나열한다. 좋은 소식을 한 가지 알려주자면, 의지만 있다면 누구나(당신도 포함해서) 노력이라는 수단을 이용할 수 있다는 것이다. 당신은 연습을 통해 점점 더 나아질 것이고, 그에 따라 기분도 더 좋아질 것이다. 무엇보다도 그것을 증명할 자신감을 갖게 될 것이다.

| 기회는 어려움의 한가운데에 놓여 있다. |

_앨버트 아인슈타인 Albert Einatein

이 과정에서 실패에 부딪힐 수도 있을까? 당연하다. 다른 점이 있다면 이제는 어려움과 도전을 부족함의 증거가 아니라 성장하고 배우는 기회로 맞이한다는 것이다. 여기에서 혼잣말과 관점의 전환이 가진 영향력이 등장한다.

'난 자격이 없어.'라고 생각하는 대신 '경험이 부족할 수는 있지만 그 역할에 맞게 성장할 능력이 있어.'라고 생각하자. 과거에 당신은 이전에 해보지 않은 일과 직면했을 때 이렇게 생각했다. '맙소사, 내가 뭘 하고 있는지 전혀 모르겠어!' 이제는 이렇게 생각하자. '와우, 진짜로 많이 배우겠군.' 말은 정말 중요하다. 어려움이나 도전에 대해 스스로에게 어떤 말을 들려주느냐에 따라 그에 대한 접근법이 바뀐다.

미켈란젤로는 "천재는 영원한 인내다."라고 말했다. 논문을 쓰거나 기량을 쌓거나 어떤 중요한 일을 하는 데는 많은 시간과 노력과 인내가 필요하다. 당신의 첫 원고, 첫 발표, 첫 그림, 그 밖에 그 어떤 첫 번째 것도 절대 두 번째 것만큼(혹은 100번째만큼) 좋을 수 없다는 것을 기억하자. 하룻밤 사이의 성공에 대한 잘못된 집착을 버리고 느리지만 꾸준히 발전해 나간다는 생각을 갖도록 하자. 그러면 천재의 진정한 의미를 알게 될 것이다.

**타고난 천재 유형을 위한 새로운 능력 기준**

- 노력이 재능을 이긴다.
- 도전과제는 변장하고 찾아온 기회일 때가 많다.
- 진짜 성공은 늘 시간이 걸린다.

# 전문가라면
# 모르는 것이 없어야 한다
## − 전문가 유형이 능력을 보는 관점

전문가 유형인 당신의 주된 관심사는 얼마나 많은 지식이나 기술을 갖고 있느냐이며, 그 점에서 늘 부족함을 느낀다. 그리고 지식, 경험, 자격을 지나치게 강조하는 탓에 자신에게 다음과 같은 기준을 강요한다. '내가 진짜로 유능하다면 알아야 할 모든 것을 알고 있겠지.'라거나 '내가 정말로 똑똑하다면 내가 읽은 모든 걸 이해하고 기억하겠지.' 또는 '세상에 나설 수 있으려면 심도 있는 교육과 훈련과 경험이 필요해.'라는 기준 말이다.

특히 여성들이 이러한 전문가 유형의 덫에 빠지기 쉬운데, 일부는 놀랄 정도로 심각하다. 메리는 고등학교 졸업생 대표였고 전체 장학금을 받고 대학에 진학했으며 로스쿨의 학장이 지원서를 보지도 않고 입학을 허가했을 만큼 LSAT에서 높은 점수를 받았다. 하지만 메리는 로스쿨 진학 대신 박사학위를 따기로 결정했다.

그렇게 2년 남짓 공부를 이어가던 도중 남편이 다른 주에 있는 의과대학에 들어가게 되었고, 이사를 하고 임신을 하면서 그녀는 공부를 중단했다. 그리고 몇 년 후 성적증명서를 떼기 위해 대학에 연락했다가 그제서야 자신이 석사학위 요건을 아주 조금 남겨두고 있음을 알게 되었다. 학과 관계자는 공부를 다시 시작할 수 있도록 도와주겠다고 제안했다. "오, 아니에요." 그녀는 말했다. "석사학위를 받을 만큼 아는 게 없는걸요." 나중에 메리는 자신이 무슨 생각으로 그런 말을 했는지 알 수가 없었다.

사실 메리는 많은 가면 증후군자들과 같은 생각을 하고 있었다. 일정한 수준의 지식과 이해에 도달해야만 전문가로 인정받을 수 있다는 것이다. 여성들은 더 많은 교육을 받고 자격을 쌓는 것뿐만 아니라 얼마나 많은 경험을 갖고 있는지에도 점점 더 집착하고 있다. 예컨대 기업가들 가운데 남성보다 여성이 자신의 성공에서 경험이 더 중요한 요소로 작용했다고 생각하는 비율이 높았다.

경험에 대해 남성들이 여성들보다 요란을 떨지 않는 데에는 그럴 만한 이유가 있다. 남성들은 '자기가 뭘 하고 있는지 잘 알 것'이라고 생각하는 주변 사람들의 압박 속에서 성장해왔다. 아무것도 모르면서 자동차 엔진이나 정지한 컴퓨터 화면을 들여다보며 자신 있는 척 행동했던 시간들 덕분에 남자들은 지식이 부족해도 일단 마음 편히 뛰어들 수 있게 된 것이다. 그 결과 남자는 새로운 일이나 프로젝트를 맡게 되었을 때 기본적인 지식만 있어도(혹은 아무런 지식이 없어도) 괜찮을 가능성이 높다. 일을 하면서 새롭게 알아가는 것이 불편하지 않기 때문이다.

여성들은 다른 메시지 속에서 자랐다. 주로 그들의 지식이나 능력이 부족할 것이라고 가정하는 메시지였다. 3장에서 보았듯이 여성의 능력에 대한 문화적 편견은 잘 알려져 있다. 그러니 당신이 어떤 일에 대해 '150퍼센트는 알아야 주어진 일을 할 준비가 약간이라도 된 것'이라고 믿게 된 데는 다 이유가 있는 것이다. 당신은 두어 가지 간단한 기술이나 약간의 경험을 요하는 직무 요건을 읽어보자마자 자신은 할 수 없는 일이라며 포기한다. 일자리가 줄어들고 취업 시장은 점점 치열해져가는 경제 상황 속에서, 일단 뛰어들어 일을 하며 배워나가기를 주저하는 이러한 태도는 엄청난 손해를 초래한다.

전문가가 되려는 노력에 담긴 아이러니는 실제로 전문가면서도 자신을 전문가로 보는 것을 불편해한다는 것이다. 많은 여성이 '전문가'라는 타이틀을 어딘지 모르게 주제넘는다고 느낀다. 그리고 온갖 압박감을 느낀다. 전문가임을 공개적으로 알리고 나면 그 타이틀에 걸맞은 능력을 보여주어야 하기 때문이다. 하지만 그럴 수 없다는 것을 확신하기 때문에 사람들이 어떻게 생각할지 걱정한다.

자신이 어떻게 보일지에 대한 걱정은 여성들 사이에 자주 등장하는 주제다. 네슬레의 전 부회장이자 법무담당 책임자인 사라 홀츠Sara Holtz는 주요 로펌의 여성 변호사들을 위해 주최한 기량 발전 세미나에 여러 차례 나를 초청했다. 이 세미나에서 사라는 참가자들에게 "무슨 일을 하세요?"라는 질문에 30초 분량의 답변을 만들도록 했다. 흔히 '엘리베이터 토크elevator talk(자신에 대해 강한 인상을 남길 수 있도록 짧게 설명하는 소개말-옮긴이)'라고 하는 것이다. 스테파니라는 대단히 성공한 변호사를 만난 것도 엘리베이터 토크를 연습할 때였다. 스테파니는 자신이 하는 일의 60퍼센트 정도가 의료기 제조업체를 대표하는 일이었기 때문에 본능적으로 자신을 이런 종류의 소송 전문가로 소개해야겠다고 생각했다. 그런데 다시 생각해보니 그렇게 말했다가는 '너무 자신만만하게 보일 것 같아서' 전문가라는 말을 빼고 그쪽 법 분야에 '특별한 관심'을 갖고 있다고 말하기로 했다. 마치 취미 같은 것처럼 말이다. 이 이야기를 가면 증후군과 전혀 무관한 한 남자 변호사에게 해주었을 때 그의 대답은 이랬다. "60퍼센트요? 나 같았으면 그 분야 최고 전문가라고 말했을 거예요!"

만약 당신이 전문가 유형에 해당한다면 능력에 절대적인 지식이 필요하다는 마음가짐으로 살다가는 대가가 따른다는 것을 알아두길 바란다. 어떤 주제에 대해 완벽하게 알고 있어야 한다는 생각은 틀릴 것을 두려워하게 만들어 자신의 의견을 말하지 못하게 방해한다. 알 수 있는 모든 것을 알고 있어야 조금이라도 유능하다고 생각할 수 있기 때문에 자신이 100퍼센트 해낼 수 있는 일임에도 해볼 엄두조차 내지 못하는 것이다.

더 많은 정보와 기술과 경험을 추구하는 이 끝없는 욕구는 종종 불필요한 교육과 학위와 자격을 좇도록 많은 여성들을 내몰기도 한다. 실제로 2009년은 남성보다 여성이 더 많은 박사 학위를 취득한 역사적인 첫 해였다. 물론 멋진 소식이다. 하지만 나는 펜실베이니아대학에서 강연을 마칠 즈음 세 번째 박사학위 과정을 하고 있는 한 여성의 남편이 호소하던 말을 절대 잊지 못할 것이다. "제발 아내가 이제 좀 그만두게 해주세요." 하지만 말처럼 쉬운 일은 아니다.

전문가 유형은 멈추기가 어렵다. 그들의 마음속에는 스스로 감히 '전문가'라고 칭하기 전에 언제나 더 읽어야 할 책, 더 들어야 할 수업, 한 번 더 해보아야 할 실험, 하나 더 따야 할 학위, 호칭, 자격증이 들어 있기 때문이다. 불행히도 닿기 어려운 '지식의 끝'에 도달하려는 이 무모한 욕구 때문에 당신은 실제로 목표를 이루는 데 필요한 시간보다 몇 달, 때로는 몇 년을 더 소모해야 할 수도 있다.

물론 시험을 치고 입학 허가를 받고 면허를 따고 그 밖의 다른 방법으로 자격을 증명해야만 하는 직업들이 있다. 하지만 당신의 꿈이 심장절개 수술이나 항공기 설계 같은 일이 아니라면, 자신이 무언가를 할 수 있음을 증명하기 위해 종잇조각에 불과한 증명서를 반드시 손에 쥐고 있어야 한다는 생각은 터무니없다. 이런 생각은 성공도 심각하게 방해한다.

당신은 어떤 분야나 일에 대해 확실한 기초 지식을 갖고 있어야 마음이 편안하다. 그런데 어떤 면에서는 자신의 일이 다른 것들에 미칠 영향을 지나치게 걱정하는 것일 수도 있다. 자격과 관련해 주로 여성들이 갖는 '원칙'에 대한 강박은 일정 정도는 불안감에서 비롯된다. 동시에 무책임하게 행동하고 싶지 않다는 마음과도 관련이 있다. 준비가 덜 된 상태에서 일을 시작하고 싶지 않은 것이다. 특히 자신의 일이 다른 사람들에게 영향을 미친다면 말이다. 그리고 해낼 수 있다는 확신이 들지 않는다면 무언가를 약속하고 싶지도 않은 것이다.

이런 생각들은 모두 칭찬받아 마땅하다. 하지만 당신은 다른 사람들을 보호하고 있다고 생각하면서 사실은 자신을 보호하고 있을 뿐인지도 모른다. 일단 일을 시작한 다음 관련 지식을 배워나가도 괜찮으며, 전문가는 학위만큼이나 실전 경험을 통해 되는 경우도 많다는 것을 이해한다면 이런 보호는 불필요해진다.

## 전문가 유형을 위한 능력 기준 재정립

윌 로저스Will Rogers는 말했다. "모든 사람은 무식하다. 단지 주제가 다를 뿐." 전문가 유형이 중점적으로 해야 할 일은 모든 것을 다 알지 못해도 좀 더 마음 편해지는 연습, 자신이 아는 것에 믿음을 갖는 연습이다. 자격을 갖추어야 한다는 집착과 모르는 것에 대한 수치심은 당신이할 수 있는 수많은 일을 시도조차 하지 못하게 방해한다. 예술가에게 예술 석사학위가 없다고 뛰어난 예술 작품 구입을 포기하는 걸 상상할 수 있는가? 예술처럼 주관적인 분야에서 예술가가 어떤 교육을 받았는지에 집착하는 것이 얼마나 어리석은지는 쉽게 알 수 있다. 그렇다면 다른 분야들에서는 어떨까? 가령 기술 분야라면 말이다.

첨단기술 분야에 종사하는 여성들에게 가면 증후군이 만연하다는 내용을 다룬 기사에서, 디지털이브 캐나다 DigitalEve Canada의 전 책임자였던 제니퍼 에반스 Jennifer Evans는 "기술 업계에서 승진하지 못하는 여성들에게 더 치명적으로 작용하는 요소는 기술교육 자체의 부족보다는 자신감 부족이다."라고 주장한다. 실제로 회사 내 IT 업무 수장들의 이름 뒤에는 엄청난 학위들이 따라붙는 경우가 많다. 하지만 동시에 에반스가 아는 기술자들 대부분은 독학한 사람들이다. 그중 한 명은 정식 교육이라고는 거의 받지 않은 거리 출신으로, 버려진 컴퓨터 부품을 발견하고 이리저리 만져보다가 독학으로 컴퓨터 엔지니어가 되었고, 방화벽 설치로 여섯 자리의 수입을 올리고 있었다.

정식 교육은 못 받았지만 자신감을 갖고 목표를 향해 나아가 성공을 이룬 사람들은 전문가 유형에게 훌륭한 롤모델이 된다. 진 니데치 Jean Nidetch를 보자. 과체중의 가정주부였던 그녀는 다이어트 결심이 무뎌지자 매주 친구들을 집으로 초대해 서로를 격려하는 모임을 열었다. 오래지 않아 퀸즈에 있는 그녀의 작은 아파트에는 40명의 사람이 정기적으로 모여들었다. 서로를 응원하고 공감하자는 니데치의 다이어트 방식은 합리적인 식생활과 결합되면서 엄청난 성공을 거두었다. 니데치는 몇 년 지나지 않아 회사를 설립해 첫 번째 공개 미팅을 위한 장소를 빌려 의자 50개를 준비했다. 400명의 사람들이 나타났다. 짐작했겠지만 니데치는 성공을 거듭해 지금은 수십억 달러의 가치를 가진 웨이트 와처스 Weight Watchers 라는 국제적인 기업을 설립했다.

그녀에게는 영양학 학위도, 운동생리학 학위도 없었다는 점에 주목하자. 니데치는 고등학교를 졸업하고 아들들을 키우며 뉴저지에서 양계농장을 하는 이모를 위해 달걀 방문 판매업을 하던 가족의 뒷바라지를 한 것이 사회 경험의 전부였다. 그녀의 자격증은 그녀의 성공이었다.

마지막으로 독학 출신의 무기체계 전문가 제프 백스터 Jeff Baxter 의 놀라운 이야기도 있다. 백스터는 처음에는 음악 녹음기기와 관련된 기술에 흥미를 갖고 배우다가 거기에 원래 군대용으로 개발된 하드웨어와 소프트웨어가 사용된다는 것을 알게 되었다. 호기심이 발동한 그는 무기체계를 공부하기 시작했고, 결국은 미사일 전환 옵션에 관한 5페이지 분량의 제안서를 작성하기에 이르렀다.

무기체계에 대해 정식 교육을 받은 적은 없지만 백스터는 미 의회 미사일 방어 자문위원회 의장을 맡았고, 제너럴 아토믹스 General Atomics 와 노스럽 그러먼 Northrop Grumman 같은 군수업체에서 고액의 연봉을 받는 고문이 되었다.

그의 전직은 무엇이었을까? 한때 팬들에게 '스컹크 백스터'로 통했던 그는 스틸리 댄 Steely Dan 과 두비 브라더스 Doobie Brothers 라는 록밴드의 기타리스트였다. 정식 교육을 받지 않은 전 록스타가 펜타곤과 주요 항공사에서 일할 만큼 충분한 능력을 갖고 있다면 당신도 어느 분야에서든 자수성가한 전문가가 될 수 있다!

이런 이야기를 공유하는 건 당신의 교육을 방해하기 위해서가 아니다. 전문가가 되는 데는 여러 가지 길이 있다는 것을 당신이 알았으면 해서다. 수많은 학위를 갖고 있어도 직접적인 경험으로 얻을 수 있는 종류의 지식은 절대 얻지 못할 수도 있다. 당신의 방식이 효과가 있다면 다른 사람들의 방식도 그만큼 효과가 있다.

실적도 없고 지금의 위치에서 원하는 위치로 갈 방법도 모르겠다면 자신만의 학위 없는 '학위 과정'을 설계해보자. 어떤 책들을 읽고 어떤 전문 잡지를 구독할지, 소중한 경험을 쌓을 현장 견학이나 인턴십에는 어떤 것들이 있는지, 그 과정에 어떤 과목들을 포함시킬지 생각해보자. 일자리에 지원하거나 사업을 시작하기 전에 실적을 쌓고 자격을 갖춰야 한다면 자원봉사를 하거나 시범 프로젝트를 운영하거나 잠재 고객에게 피드백과 추천서를 받는 조건으로 몇 가지 무료 서비스를 제공해보자.

영화 〈더티 해리 2-이것이 법이다〉에 나오는 클린트 이스트우드 Clint Eastwood 의 유명한 대사가 있다. "사람은 자신의 한계를 알아야 하는 법이야." 당신도 마찬가지다. 자신의 지식과 전문성의 한계를 존중하는 것도 능력의 한 단면이다. 재무 관리인이 약 조제를 하고 약사가 투자 관리를 맡는 건 당신도 원하지 않을 것이다. 그런데 왜 자신은 모든 것을 알아야 한다고 생각하는가? 자신을 평가하려 들지 말고 자신의 전문 지식이 끝나고 다른 사람의 전문 지식이 시작되는 지점을 존중하자.

코치계의 전설인 존 우든 John Wooden 의 말처럼 "중요한 건 뭔가를 알고 난 후, 알게 된 것으로부터 무엇을 배우느냐다." 지식에는 끝이 없다. 모든 것을 알려고 하는 것은 인터넷의 끝에 도달하려는 시도와도 같다 (기술이나 의학처럼 빠르게 발전하는 정보집약적인 분야에서는 특히 더 그렇다). 한마디로 불가능한 것이다. 궁극적인 지식의 추구는 환상에서 비롯된다. 긴장을 풀고 그저 자신이 할 수 있는 최선을 다하자.

게다가 당신은 모든 걸 알아야 할 필요도 없다. 누가 알고 있는지를 찾아내서 거기서부터 일을 풀어나갈 만큼만 똑똑하면 된다. 이런 식으로 지식에 대한 생각을 재정립하고 나면 당신은 무언가를 이해하지 못한다는 이유로 사과를 하거나 자신을 질책하거나 초조해하지 않아도 된다. 당신에게도 당신 옆에 있는 사람이 그렇듯 질문할 권리와 이해하지 않아도 될 권리가 있다. 뭐가 뭔지 하나도 모른 채 무리 속에 앉아 있다가 멍청해 보일까 봐 묻지 못했던 질문을 다른 누군가가 묻는 것을 보고 한숨 돌리던 날들은 이제 끝났다.

이제부터 당신은 자신 있게 손을 들고 이렇게 말하게 될 것이다. "그게 무슨 뜻인지 설명해주시겠어요?"라든가 "정확히 그게 어떻게 작용한다는 거죠?" 혹은 "내용을 따라가지 못하고 있는데요, 다시 한번 말씀해주시겠습니까?"라고 말이다. 그리고 누군가 당신이 모르는 것을 물어본다면 마크 트웨인 Mark Twain 처럼 당당하게 대답하자. "나는 재빨리 대답할 수 있어서 기뻤다. '나도 몰라요.'"

## 전문가 유형을 위한 새로운 능력 기준

- 전문 지식을 쌓는 데는 여러 가지 방법이 있다.
- 지식에는 끝이 없다.
- 자신의 한계를 존중하는 것도 능력이다.
- 모든 것을 알 필요는 없다. 누가 알고 있는지 찾아낼 만큼만 똑똑하면 된다.
- 모르는 게 있어도 당당할 수 있다.

# 도움을
# 요청하지 못한다

## - 엄격한 개인주의자 유형이 능력을 보는 관점

엄격한 개인주의자 유형인 당신은 진정한 능력이란 어떤 도움도 없이 혼자 힘으로 이루어내는 것이라는 잘못된 생각으로 고군분투하며 지난 시간을 지내왔다. 품질 관리를 위해 자신이 직접 나서는 것을 선호하는 완벽주의자와 혼동하지 말자. 엄격한 개인주의자가 혼자 하는 것을 좋아하는 이유는 도움을 필요로 해서는 안 된다고 믿기 때문이다. 여기서 작동하는 사고방식은 '내가 정말로 유능하다면 모든 걸 혼자 해낼 수 있어야 해.'다.

당신이 정말로 중요하게 생각하는 성취는 모든 부분에 직접 자신의 손길이 닿았던 일들뿐이다. 팀의 일원이었거나 합동 작업의 결과로 나온 성과라면 그 의미가 퇴색된다. 이와 비슷하게, 같은 학교를 나온 부모 덕분에 소위 '세습학생'으로 대학에 들어갔다거나 누군가 잠재적 고용주나 고객에게 당신을 추천해 좋은 결과가 나왔다면 그 역시 성과로 치지 않는다. 아이디어에 대해서도 마찬가지다. 작가나 학자, 신진 기업가라면 자신의 일이나 아이디어가 완전히 새롭고 독창적이기를 기대한다. 다른 누군가가 최초라는 타이틀을 차지하면 절망한다.

남자들은 길을 묻는 건 나약함의 증거라는 고정관념을 갖고 있어서 길을 묻지 않는다. 엄격한 개인주의자 유형이 그렇다. 도움을 요청했다가 자기가 뭘 하는지도 모른다는 신호로 받아들여지면 어쩌나 두려워한다. 다이앤도 그런 두려움을 갖고 있었다. 그녀는 회사에서 역할로나 지위로나 여성으로는 처음 임명되는 직위로 승진한 직후, 본사에서 세 시간 떨어진 대형 프로젝트 현장의 책임자로 발령이 났다. 그런데 그 분야가 남성지배적이라는 점이 상황을 복잡하게 만들었다. 다이앤은 도움을 요청하는 것이 적어도 어떤 이들의 눈에는 여성이 그 업무에 맞지 않는다는 증거로 보일 수 있다는 것을 알고 있었다. 그래서 도움을 요청하지 않았다.

다이앤은 일주일에 거의 7일을 새벽 네 시에 집을 나서 자정이 넘어 돌아오는 생활을 했다. 이 미친 짓은 수개월 동안 이어졌다. 다이앤도 프로젝트도 허우적대고 있다는 걸 누구나 알 수 있었지만 그녀는 여전히 도움을 요청하지 않았다. 불가사의한 근무 시간과 업무량으로 결국 다이앤은 몸에 이상이 생겼고 병가를 내지 않을 수 없었다.

다이앤이 자리를 비운 동안 프로젝트는 존이라는 남자 직원에게 배정되었다. 존은 업무 내용을 한번 보고 나서 이렇게 말했다. "난 못 해요. 이걸 하다가는 누구 한 사람 죽어 나갈 거라고요! 프로젝트 현장 근처에 아파트 마련해주시고, 직원도 네 명 추가로 배정해주시고, 본사 모든 부서의 책임자들과 언제든 연락할 수 있게 해주세요." 그의 요청은 받아들여졌다. 그가 남자라서였을까? 그럴 수도 있다. 특히 그 회사의 근무 환경을 고려해본다면 말이다. 하지만 혼자 해낸 것만이 진정한 성취라는 다이앤의 믿음도 한몫한 것은 분명하다.

어떤 면에서는 당신도 요구받는 일을 전부 해낼 수 없다는 걸 알고 있다. 적어도 속도나 만족도 면에서 만족스럽지 않을 것이다. 혼자 해내는 것도 어렵다. 모든 일을 혼자 해내야 능력이 있다고 생각하지는 않는다 하더라도 여성들은 어떤 일에 걸림돌이나 부담이 되고 싶어 하지 않는다. 그래서 기적을 만들기 위해 건강이나 사생활을 희생시키며 스스로 혹사한다. 그리고 어떻게든 가까스로 그 일을 성공시키고 나면 이렇게 생각한다. '난 얼마나 대단한 사기꾼이란 말인가. 내가 얼마나 간신히 버티고 있는지 안다면 사람들은 날 그리 대단하게 생각하지 않겠지.'

## 엄격한 개인주의자 유형을 위한 능력 기준 재정립

엄격한 개인주의자 유형이 중점적으로 해야 할 일은 성취가 의미를 지니려면 모든 걸 혼자서 해내야 한다는 잘못된 믿음을 버리는 것이다. 당신에게 다이앤의 이야기를 들려준 것도 그래서다. 그녀의 이야기에는 '혼자 한다'는 생각이 왜 잘못되었는지에 대한 강렬한 교훈이 담겨 있다. 사실을 말하자면 다이앤은 그 일을 감당하지 못했다. 하지만 같은 경우였다면 존도, 다른 누구도 해내지 못했을 것이다. 중대한 차이점은 존은 그 사실을 알았으며, 자신에게 그 일을 하기 위해 필요한 것을 요청할 자격이 있다고 생각했던 점이다.

이중잣대가 작용한다는 점을 고려하더라도 이 이야기의 핵심은 존은 능력의 기본 척도가 무엇인지 이해하고 있었다는 점이다. "모든 걸 혼자 해내는 게 능력이 아닙니다. 일을 해내는 데 필요한 자원이 무엇인지 아는 게 능력이죠." 내가 이 말을 할 때마다 여성 청중들은 펜을 집어 든다.

여기서 자원이란 여러 형태를 띤다. 가령 당신에게는 다음과 같은 것들이 필요할 수 있다.

- 프로젝트를 완성하는 데 필요한 추가 시간
- 관련 전문가나 결정권자들과의 연락 통로
- 상황을 완전히 파악하여 의견을 제시하거나 다음 단계로 나아가는 데 필요한 추가 정보
- 특정 업무를 수행하는 데 필요한 실질적인 도움
- 물리적 공간(회의실, 연구실, 기술 등)이나 장비
- 더 많은 예산이나 그 밖의 재정 자원

　무엇을 요청할지 파악하는 것 외에도 당신은 자신이 원하는 것을 요청하는 법도 알아야 한다. 물론 당당한 태도는 도움이 된다. 하지만 언제나 그 요청이 개인적인 차원이 아니라 프로젝트에 필요한 것이라는 틀을 유지해야 한다. 다시 말해 "지원이 없으면 절대 마감을 지킬 수 없어요."라는 말은 상황에 대한 객관적 분석이라기보다는 개인적인 부족함으로 오인될 수 있다. 대신 "이건 마감 시간을 지키는 데 필요해요."라거나 "X가 되려면 프로젝트에 Y가 필요합니다."라는 말로 힘든 상황을 벗어나자.

| 나는 내 머리뿐만 아니라 빌릴 수 있는 모든 머리를 활용한다. |

_우드로 윌슨 Woodrow Wilson, 미국의 28대 대통령

　진짜 사기꾼만이 도움을 청하기를 두려워한다는 사실도 깨달아야 한

다. 오래전 나는 미국 국무장관인 헨리 키신저 Henry Kissinger 가 자신이 어떻게 처리해야 할지 알 수 없었던 잠재적 핵 위기에 대해 한 기자에게 태연한 어조로 이야기하는 것을 들은 적이 있다. 그 상황에서 그가 어떻게 했을까? 그는 수화기를 집어 들고 전임자에게 전화를 걸었다. 키신저는 외부 사람에게 조언을 구한 것을 부끄러워하지 않았을 뿐더러 자신이 그런 생각을 해낸 것에 만족스러워하는 것 같았다. "난 나보다 더 똑똑한 사람들을 주변에 두고 그들의 이야기를 들으며 일을 진행하죠. 난 모든 사람이 어떤 것에 대해서는 나보다 똑똑하다고 생각합니다." 그는 말했다.

일이 복잡해질수록 간혹 모든 것을 심사숙고하도록 도와줄 사람만 있으면 충분할 때가 있다. 비밀 유지가 문제라면 이야기를 들어줄 컨설턴트나 코치를 고용하자. 또한 도움을 구하지 말아야 할 곳이 어딘지도 알아야 한다. 13세기의 시인 루미 Rumi 는 이렇게 경고했다. "여행에 나설 때 절대 집을 떠나본 적이 없는 사람과 상의하지 말라." 발명 특허를 내거나 직장을 그만두고 파리에 있는 요리학교에 다니는 것이 꿈이라면 아무리 도와주고 싶어 한다 해도 정보가 없는 친구나 가족에게 조언을 청할 일은 아니다. 그 일을 해본 적이 있는 사람에게 상담을 요청하자.

진짜 유능한 사람들은 조언을 구할 뿐 아니라 가능한 곳에서 가능할 때마다 일을 위임한다. 어떤 경우에는 다른 사람을 훈련시키는 것보다 직접 해버리는 게 시간이 덜 걸릴 때가 있다. 하지만 장기적으로는 일을 위임하는 것이 시간과 스트레스를 줄여주며, 자영업자일 경우에는 돈도 절약할 수 있다. 원칙은 조직에서 그 일을 유능하게('완벽하게'가 아니라 '유능하게') 해낼 수 있는 가장 낮은 직위의 직원에게 맡기는 것이다. 일을 위임할 부하직원이 없다면 가끔 동료가 맡아줄 수 있는지 알아보자.

그렇다면 당신에게 위임된 일들은 어떻게 할까? 이제 고독한 해결사와 기적의 일꾼을 합해놓은 인물이 되어야만 유능한 게 아님을 알게 되었으니 다음은 위임의 기술을 연마할 차례다. 만약 이미 업무가 넘쳐흐르는 마당에 주요 프로젝트나 고객이나 임무가 추가된다면 일의 순서에 대해 서로가 확인할 수 있도록 어떤 일을 먼저 마치면 되는지 상사에게 물어보고 결정을 맡기자. 자신을 혹사하는 것보다 상사가 몇 가지 일을 뒤로 미루는 것이 낫다.

끝으로, 당신은 모든 일을 직접 할 필요도 없을뿐더러 혼자서 모든 것을 생각해낼 필요도 없다. 특히 학생이나 기업가 지망생, 작가들은 자신들의 일이나 아이디어가 완전히 획기적이고 독창적이어야 중요성을 갖는다고 생각하는 경향이 있다. '내가 먼저 생각해내지 못했으니 너무 늦었어.'라는 건 말도 안 되는 헛소리다. 새로운 요리책 아이디어든 학문 연구든, 어떤 주제에나 다룰 만한 소재는 늘 많이 남아 있다.

유능한 사람들은(학자를 포함해서) 언제나 다른 유능한 사람들의 작업 위에 자신의 작업을 쌓아 올린다. 데일 카네기 Dale Carnegie 는 역대 최고의 베스트셀러로 손꼽히는 책을 썼다. 그는 《인간관계론》에 적은 그 훌륭한 기술들을 어디에서 알게 되었을까? "내가 말하는 아이디어들은 나의 것이 아니에요."라고 카네기는 말했다. "소크라테스의 생각을 빌려 오고, 체스터필드 것을 슬쩍해 오고, 예수님 것을 훔쳐 왔죠. 난 그것들을 책에 적은 겁니다." 심지어는 아이슈타인도 '창조력의 비밀은 출처를 숨기는 법을 아는 것'임을 알고 있었다(급히 덧붙이자면 이건 표절하라는 말이 아니다!).

**엄격한 개인주의자 유형을 위한 새로운 능력 기준**

• 일을 해내려면 우선 필요한 자원이 무엇인지 확인해야 한다.

• 유능한 사람들은 자신보다 더 많이 아는 사람들을 찾아낸다.

• 조언을 구할 때는 적합한 사람에게 물어보는 것이 중요하다.

• 반드시 획기적이어야 훌륭한 일이 되는 건 아니다.

• 능력 있는 사람들은 다른 유능한 사람들의 작업 위에 자신의 작업을 쌓아 올려도 된다는 것을 안다.

# 얼마나 많은 일을
# 동시에 수행할 수 있을까
### - 슈퍼우먼 유형이 능력을 보는 관점

　　　　　　　　슈퍼우먼 유형은 완벽주의자 유형과 혼동하기
쉽다. 주요 차이점을 말하자면 완벽주의자는 주로 학교나 직장에서 일을
완전무결하게 해냈을 때 만족할 줄 알지만, 슈퍼우먼 유형에게 유능함의
기준은 다양한 역할을 얼마나 능수능란하게 수행하느냐에 달려 있다. 완
벽주의 성향도 좀 있지만 당신에게 능력은 일을 얼마나 잘해내느냐만큼
얼마나 많은 일들을 감당할 수 있느냐와 많은 관계가 있다.

　다른 능력 유형들과 다르게 특히 슈퍼우먼은 대체로 우리의 문화가
만들어낸 결과물이다. 어머니와 가정주부라는 전통적인 역할이 확장되
어 이제 전일제 직장인이라는 역할까지 감당하게 되면서 생겨난 현상이
다. 갑자기 '모든 것을 가진 사람'이 '모든 일을 하는 사람'이 된 것이다.
'퇴근하면서 베이컨을 사 와 프라이팬에 구워주는', 그러면서도 여전히
'당신이 남자임을 잊지 않게 해주는' 에너지와 욕망을 가진 현대 여성의
능력을 찬양하는 광고업계와 1970년대에 유명했던 엔졸리 Enjolie 향수 광
고 덕분에 어느 분야에서나 여성에 대한 전체적인 기준이 올라갔다.

　슈퍼우먼은 스테로이드를 복용한 완벽주의자이자 타고난 천재이자
엄격한 개인주의자라고 생각하면 된다. 당신은 할리 베리 Halle Berry 의 외
모, 아니타 로딕 Anita Roddick 의 야망, 수지 오먼 Suze Orman 의 금융 지식,
마더 테레사 Mother Teresa 의 관대함, 마사 스튜어트 Martha Stewart 의 살림 솜

씨를 가져야 한다는 부담감이 애초에 사회가 만들어낸 것이라고 생각하지 못한 채, '내가 정말로 유능하다면 그 모든 것을 할 수 있을 거야.'라고 생각한다.

남녀를 불문하고 '슈퍼학생'이 되려는 학생들도 점점 더 늘고 있다. 슈퍼학생 유형은 살림 능력에 대한 걱정은 없을지라도 다른 여러 방면에서 능력 이상의 일을 해내야 한다는 압박감을 내적, 외적으로 느낀다. 운동을 하고, 학생회에 들어가고, 몇 가지 시민 활동이나 자선 활동의 선두에 서고, 학점 관리도 완벽하게 하고, 그러면서 이 모든 걸 손쉽게 해치운 듯이 보이게 만든다. 한동안은 가능할 수 있지만 조만간 실수를 할 수밖에 없다. 그리고 실수를 하면 자신에게 매우 혹독하게 군다. 그런 생활을 이어나가면서도 그 이상을 할 수 있다고 생각하기 때문에 절대 만족하지 않는다.

슈퍼학생이 슈퍼우먼이나 슈퍼맨까지 겸해야 한다면 조심하자! 듀크 대학에서 프레젠테이션을 마쳤을 때 박사과정 학생 두 명이 나를 찾아왔다. 그들은 직장에서 전일 근무를 하며 동시에 학업에도 충실하려고 애쓰고 있었다. 그것만으로도 충분히 놀라운데 그들은 어린 자녀들을 키우며 지나치게 많은 과외 활동까지 시키고 있었다. 그 지나치게 많은 일들이 벌어지는 생활 이야기를 듣는 것만으로도 피로가 몰려들었다. 나는 그들이 몇 가지 책임을 덜어낼 방법에 대해 조언을 구하러 왔을 거라고 생각했지만 그것은 오산이었다. 그들은 공동체를 위한 자원봉사 시간을 내지 못하는 데 대한 죄책감에 대해 이야기하고 싶어 했다.

## 슈퍼우먼 유형을 위한 능력 기준 재정립

단 한 분야에서라도 완벽함을 유지하기란 불가능하다. 하물며 생활의 모든 면에서 완벽함을 추구하는 건 실패와 실망에 이르는 지름길이다. 최고의 학생, 직원, 배우자나 파트너, 엄마, 친구, 가정주부, 파티 호스트 등등이 되려고 애써왔지만 당신이 이를 통해 이룬 것은 오직 하나, 스스로를 다양한 역할을 하기에 부족한 사람으로 만든 것이다.

슈퍼우먼 유형이 능력에 대해 새롭게 가져야 할 시각은 능력이 많은 일을 해내는 기능이 아니라는 것이다. 당신은 모두에게 100퍼센트가 되려고 부단히 노력하지만 자신과 자신의 능력이 자랑스럽기는커녕 오히려 더욱더 부족한 사람이라고만 느끼게 된다. 게다가 조만간 당신은 병이나 과로, 혹은 분노라는 형태의 벽에 부딪히게 될 것이다.

우리 동네 우체국 게시판에는 보스턴여성신학센터의 안내장이 붙어 있는데, 거기에는 이런 글이 적혀 있다. "우리는 느리게 가야 한다. 시간이 많지 않다." 이미 꽉 찬 스케줄 속에 더 많은 것을 밀어 넣으려고 초고속으로 달려나가려 하기보다는 가끔은 느슨해지는 게 어떤 기분인지 실험해보자. 몇 년이 지나면 당신이 추가로 맡았던 프로젝트들이나 빈틈없이 정리해놓은 차고를 아무도 기억하지 못할 것이다. 사람들과 당신의 기억 속에 남는 것은 업무를 거절하고 아이들을 과학박물관에 데려갔던 일이나 집안일을 뒤로하고 석양을 감상했던 일일 것이다.

슈퍼우먼의 행동 변화를 위한 조언은 두 마디로 요약될 수 있다. 일을 줄여라. 남자들이 거절을 좀 더 쉽게 할 수 있는 한 가지 이유는 애초에 해야 하는 것보다 더 많은 일을 맡지 않는 것이 그들이 생각하는 능력이기 때문이다. 당신도 죄책감을 내려놓고 진짜 능력 있는 사람들은 할 수 있을 때마다 무슨 일이든 다른 사람에게 위임한다는 사실을 깨달아야 한다. 엄격한 개인주의자처럼 말이다.

다섯 살만 넘으면 더 많은 집안일을 거들 수 있다. 당신의 시간을 절약하는 것 외에도 아이들은 가사에 참여함으로써 강력한 노동 윤리를 체득하고 팀의 일원으로 행동하는 법을 배울 기회를 얻는다. 이 모두가 아이들의 인생에 도움이 되는 것들이다. 부모가 아니라면? 그래도 역시 집안일을 더 많이 줄일 수 있다. 휴가 계획은 형제자매에게 맡기고, 고지서 요금은 온라인으로 낼 수 있게 옮기고, 금전적 여유가 있다면 사람을 고용해 집안 청소나 거실 도색, 잔디 깎는 일을 맡기고 비는 시간은 자신을 위해 사용하자.

당신이 여러 가지 일을 해내는 능력을 자랑스러워한다는 것을 알고 있다. 하지만 무언가를 할 수 있다고 해서 꼭 해야만 하는 것은 아니다. 당신이 해야 할 일 목록에는 아예 삭제해도 되는 일들이 몇 가지 있다. 힘만 드는 정원 가꾸기를 하고 싶다면 정원에 잔디를 깔고 지역 농부를 후원하는 것으로 대신하자. 명절용 쿠키를 직접 굽는 대신 학부모회의 기금 모금행사에서 구입하자. 그렇게 절약된 시간을 오랜 친구를 만나거나 책을 읽거나 새로운 활력을 가져다줄 활동 같은 더 중요한 일에 사용하자.

몇 가지 불필요한 역할과 책임을 떨쳐냈다면 성취 가능한 목표와 현실적인 일정으로 성공의 척도를 재조정하자. 모든 일은 언제나 당신의 예상보다 오래 걸린다. 어떤 프로젝트가 일주일 걸릴 것 같다면 3주를 예정하자. 일을 처리하는 데 걸리는 시간에 대해 현실적인 예상치를 갖고 있으면 새로운 요청이 들어왔을 때 거절하기 쉬워질 것이다.

자기 자신을 위해 히어로의 망토를 벗는다는 게 얼마나 힘든 일인지 이해한다. 이런 경우에는 자신이 다음 세대에 어떤 메시지를 전하고 있는지 생각해보자. 슈퍼우먼에 대한 환상은 스스로를 늘 부족하다고 느끼는 유능한 여성들을 양산해내는 데 기여할 뿐이다. 그들에게 당신의 도움이 필요하다는 말이 아니다. 〈슈퍼걸 딜레마 The Supergirl Dilemma〉라는 제목의 한 연구는 3학년에서 12학년까지의 여자아이들 가운데 60퍼센트가 자주 스트레스를 받는다고 보고했다. 한 9학년 여자아이는 말한다. "요즘 여자아이들은 좋은 성적에 얼굴도 예쁘고 친구도 많아야 하고 집안일도 많이 해야 하는 데다가 가족을 위한 시간까지 내야 해서 스트레스가 아주 심해요." 많이 들어본 말 같지 않은가?

### 슈퍼우먼 유형을 위한 새로운 능력 기준

- 거절해도 괜찮다.
- 일을 위임하면 당신은 해방되고 다른 사람들은 참여의 기회를 가진다.
- 삶의 속도를 줄이고 불필요한 일을 그만두고 나면 정말로 중요한 활동에 집중하게 된다.
- 슈퍼우먼이 되려는 노력은 당신의 아들딸들에게 건강하지 못한 메시지를 전달한다.

# '모든 걸 알지 못하면
아무것도 모르는 거야.'

　　　　　　다섯 가지의 능력 유형들은 각기 능력에 대해
나름의 극단적인 시각을 갖고 있다. 완벽주의자, 타고난 천재, 전문가, 엄
격한 개인주의자, 슈퍼우먼, 어느 유형이든 당신에게 능력의 중간지대라
는 건 없다. 매 순간 당신은 한쪽은 눈부신 똑똑함, 다른 한쪽은 깜깜한
우둔함을 나타내는 능력 측정선에서 자신이 서 있다고 생각하는 위치에
따라 자신을 평가한다.

　365일 내내 최고의 실력을 발휘하지 못하면 당신은 무능한 사람이 된
다. 당신의 시각이 중간을 허락하지 않기 때문에 당신은 '모든 걸 알지
못하면 아무것도 모르는 거야.'라거나 '100퍼센트 완벽하지 않으면 비참
하게도 부족한 거야.'라는 믿음만 갖게 된다.

　당신이 이 양극단을 끊임없이 오가는 이유를 어느 정도 이해할 수는
있다. 결국 당신은 실제로 똑똑하다는 느낌이 어떤 것인지 아는 것이다.
모두가 그렇듯이 당신도 머리가 쌩쌩 돌아가고 모든 게 딱딱 들어맞아
'나 완전 짱이잖아!'라는 생각이 절로 드는 흥분된 시간들을 경험해보았
다. 물론 인간이기 때문에 도저히 생각이라는 걸 할 수 없는 상태가 어떤
지도 안다. '죄송합니다. 오늘은 뇌가 닫혔습니다.'라는 커다란 안내판을
메고 있는 기분이 어떤지 말이다.

　문제는 여기에 있다. 당신은 능력 측정선에서 똑똑함에 위치할 수 있
다는 걸 알기 때문에 늘 그 위치가 아니면 자동적으로 측정선의 반대쪽

으로 자신을 밀어버린다. 그리고 일단 그 자리에 서게 되면 자기 자신에 대해 지독하게 가혹해진다.

분명히 해두지만, 양극단이 존재하지 않는 것은 아니다. 실제로 성과에 대해서는 극단적인 평가가 일상적으로 벌어진다. 과학 실험을 하든, 예술 작품을 만들든, 프로젝트를 이끌고 사업을 시작하고 그 밖에 어떤 중요한 일을 하든 모든 것은 늘 양극단 안에서 벌어진다. 명확함과 혼란스러움, 부족함과 능수능란함, 아는 것과 모르는 것, 이 모두가 창조적 실현 과정의 일부다. 하지만 이 양극단을 있는 그대로 인정하고 나면 자신의 상태가 좋지 않을 때에도 자기 탓을 하지 않고 받아들일 수 있을 것이다.

능력 유형과 상관없이 당신은 최선을 다하기 위해 노력할 수 있고 또 노력해야 한다. 다만 자신이 늘 똑똑함의 극단에 머물러 있기를 기대하지는 말자. 대신 그럭저럭 괜찮은 상태에도 편안해지기 위해 노력하자. 우리 가운데 가장 똑똑하고 재능 있는 사람도 깨어 있는 시간 대부분을 능력 측정선의 중간쯤에서 보낸다. 나처럼, 그리고 당신처럼 말이다.

자신이 능력 극단주의로 흐르고 있다는 기분이 들 때는 그것이 무엇을 위한 것인지 인식하자. 그런 다음 의식적으로 흐름을 끊고 나와 정신적으로 고조되어 신나던 기억들을 음미하고 필연적 소강상태를 겪고 있는 자신을 용서하자. 티나 페이 Tina Fey 도 이런 방법을 이용한다. "가면 증후군의 아름다움은 극단적인 자기우월감과 '난 가짜야! 맙소사, 사람들도 알아! 난 가짜야!'라는 공황상태 사이를 오간다는 데 있죠."라고 티나 페이는 말한다. "그러니 자기우월감이 일어나면 거기에 올라타 즐기면서 자기가 가짜라는 생각을 지나가세요."

세상에 흑백이 분명한 건 거의 없다. 당신의 능력 유형도 마찬가지다. 예전의 능력 기준에 엄청난 결함이 있다는 건 분명하지만 그것을 완전히 버릴 필요는 없다. 다음처럼 말이다.

- 완벽주의자 유형이라면, 높은 기준을 추구하는 경향을 고수하는 것은 좋다. 하지만 그에 못 미칠 때 수치심을 느끼는 건 그만두자.
- 타고난 천재 유형이라면, 탁월함에 대한 욕망은 유지하되, 거기에 도달하기까지 필요한 시간과 노력을 인정하자.
- 전문가 유형이라면, 지식의 중요성을 높이 평가하는 건 좋다. 하지만 모든 걸 알아야 한다는 비현실적인 기대는 버리자.
- 엄격한 개인주의자 유형이라면, 어떤 일을 혼자 해내야 할 때 그럴 수 있다는 것에 자긍심을 갖는 건 좋다. 다만 반드시 그래야 한다는 생각은 버리자.
- 슈퍼우먼 유형이라면, 다양한 역할에서 최고가 되려는 욕망은 존중하되 그 모든 걸 다 해내야 한다는 생각은 버리자.

중요한 건 의식적인 선택을 통해 각 능력 유형의 긍정적인 면은 유지하되 그보다 훨씬 더 많은, 가면 증후군에 먹이를 주는 비현실적이고 자기제한적인 경향은 버리는 것이다.

## 더 나아가기

### 요점

누구나 능력에 대한 자기만의 기준과 정의를 가지고 있다. 유능함에 대한 극단적이고 비현실적인 시각은 자신이 사기꾼이라는 잘못된 생각을 영속시킬 뿐이다. 이렇게 비뚤어진 잣대로 계속해서 스스로를 평가한다면 가면 증후군에서 벗어나기는 더 힘들어질 뿐 아니라 아예 불가능해질 수도 있다.

다행히 해결책이 있다. '한낱 인간을 위한 유능함의 기준'에서 제시하는 건강한 개념들을 받아들여 자기 내면의 기준을 낮추는 것이다. 유지하기 어려울 정도로 높게 설정된 성과 기준을 더 빨리 바로잡을수록, 그리고 이 새로운 사고방식을 자신의 삶에 통합시키기 위해 더 많이 노력할수록 당신은 더 유능하고 더 당당해질 것이다. 단언한다.

### 당신이 할 수 있는 일

- 자신에게 주로 해당하는 능력 유형을 확인하자.
- 자신의 능력 유형을 대체하는 새로운 현실적 규정들 중 하나를 선택해서(자신감을 가장 크게 복돋울 만한 것이면 더욱 좋다) 그것부터 적용해보자.
- 다음 몇 주 동안은 의식적으로 새로운 규칙을 적용할 기회를 찾아 실행에 옮기자.

### 다음 단계

각 능력 유형의 중심에는 실패에 대한 근본적인 두려움이 도사리고 있다. 다음 장에서는 실패, 실수, 비판에 대한 자신의 반응이 가면 증후군에 어떤 영향을 미치는지 살펴보고 다르게 반응하는 법을 익혀 자신감을 올리는 법에 대해 알아보기로 하자.

# 실패,
# 실수,
# 비판을
# 이기는 법

# 7장

# 여자들은
# 모든 비판을
# 내면화한다

> 남학생한테 호되게 대해보세요. 그 학생은 당신이 꼰대라서 그런다고 생각할 겁니다. 여학생한테 호되게 대해보세요. 그 학생은 마침내 당신이 자기가 공학 전공에 맞지 않는다는 걸 알게 되었다고 생각할 겁니다.

_셰일라 위드널 Dr. Sheila Widnall,
매사추세츠공대 항공학·우주항공학 교수, 전 미 공군장관

실패를 좋아하는 사람은 없다. 가면 증후군자들은 특히 더 그렇다. 연구자들이 실패의 두려움과 가면 증후군 사이에 강력한 연관관계가 있음을 발견했다는 게 별로 놀랍지 않다. 당신은 어른이 된 후로 어떻게든 비틀거리지 않기 위해 애쓰며 살아왔다. 가면 증후군의 세계에 건설적 비판이란 존재하지 않는다. 저주만이 있을 뿐이다. 어떤 식으로든 기대에 미치지 못한다는 건 당신이 가짜라는 또 다른 증거가 될 뿐이다. 거기에다 누군가로부터 별로 긍정적이지 못한 피드백을 받는다면? 그것은 당신이 가짜임을 공식적으로 확인해주는 낙인이다.

앞에서 다룬 '한낱 인간을 위한 유능함의 기준'은 당신에게 확실한 도움이 되어줄 것이다. 하지만 종합적으로 보자면 능력이라는 퍼즐판에는

실패, 실수, 비판이라는 또 다른 조각들이 있다. 인생을 구성하는 이 필연적인 삶의 조각들을 어떻게 생각하고 다루느냐가 당신이 느끼는 능력과 자신감에 엄청난 영향을 미친다. 직접 확인해보자.

### '예' 또는 '아니오'로 대답하시오

- 일이 잘못되면 자동으로 자신을 비난한다.
- 실수했을 때 자신을 용서하기가 너무 어렵다.
- 대화가 끝난 후에도 자신이 한 말이나 하지 못한 말에 대해 계속 생각할 때가 많다.
- 자신이 했던 멍청한 말이나 행동을 모두 기억하고 있다.
- 건설적인 비판도 감정적으로 받아들이고 자신의 부족함에 대한 증거라고 생각한다.

위 설문에 대부분 '예'라고 답했다면 그건 당신만이 아니다. 세상 대부분의 여성들이 그렇다. 물론 남성 가면 증후군자들도 이 문제들과 씨름하고 있다. 하지만 실패, 실수, 비판에 대한 반응 방식에는 가면 정서가 여성에게 더 많이 발생하는 이유를 알 수 있는 몇 가지 뚜렷한 성별 차이가 존재한다.

### "무언가 잘못된 게 있다면 그건 전부 내 탓이야."

아마도 가장 큰 차이는 남성과 여성이 실패나 실수를 하거나 비판을 받을 때 그 탓을 어디로 돌리는지와 관련이 있을 것이다. 가령 잘 알려진 사실이지만 여학생들은 학창 시절 초기에 공부를 더 잘했음에도 지적 능력에 대한 자신감이 떨어진다. 이것은 실패를 능력 부족 때문이라고 생각하는 여성들의 경향과 부분적으로 관련이 있다. 남성들은 완전히 다르다. 그들에게 성취는 자신들의 덕분이고, 실패는 외부 원인 탓이다. 선생님이 공부할 시간을 충분히 주지 않았다거나, 시험이 너무 어려웠다거나, 심판이 공정하지 않았다는 것이다.

이것을 자기관련 귀인편향 self-regarding attribution bias 이라고 한다. 기본적으로 자기가 보유한 주식 가격이 상승한 건 자신의 뛰어난 금융 감각의 결과고, 손실은 불운 때문이라는 사고방식이다. 예전에 보았던 한 만화에 이 모든 것이 잘 표현되어 있었다. 한 여자가 바지 지퍼를 올리느라 끙끙대며 말한다. "어머, 나 살이 찌고 있는 게 분명해." 같은 상황에서 남자는 이렇게 말한다. "이봐, 이 바지 뭔가 문제가 있는 게 분명해!"

웃기는 쉽다. 하지만 만약 당신이 지속적으로 자기 탓을 하는 사람이라면 큰 문제다. 우선 실패의 책임을 어디에 두느냐는 당신의 실패 관리법에 직접적으로 영향을 미친다. 예를 들어 발표를 했는데 망쳐버렸다고 치자. 준비할 시간을 충분히 갖지 않았음을 인정하고 그것을 실패의 원인으로 추정하는 것과 자신이 무능해서 발표를 제대로 하지 못했다고 믿는 것은 완전히 다르다. 첫 번째 시나리오에서는 해결책이 분명하다. 다음번에는 준비할 시간을 더 가지면 될 것이다. 하지만 근본적으로 자기가 부족해서 일이 잘못된 거라고 믿는다면 개선할 방법이 없다. 낙제 가능성에 직면했을 때 공학 전공 여학생들은 학위 과정을 아예 포기해버릴 가능성이 크지만 남자 동급생들은 그 과목을 다시 듣고 학위 과정을 이어나가는 편이다.

실패나 비판을 자신의 책임 문제로 받아들이면 일이나 과제에 부족한 점이 있다는 상사나 지도교수의 말을 '네가 부족해서 그런 거야.'라고 해석한다. 너무 많은 것에 의미를 부여하다 보면 칭찬이 비판으로 해석될 수도 있다. 한 대학원생은 구술시험을 성공적으로 통과한 후 지도교수로부터 "더할 나위 없이 잘했다."라는 말을 들었다. 처음에 그 학생은 그 말을 칭찬으로 받아들였고, 당연히 그건 칭찬이었다. 하지만 반추에 반추를 거듭한 결과 그녀는 그 말이 "자네의 한정된 지적 능력을 감안하면 그게 자네로부터 기대할 수 있는 최선이었던 것 같군."이라는 뜻이라고 결론 내렸다. 확실히 실패와 실수를 자신의 책임이라고 여길수록 그런 일이 생길 때마다 스스로에게 점점 더 가혹해진다. 마음속으로 자기를 나무라는 건 그럴 수 있다고 치자. 하지만 다른 사람들이 당신이 한 일을 부족하다고 평가한다면 문제는 더욱 심각해진다. 결국 정말로 부족하다는 것을 외부로부터 확인받게 된 것이니 말이다. 그래서 당신은 생각한다. "그들도 아는 거야, 그렇지?"

## 여자에게 비판은 익숙해지지 않는 상처다

토니 디시코Tony Dicicco가 이끄는 미국 여자축구 대표팀이 1999년 세계 챔피언 자리에 오른 후, 〈투데이Today〉의 진행자 맷 라우어Matt Lauer는 디시코와의 인터뷰에서 여자팀은 남자팀과 다른 방식으로 코치한다고 했던 과거 발언에 대해 해명할 것을 요구했다. 디시코는 다른 점보다는 비슷한 점이 더 많다는 말로 운을 뗐지만 둘 사이에 차이가 존재하는 건 분명하다고 말했다. 연구에 따르면 여성은 비판을 받았을 때 수치스러워하거나 슬퍼하는 경향을 보이고, 남성은 분노하는 경향이 더 크다. 디시코의 경험과 정확히 일치하는 것이다.

그는 여자 선수들에 대해 이렇게 말했다. "내가 선수들 방에 들어가서 '우리 중에 팀에 맞지 않는 선수가 몇 명 있다.'라고 말한다고 칩시다. 그러면 여자 선수들은 전부 내가 자기 얘기를 한다고 생각해요. 하지만 남자 선수들한테 같은 말을 하면…… 그들은 이러죠. '코치 말이 맞아. 이 팀에 적합한 사람은 나뿐이야. 다른 애들은 좀 더 노력해야 해.'" 디시코의 표현대로 "여자들은 모든 것을 내면화한다."

남성이 비판에 무딘 건 운동을 하면서 자랐기 때문이라고 말하는 사람들이 있다. 어려서부터 거침없는 코치에게 지속적으로 비판받다 보면 누구나 실수를 지적당한다는 사실을 깨우치는 데 도움이 된다. 비판이 개인에 대한 비난이 아니라 더 큰 능력을 키우기 위한 매개체임을 깨닫는 것이다. 물론 타이틀 나인 Title IX('미국의 어떤 누구도 성별에 근거하여 교육 프로그램 또는 연방 재정 보조 활동을 받는 혜택에 대한 차별을 받지 않을 권리가 있다'는 내용의 미국 연방법-옮긴이) 덕분에 더 많은 여성이 남성과 같은 조건에서 스포츠 활동에 참여할 수 있게 되었다. 하지만 디시코는 어릴 때부터 팀 경기에 몸담아온 엘리트 선수들임에도 '대놓고 말하는 지도 방식은 여성에게 맞지 않다'는 것을 다시 한번 깨달았다. '동료들 앞에서 지나친 비판을 가하는 건 효과가 없다'는 것을 말이다.

남자들은 비판에 대처하는 방식이 다르다. 그렇다고 그들이 늘 더 자신감에 차 있다거나 더 나은 대응 방식을 갖고 있다는 건 아니다. 남자들은 비판을 받을 때 방어적인 태도를 취하는 경향이 높다. 워크숍에서 나는 가면 증후군 남자들이 자신들이 받았던 부정적인 피드백에 대해 "그 사람이 멍청이였어요."라거나 "좋은 디자인에 대해 자기가 뭘 알겠어요?"라며 비판했던 사람을 깎아내리는 식으로 대응하는 것을 여러 차례 목격한 적이 있다. 그렇기 때문에 남자들에게 시정을 요구하는 의견을 전할 때는 보다 공식적인 접근 방식이 필요하다고 주장하는 사람들도 있다. "남자 선수들을 지도하는 건 주로 그들의 에고 ego 를 지도하는 거라고 봐야죠." 디시코는 말했다. "그래서 때로는 모두가 있는 앞에서 말을 해야 할 때가 있습니다. 무엇이 부족한지 자신과 다른 모두가 알 수 있게 말이죠."

## "힘들면 하지 않아도 돼."

당신은 실패를 모른 채 자랐을 수도 있다. 2장에서 나는 당신에게 어린 시절의 '실패'를 떠올려보라고 요구했었다. 킴은 실패를 떠올려보려 하자마자 고등학교 농구팀에 지원했던 때가 떠올랐다. 그때 그녀는 선발 테스트를 마친 후 합격을 확신했던 나머지 유니폼을 갖고 집으로 돌아갔다. 하지만 킴은 농구팀에 들어가지 못했을 뿐 아니라 테스트에서 떨어진 유일한 학생이었다. 코치는 제일 친한 친구를 집으로 보내 그 소식을 전하고 유니폼을 가져갔다.

킴의 기분은 어땠을까? 충격을 받았고 창피했으며, 수치스럽고 실망스럽고 혼란스러웠다. 주위 사람들의 반응은 어땠을까? 모두 그 소식을 알리는 킴의 태도로 그녀가 얼마나 실망했는지 알았고, 가족과 친구들은 너 나 할 것 없이 각자의 방식으로 힘이 되어주기 위해 나섰다. 덕분에 킴은 자신이 잘하는 다른 것들을 떠올릴 수 있었고, 다음 한 주 내내 부모님의 각별한 관심을 받았다. 새 옷까지 한 벌 사야 했을 정도로 말이다.

킴의 부모님이 힘이 되어준 건 사실이다. 하지만 그것은 말하자면 '그 예쁜 머리로 걱정 같은 건 하지 마.'라는 식의 여자아이들을 위한 격려였다. 그 속에 담긴 메시지는 미세하지만 분명하다. "너무 힘들면 하지 않아도 된단다." 그럼 킴이 농구팀이 들어가지 못했을 때 부모는 달리 어떻게 힘을 줄 수 있었을까? 아마도 그녀를 위로하고 보살펴주며 "운이 안 좋았구나. 하지만 정말로 팀에 들어가고 싶다면 또 다시 도전해야 한단다. 네가 그런다면 우린 100퍼센트 널 응원할 거야."라는 정도의 말을 할 수 있었을 것이다. 그런 다음 집 앞 진입로에 농구 골대를 세워주거나, 동네 농구장에 데려다주거나, 아니면 청소년 리그에 가입시켜주는 것으로 자신들의 약속을 뒷받침할 수 있었을 것이다. 문제는 킴처럼 너무 많은 소녀들이 자신의 상처를 핥아 치유한 다음 곧바로 다시 밖으로 나가 재도전하는 법을 배우지 않는다는 것이다.

이와 동시에, 당신이 일하는 곳이나 회사 전체에 여성의 수가 상대적으로 적다면, 실패와 실수에 대한 과민성은 더 큰 사회적 맥락 속에서 이해되어야 한다. 세상에는 여성의 실수를 과장해 그것을 자격 미달의 증거로 매도할 준비가 되어 있는 사람들이 여전히 존재한다. 다시 말해, 당신이 성공하면 그것은 당신 개인의 성공이지만 실패하면 여자의 실패가 되는 것이다.

## "그 말을 잊어버릴 수가 없어요."

비판이 당신의 머릿속에서 지워질 가능성은 거의 없다. 실패를 내면화하는 경향과 많은 여성에게 부여된 뛰어난 기억력이 결합하면 혹독한 평가는 당신의 머릿속에 영원히 아로새겨질 수도 있다. 당신은 잊지 못하고 자꾸 떠올리는 무례함이 남자에게는 거의 인식되지 못할 수도 있다. 실패도 마찬가지다. 여성들은 교훈으로서의 유용함이 사라진 후에도 오랫동안 잘못했던 기억에 매달린다. 답이 없는 것에 답을 하려고 머릿속으로 같은 장면을 몇 번이고 돌려볼 수도 있다. '어쩜 그렇게 멍청할 수가 있었지? 내가 왜 그런 말을 했을까?' 당신이 생각하는 잘못의 정도에 따라 고작 10초 안팎으로 일어났던 사건이 극복하는 데 며칠, 심지어는 몇 달이 걸릴 수도 있다. 남자들은 허세든, 방어기제든, 아니면 일부의 주장처럼 뇌의 구조가 달라서든, 일반적으로 여자들처럼 실패와 실수에 매달리지 않는다. 적어도 같은 정도의 강렬함이나 지속성은 없다. 좋은 소식이자 나쁜 소식은 남자들은 감정을 따로 분류해 떼어놓지만 여자들은 감정과 더 쉽게 접촉한다는 것이다. 워크숍에 참가한 많은 여성들이 심란한 사건들이나 자신들이 했던 일, 또는 말했거나 행동했기를 바라는 일에 대해 끝없이 되새기고 있노라면 남편이나 남자친구가 "생각하지 마."라거나 "그만 놔버려." 혹은 "잊어버리지그래."라는 식으로 반응한다고 말하는 것도 이런 이유 때문이다.

그는 자신이 도와주고 있다고 생각하지만 많은 여성은 문제를 외부로 돌리는 남자의 합리적인 듯해 보이는 성향 때문에 자신에게 일어나는 본능적인 반응에 더 기분이 나빠진다. 결국 '내가 정말 유능하다면 이런 것에 이렇게까지 신경 쓰지 않을 텐데.'라고 생각하게 되는 것이다.

남자들이 실패나 비판에 크게 동요하지 않는 것을 그들이 더 유능해서라거나 최소한 더 자신 있어서라고 받아들이기 쉽다. 비전문가의 눈에는 다 같은 것으로 오인될 수 있기 때문이다. 하지만 남자들의 이런 태도는 사회화의 결과라고 할 수 있다. 여성들은 남을 즐겁게 해주는 게 자신의 일이라고 생각하며 자랐다. 누가 기분이 좋지 않으면 분명 자신이 한 어떤 일 때문이라고 생각하며 자란 것이다.

남자들도 딱히 건강한 메시지를 들으며 자란 건 아니다. 남자들이 비판에 강한 한 가지 이유는 그들이 더 많은 비판을 받으며 자랐기 때문이다. 스탠퍼드대학의 연구원 캐럴 드웩과 그녀의 팀은 초등학생들을 관찰한 결과 남자아이들이 여자아이들보다 여덟 배 더 많은 비판을 받는다는 것을 발견했다.

게다가 남자들은 서로를 더 많이 비판하며 자란다. 그리고 그것을 '장난 razzing'이라고 부른다. 여자들에게는 그런 경향이 없다. 커뮤니케이션 전문가들은 여성들은 자기 자신을 농담의 주인공으로 만들지만 남성들을 서로를 놀린다고 말한다. 한 여자가 다른 여자의 허리 치수가 늘어난 것을 두고 놀려대는 모습은 절대 볼 수 없을 것이다. 둘만 있을 때라도 말이다. 하지만 남자들은 머리가 벗겨지거나 큰 거래를 날려먹었던 일을 두고 공공연하게 상대를 놀려대고, 또 그것에 대해 아무렇지 않게 생각한다. 모욕적인 유머는 유대감을 형성하는 한 방법이다. 직장에서는 서열을 형성하는 방법이기도 하다. 다른 것들처럼 유머도 조직에서 늘 아래로 내려가지 위로 올라가지는 않기 때문이다.

비판은 버림받을 수 있다는 가능성도 키우는데, 이것도 남성보다 여성이 더 민감한 반응을 보이는 문제다. 이 사실은 또 다른 논점으로 이어진다. 문제를 내면화하고 비판을 곱씹는 여성들의 경향과 무시해버리거나 공격하는 남성들의 경향은 실제로 남성과 여성이 스트레스를 관리하는 방식을 반영하는 것일 수 있다는 점이다. 비판에 직면했을 때 물러서거나 공격하는 것은 남자들에게 더 일반적으로 나타나는 '싸움 아니면 도망'이라는 스트레스 반응의 특징이다. 반면 여자가 비판을 받았을 때 처음 보이는 본능적인 반응은 가서 이야기를 해봐야겠다는 것이다. 바로 UCLA의 스트레스 연구원 셜리 테일러 Shelley Taylor 가 '보살펴주고 어울려주기 tend and befriend' 반응이라고 부른 유명한 현상이다.

소통은 여러모로 다르게 사용될 수 있는 도구다. 일반적으로 남성들은 해결책을 도출하고 문제를 해결하는 데 사용하고, 여성들은 생각과 감정을 표현하는 도구로 사용한다. 따라서 남자가 당신에게 "그만 생각하지." 라고 말할 때는 아마도 도와주려는 의도일 것이다. 문제는 "그만 걱정하지."라는 말이 "그만 말하지."라는 뜻이 될 수 있으며, 당신은 그 말이 마음에 들지 않는다는 것이다. 심란한 일을 겪어 괴로울 때 당신이 찾는 건 '해결책'이 아니기 때문이다. 적어도 그 순간에는 말이다. 당신에게 필요한 건 "나도 가끔 그런 기분이 들 때가 있어."라는 말이다. 당신에게 능력이 부족하거나 자신감이 없어서가 아니다. 당신에게는 이야기를 나누고 지지를 받는 것이 해결책이기 때문이다.

# 비판을 개인적인
# 공격으로 받아들이지 마라

지금까지 실패와 실수를 한데 묶어 이야기한 이유는 당신의 능력 기준에 따르면 이 두 가지가 서로 비슷하기 때문이다. 즉 실수가 곧 실패인 것이다. 하지만 현실적으로 모든 실수는 우리를 인간답게 만든다. 당신에게는 최고의 성과를 내는 날들도 있고 엉망진창으로 망치는 날들도 있다. 당신의 비판자들(교수, 상사, 고객, 독자들)은 어떤 날은 당신을 사랑했다가 다음 날이 되면 혹독하게 비판한다. 단번에 일을 해낼 때가 있는가 하면 여러 번 되풀이해야 할 때도 있다.

> 삶을 탐험하며 실수를 저지르는 것이 조심스럽게 사는 것보다 낫다.
> 실수는 충만한 삶을 위해 지불하는 일종의 요금 같은 것이다.
>
> _소피아 로렌 Sophia Loren

## 날아오는 모든 공을 칠 수는 없다

당신은 언제나 완벽하게 일을 해내야 한다고 생각한다. 하지만 야구를 좀 안다면 그게 통계적으로 불가능하다는 것을 알 것이다. 평균 타율이 3할 3푼 2리면 뛰어난 성적으로 여겨지는데, 이것은 타자가 열 번에 세 번만 공을 치면 된다는 뜻이다. 전설적인 야구 선수 베이브 루스 Babe Ruth도 '겨우' 3할 4푼 2리였다. 자신을 향해 날아오는 모든 공을 칠 수는 없다. 어느 누구든 마찬가지다. 자기 분야에서 최고가 될 수도 있지만 삼진아웃당할 때가 그렇지 않을 때보다 많다는 걸 기억하자.

부동산 전문가 로버트 기요사키 Robert Kiyosaki 는 말한다. "이길 때도 있고, 배울 때도 있다." 실패를 대하는 마음가짐을 바꾸면 당신과 당신의 자신감은 기하급수적으로 성장할 것이다. 거하게 실패했을 수도 있지만 현명한 사람이라면 결국은 더 유능해져 있을 것이다. 왜 엔지니어들이 실패 분석 과정에 그렇게 많은 시간을 쏟는다고 생각하는가? 잘된 일만큼 잘못된 일에서도 배울 게 많다는 걸 알기 때문이다. 토머스 에디슨 Thomas Edison 의 유명한 말도 이런 배경에서 나왔다. "나는 실패한 게 아니다. 효과 없는 아이디어 1200가지를 성공적으로 찾아낸 것이다."

일어난 일을 바꿀 수는 없다. 하지만 일어난 일을 이용해 미래에 영향을 미칠 수는 있다. 운동선수들이 경기를 마치고 돌아와 녹화된 경기를 보며 공부하는 것도 그래서다. 특히 경기에 졌을 때 말이다. 당신도 그렇게 해야 한다. 수화기를 내려놓으며 '내가 너무 바보 같은 말을 했어.'라고 생각하는 게 어떤 기분인지 알 것이다. 자신을 나무라는 대신 잠시 시간을 갖고 머릿속으로 더 나은 대답을 연습해보자. 후회하며 자신을 꾸짖지 말고, 운동선수들이 실력 향상을 위해 시각화 기법을 이용하듯이.

다른 방식의 대화를 상상할 때, 기본적으로 당신은 비슷한 상황에서 무슨 말을 하고 무슨 말을 하지 않을지 준비한다. 무엇을 배울 수 있는지에 집중한다면 자연스럽게 당신은 자기 자신보다 성장과 발전에 더 집중하게 된다. 이게 중요한 이유는 실패를 내면화할 때는 포기 가능성이 높아지기 때문이다. 포기하지 말자. 포기하지 말고 역경과 비평가들을 뒤로하고 꿋꿋이 자신의 길을 걸어갔던 유명한 '실패자들'을 공부하자.

창의성의 대명사인 월트 디즈니 Walt Disney 는 '아이디어 부족'으로 다니던 신문사에서 쫓겨났다. 롤런드 H. 메이시 Rowland H. Macy (메이시스 백화점 설립자—옮긴이)의 가게는 인기를 얻기 전에 일곱 번이나 파산했다. 마이클 조던 Michael Jordan 은 대학 2군 농구팀에서 잘렸다. 에이브러햄 링컨 Abraham Lincoln 은 첫 번째 의원 선거에서 떨어진 것을 포함해 토지국에서 일하려고 했을 때도, 상원의원에 출마했을 때도, 성공을 향한 길에서 거듭 실패하며 고생했다. 누구나 가끔 나쁜 결정을 내린다. 누구나 가끔은 창피를 당한다. 핵심은 실패를 있는 그대로 보는 것이다. 도로의 막다른 끝이 아니라 도중에 나타나는 커브길인 것이다. 빌리 진 킹 Billie Jean King 의 말처럼 "대담해지세요. 실수를 하려면 엄청나게 크게 하세요."

## 비판에 휘둘리지 않겠다는 다짐

중요한 건 당신이 실패를 다루는 방식이다. 족히 10억 명이 지켜보는 무대에서 걸어가다가 넘어지는 걸 상상해보자. 미스 USA인 크리스틀 스튜어드 Crystle Steward 가 2008년 미스 유니버스 대회에서 넘어졌을 때가 바로 그랬다. 그녀는 환한 미소를 띠고 일어나 "박수 한번 주세요."라고 말하듯 머리 위로 손을 들어 박수를 치는 것으로 그 엄청난 실수에 대처했다. 스튜어드가 실패를 겪고 다시 일어난 건 그때가 처음이 아니었다. 그녀는 미스 텍사스 왕관을 쓰기까지 대회에 다섯 번 출전했다. 우리는 다른 사람들이 하는 생각을 통제할 수 없다. 오직 자신의 반응만 통제할 수 있다. 그리고 그것은 자신에게 여느 누구처럼 꼴사납게 넘어질 수 있는 권리를 허락함으로써 시작된다.

비판은 외부에서 오기 때문에 비판에 대해 다르게 생각하고 다르게 반응하는 법을 배우는 것은 아마도 실패에 대처하는 것보다 더 어려울 것이다. 아무리 둔감한 사람이라도 자신이나 자신의 일에 대해 비판의 말을 들었을 때 머릿속에서 떠오르는 가차 없는 반박의 말을 가라앉히기 위해 감정을 소진하는 경험을 한 적이 있을 것이다. 비판에는 감정적 펀치가 실려 있기 때문에 비판을 객관적으로 받아들이기 위해서는 거대한 사고의 전환이 필요하다.

여기서 다시 운동 비유가 유용하게 사용될 수 있다. 예컨대, 국제 경기에서 심판들은 객관적인 듯해 보이는 평가에도 어느 정도의 편견이 들어 있다는 것을 인정한다. 언제나 최고점과 최저점을 제외하고 평균 점수를 내는 것도 그런 이유 때문이다. 당신도 이런 필터를 적용할 필요가 있다. 그래서 힐러리 클린턴은 "나에 대한 최악의 비방과 최고로 과장되고 과열된 칭찬을 모두 들어봤어요."라고 하면서 "어느 쪽이든 극단적인 말은 무시하고 내가 진짜 나라고 믿는 모습에 집중하는 것을 일반적인 규칙으로 삼고 있으며 비판을 진지하게 받아들이되 기분 나빠 하지 않으려고 노력합니다."라고 말한다.

만약 다음에 자신의 일에 대해 노골적인 비판의 말을 듣게 된다면 뒤로 한발 물러나 스스로에게 물어보자. '비판을 진지하게 받아들이되 기분 나빠 하지 않는다는 건 어떤 반응일까?' 그런 다음 그 비판에서 유용한 것과 유용하지 않은 것을 판단해서 자신에게 해당되지 않는 것은 버리자.

| 마음이 옳다고 느끼는 것을 하세요. 어떤 일을 하든 비판받을 테니까요.    |

_엘리너 루스벨트 Eleanor Roosevelt

## 비판을 긍정적인 피드백으로 보기

한발 더 나아가 비판적인 피드백을 일종의 칭찬으로 받아들일 수 있다면 어떨까? 비판이 아프지 않다는 게 아니다. 아픈 게 사실이니까. 일단 상처를 핥고 난 다음에는 당신에게 비판을 활용할 만한 능력이 없다고 생각했다면 중요한 의견을 가진 사람들이 피드백을 주지도 않았을 거라는 사실을 기억하자. 월터 크롱카이트Walter Cronkite가 그랬다. 고등학교 신문에 실을 기사를 쓰던 그를 스승이 앉혀놓고는 기사가 "한마디로 엉망이야."라고 말했을 때, 열네 살 소년의 자신감은 크게 흔들렸다. 그 한마디에 기자가 되겠다는 그의 꿈이 완전히 꺾여버렸을 수도 있었다. 하지만 크롱카이트는 기사를 적은 종이를 그러모아 문으로 향하며 자신을 위로했다고 한다. '더 잘할 수 있는 방법을 알려주시니까 나한테 화가 많이 난 건 아닐 거야.'

비판에 대한 최고의 방어는 적극적으로 비판을 요구하는 것일 수도 있다. 수십 년간 다양한 업무 환경에서 벌어지는 다양한 부정적 피드백을 관찰해온 보스턴 대학의 심리학 교수 피터 그레이Peter Gray는 연장자인 멘토나 동료에게 조언을 구할 때 가장 건설적이고 우호적인 소통과 교류가 발생한다는 것을 발견했다. 그레이는 원치 않는 충고는 듣기 싫은 것이 인간 본성이라고 말한다. 하지만 자신이 먼저 청해서 받는 충고는 그것이 시정을 요구하는 것이라 해도 기분 나쁘기보다 유익한 것으로 인식되기 쉽다.

우리가 살아가면서 받게 될 피드백 중에는 아주 정확한 것들도 있을 것이다. 그렇다고 잘못 판단하는 비평가들이 적다는 건 아니다. 잭 케루악 Jack Kerouac, 조지 오웰 George Orwell, 안네 프랑크 Anne Frank, 실비아 플라스 Sylvia Plath 는 출판을 거절당한 작가 중 일부에 불과하다. 모두 같은 출판사였다. 엘비스 프레슬리 Elvis Presley 가 그랜드 올 오프리 Grand Ole Opry 라디오 쇼에 처음이자 마지막으로 출연한 뒤에, 한 프로듀서는 그에게 전직인 트럭 운전사로 돌아가라고 충고했다. 댄스계의 전설 프레드 아스테어 Fred Astaire 가 첫 오디션에 참가했을 때 한 프로듀서가 했던 말은 유명하다. "대머리에 비쩍 말랐는데 춤은 좀 추는군." 솔직해지자. 당신도 다른 사람들의 일이 다 마음에 드는 건 아니다. 그런데 왜 다른 사람이 당신의 일을 마음에 들어 할 거라고 기대하는가?

어느 정도의 비판과 거절은 피할 수 없다. 그럼 그것들을 좀 즐겨보는 건 어떨까? 당신이 받은 거절 편지들로 벽을 도배하고, 당신이 받았던 나쁜 평가들에 대해 랩 가사를 써보자. 아니면 상상의 수상소감을 써볼 수도 있다. 입학사정관, 인사 담당자, 캐스팅 감독, 누구든 당신을 거절했던 사람들에게 감사를 전하는 것이다(아마도 당황해하지 않을까)! 무엇을 하든 당신이 받았던 거절 편지나 나쁜 평가서들을 태우지는 말자. 후에 당신의 전기가 쓰일 때 좋은 자료가 될 테니 말이다.

그래도 여전히 비판을 객관적으로 받아들이는 데 도움이 필요하다면 해안경비대 사관학교 졸업생들이 내게 가르쳐준 방법을 알려주겠다. '개인적인 공격으로 받아들여 기분 나빠 하지 말라 Quit Taking It Personally.' 이곳 생도들이 처음 현장에 배치받기 전에 여성 고참 지휘관이 여생도들에

게 건네는 마지막 지혜의 말이다. 줄여서 큐팁 Q-tip(면봉. 여기서는 Q로 시
작하는 조언이라는 뜻으로 사용한다.-옮긴이)이라고 부르는데, 이 조언을 떠올
리는 시각적 장치로 면봉을 이용한다. 한번 해보길 바란다. 면봉을 욕실
거울에도 하나 붙이고, 책상 서랍이나 가방에도 하나 넣어놓자.

## 부정적인 감정을 멈추는 것이 중요하다

자신이 부족하게 느껴진다고 해서 실제로 부족한 건 아니라는 사실도
깨닫자. 앞으로 24시간에서 48시간 안에 우리 모두가 그렇듯 당신에게
도 자신이 바보 같다고 느끼는 순간이 찾아올 것이다. 그게 인생이다. 다
시 한번 말하지만 당신이 쓰는 말이 정말로 중요하다. "난 너무 멍청해!"
하고 반응하던 걸 "멍청이가 된 기분이었어."라고 바꿔 말하는 것만으로
도 얼마나 다른 기분이 드는지 놀랄 것이다.

반추하는 습관은 빨리 고쳐지지 않는다. 머릿속을 떠나지 않는 노래
처럼, 성가시게 반복되는 생각을 멈추려면 자신의 머릿속에서 어떤 일이
일어나고 있는지 알아차리는 것부터 시작해야 한다. 감정을 공유하는 것
도 도움이 된다. 이야기를 하다 보면 아마 자신이 집착하고 있던 일이 생
각만큼 대단하지 않다는 것을 알게 될 것이다. 심리학자들이 생각 멈추
기 기술이라고 부르는 방법을 사용해볼 수도 있다. 반추하고 있음을 깨
닫는 순간 조용히 "그만!" 하고 외치는 것이다. 필요할 때마다 반복하자.
책상을 두드리거나 심호흡을 하는 것도 시도해볼 수 있다.

자신을 탓하는 습관이 도지면 의식적으로 자기 안의 더 논리적인 자
아를 불러내 '다른 의견'을 들어보자. '내 제안이 너무 시시했어.'라는 생

각이 떠오르는 순간 나의 다른 쪽 자아는 어떻게 생각하는지 확인하는 것이다. 감정을 배제하고 이성이 '그보다는 나았어.'라고 반박할 수 있는 기회를 주자.

# 더 나아가기

## 요점

잘 알려져 있듯이 여성은 어릴 때부터 실패를 내면화하고 비판을 개인적인 공격으로 받아들이는 경향이 남성에 비해 높다. 여자들은 일이 잘못되었을 때 자기 탓을 하고 비판을 인신공격으로 받아들이며 잊지 못해 힘들어한다. 반대로 보다 유연한 남성들의 반응은 그들을 유능하고 자신 있어 보이게 한다. 하지만 사실 그런 반응은 사회화의 효과다.

우리가 가면 증후군에 이르게 된 과정과는 무관하게, 여기서 벗어나기 위한 핵심적인 방법은 실패, 실수, 비판에 대해 긍정적인 반응을 새롭게 익히는 것이다. 즉 실패, 실수, 비판을 성공으로 향하는 길에서 불가피하게 마주쳐야 하는 소중한 교훈을 주는 계기로 인식하는 것이다.

## 당신이 할 수 있는 일

- 앞 장에서 제시한 '한낱 인간을 위한 유능함의 기준'에 여기서 얘기한 실패에 관한 새로운 규칙들을 포함시키자.
- 누구도 완벽할 수 없다. 열 개의 공 중에 세 개를 쳐낸다면 당신은 스타다.
- 실패는 소중한 교훈과 함께 성장의 기회도 제공한다.
- 실패는 도로 위에 나타난 커브길일 뿐이다.
- 중요한 것은 실패에 어떻게 대처하느냐다.

## 다음 단계

다음 장에서는 자신의 성취 경험에 다른 사람들이 어떤 변수로 작용하는지 살펴볼 것이다. 이 작업을 통해 여성들 사이에 가면 증후군이 더 많이 나타나는 또 다른 이유를 파악할 수 있을 것이다.

# 성공의
# 발목을 잡는
# 배려와
# 관계에 대하여

8장

# 성공에 대한
# 복잡한 두려움

다행히 나는 내가 중요한 사람이라고 절대 생각하지 않는다. 그런 생각은 인생을 복잡하게 만들 뿐이다!

_엘리너 루스벨트

살아가는 동안 우리는 모두 성공할 기회를 얻는다. 학교에 들어가고, 대박을 찾아 집을 떠나고, 간판을 내걸거나 자신의 일을 보여주고, 승진을 하거나 자신의 기개를 보여줄 또 다른 기회를 받아들이고 직업이나 인생 경로를 바꾸면서 당신은 일면 신나고 아찔한 행복감마저 느낀다. 왜 그렇지 않겠는가? 이제 막 목표를 이루고 잠재력을 실현하기까지 한발 더 가까워졌으니 말이다. 인생은 멋지다.

하지만 그때 가면 증후군이 발동하며 자기불신과 두려움이 엄습한다. 갑자기 성공을 맞이한다는 생각만으로 불안해지고 무서워지기까지 한다. 그러면서 다른 생각과 걱정이 찾아든다. '내가 정말 감당할 수 있을까?', '내가 아는 지식으로 충분할까?', '내가 충분히 똑똑한 건가?' 지금까지 사람들을 속여왔다는 생각 때문에 문제가 복잡해진다. 자신을 좀 더 믿을 수 있다면 성공을 맞이하기가 훨씬 쉬울 것 같다. 정말 그럴까?

확실히 자기신뢰가 당신을 멀리까지 인도할 수는 있다. 하지만 자신감을 키우는 것만으로는 성공에 대한 불안을 완전히 지워버리기에 충분하지 않을 수 있다. 개인으로서 무언가를 이루더라도 이 성공 게임은 당신 혼자만의 것이 아니기 때문이다. 간단히 말하자면, 여성으로 성장한다는 것은 다른 사람들의 감정, 필요, 행복, 관계, 수용, 의견들이 당신에게 중요하다는 뜻이다. 그것도 아주 많이.

이렇게 주변에 쏟는 관심 때문에 성공에 대한 두려움이 어디에서 비롯되는지 불분명해질 수도 있다. 성공 앞에서 주저하는 이유가 할 수 없을 거라고 생각해서인가, 아니면 기회를 받아들였다가 다른 이들과의 관계에 영향이 갈 수 있다는 것을 알기 때문인가? 지금부터 그것을 알아보도록 하자.

## 당신이 성공 뒤에 존재한다고 믿는 것들

여성들의 삶과 선택에서 중심적인 역할을 하고 있는 타인에 대한 관심과 걱정, 관계에 대한 욕구에 대해 알게 된 것은 사회심리학자 캐럴 길리건 Carol Gilligan 의 책을 통해서였다. 1982년에 출간된 그녀의 책《다른 목소리로》는 여성이 남성에 비해 도덕적 추론 능력이 떨어진다는 기존의 발달심리학 이론에 도전장을 내밀며 신기원을 이루었다. 그녀는 여성의 도덕적 추론 능력이 떨어지는 게 아니라 그저 다를 뿐이며, 그 중심에는 '보살핌을 베풀고 상처를 주지 않아야 한다는 의무감'이 자리 잡고 있다고 주장했다.

이 주장이 중요한 이유는 선택이라는 과정 없이 성공으로 나아갈 수는 없기 때문이다. 우리는 지역 대학을 갈지, 지도를 가로질러 반대편 도시나 나라로 갈지를 정하고, 전공이나 진로를 놓고 이쪽이냐 저쪽이냐를 고민한다. 취업 기회를 받아들일지 거절할지, 급여 협상을 할지 주는 대로 받을지, 성과를 남과 공유할지 혼자 차지할지 선택한다. 그리고 이 지점에서 당신의 가면 감정들이 필연적으로 발동한다.

내 워크숍에 참가하는 여성들은 자신의 선택에 따른 실제 결과나 상상해보았던 결과에 대해 자주 얘기한다. 이 결과들은 어떻게 작용하느냐에 따라 일곱 가지로 뚜렷하게 나뉘는데, 이들을 '성공 시나리오'라고 부르기로 하자. 이 중 두 가지는 자신의 성공이 타인에게 미칠 수 있는 영향, 나머지 다섯 가지는 그 성공이 타인과의 관계에 미치는 영향과 관련되어 있다. 요약하면 다음과 같다.

### 타인에게

- 내가 이기면 다른 누군가는 기분 나쁠 수 있다.
- 지나치게 성공하면 가족이 힘들어질 것이다.

### 타인과의 관계에

- 지나치게 성공하면 직장에서 소외감을 느낄 수 있다.
- 너무 두드러지면 소외감을 느끼게 될 것이다.
- 지나치게 성공하면 가족, 친구, 공동체와의 관계가 단절될 것이다.
- 지나치게 성공하면 남자를 사귀거나 관계를 유지하는 데 문제가 생길 수 있다.
- 너무 똑똑하거나 자기 위주거나 지나치게 나서면 사람들이 좋아하지 않을 수 있다.

## 공감 능력은 결코 독이 아니다

각각의 성공 시나리오를 살펴보기 전에 몇 가지 알아야 할 것들이 있다. 우선 전체 시나리오 가운데 특히 자신에게 해당하는 시나리오가 있다면 거기서부터 읽어도 좋다. 하지만 더 큰 그림을 이해하려면 일곱 가지 시나리오를 모두 읽어보기를 권한다. 또한 몇몇 경우에는 시나리오에 따라 대처하는 방법이 제시되어 있기는 하지만 결국 개개인의 상황과 결정에 딱 들어맞는 한 가지 해결책이란 없다. 대신 각 시나리오의 끝에 자신의 반응이 자신감 문제인지 관계의 문제인지 확인해볼 수 있도록 몇 가지 질문들을 달아놓았다.

다음으로, 이들 시나리오에는 주로 여성들의 경험이 담겨 있지만, 몇몇 시나리오는 노동계층 출신이나 유색인 남성들도 똑같이 공감할 여지가 있다. 또한 보살핌, 관심, 관계를 중시하는 경향이 여성 문화의 중심에 자리하고 있다는 이유만으로 모든 여성이 여기에 나오는 전형적인 여성적 반응에 공감할 거라고는 생각하지 않는다. 게다가 성공이 나쁘다거나 피해야 한다는 메시지를 전하려는 것도 아니다. 오히려 나는 당신이 꿈을 따라 멀리, 그리고 높이 나아가기를 바란다.

마지막으로 가장 중요한 점은 다른 사람들에게 많은 관심을 갖고 신경을 쓰는 것이 결코 문제가 될 수는 없다는 것이다. 공감, 연민, 민감성, 배려는 소중한 특징이다. 실제로 여성 임원의 비율이 높은 회사들이 더 좋은 재정 실적을 내고 있다. 그뿐만 아니라 글로리아 펠트 Gloria Feldt 는 그의 책《변명은 없다 No Excuses: 9 Ways Women Can Change How We Think About Power 》에서, 언스트 앤드 영, 캐털리스트, 세계은행, 맥킨지 같은 곳에서는 "모두 지난 몇 년 동안 의회나 이사회에서 여성 대표의 비율이 30퍼센트에 도달하고 나면 결정의 질이 향상되고 구성원들의 행동이 개선되며 부패가 줄어든다는 사실을 발견했다."라고 지적한다.

공감 능력은 대니얼 핑크 Daniel Pink 가 새로운 세계 경제 환경에서 성공하는 데 필요하다고 말한 여섯 가지 자질 가운데 하나이기도 하다. 그는 자신의 책《새로운 미래가 온다》에서 고객서비스, 기술지원, 엑스레이 판독 같은 기능은 해외로 이전할 수 있지만 공감은 외주를 주지 못한다고 주장한다. 한때는 '오글거린다'고 치부되던 공감이 이제는 의학, 법률과 같은 분야의 교육 방식을 새롭게 만들어가고 있다. 이런 트렌드는 여성에게 유리하다. 여성에게는 타인의 고통에 관심을 기울이고 실수가 발생했을 때 사과하는 것이 보다 자연스럽기 때문이다. 핑크는 이것이 많은 남성들에게는 어려울 수 있는 행동이라고 말한다.

# '내 성공이
다른 사람을
힘들게 하는 건 아닐까?'

여성이라는 존재는 이타적인 사람이라는 자기 자신의 이미지와 개인의 야망이나 바람 사이에서 어떤 긴장감을 경험한다. 심리학자 애나 펠스Anna Fels 는 야망에 대한 여성들의 생각을 조사하는 과정에서 대부분의 여성이 야망이라는 단어를 피하려 한다는 사실을 발견했다. "야망은 자기중심적이고 이기적인 마음이며 자기자랑이나 목적을 위해 타인을 교묘히 이용한다는 뜻이었다."라고 펠스는 말한다.

왜 그렇지 않겠는가? 어릴 때부터 여성은 어머니로부터 다른 사람의 필요를 우선시함으로써 자신을 희생하는 법을 배운다. "도덕적인 삶은 자기희생에 있다는 이 생각은 선량함이라는 도덕적 사안과 책임과 선택이라는 어른의 문제를 서로 충돌하게 만들어, 여성의 발전 과정을 복잡하게 만들었다."라고 길리건은 말한다. 처음에 다룰 두 가지 성공 시나리오는 이 핵심 딜레마를 보여준다.

### 시나리오 1 ) 내가 이기면 다른 누군가는 진다

아주 어릴 때부터 여성들은 타인의 감정과 필요에 대단히 민감하다. 무언가를 성취할 때의 상황도 예외가 아니다. 당신은 A를 받고 제일 친한 친구는 C를 받았다면, 당신은 친구의 감정을 보호하기 위해 자기 점수에 대해 거짓말을 했을 수도 있다. 배려는 칭찬할 일이다. 하지만 여기서 자주 볼 수 있는 또 다른 정서는 자신의 성공이 다른 사람의 성공을 깎아내린다는 믿음이다. 그리고 이런 믿음 때문에 당신은 자긍심보다 죄책감을 더 느낄 수 있다. 영국 여배우 레이첼 와이즈 Rachel Weisz 는 기자에게 이렇게 말했다. "어떤 연기가 좋은 평가를 받고, 에이전트가 생기고, TV에 나가고 하는 모든 일이 죄책감을 들게 해요. 마치 내가 잘하는 게 다른 사람한테서 뭔가를 빼앗는 일인 것처럼요. 언니, 엄마, 친구, 누구한테서든 말이에요."

자신이 이기면 다른 누군가는 져야 한다는 생각은 교묘한 방식으로 모습을 드러낸다. 예를 들어 장기적인 관점에서는 이직하는 게 이로운데도 회사에 그대로 남아 있는 여성들이 있다. 가면 증후군이 발동하지 않도록 자신의 안전지대에 머무는 것일 수도 있다. 하지만 회사에 자신이 '필요'하기 때문에 남아 있는 것일 수도 있다. 충성심은 훌륭한 덕목이지만 거기에 늘 자신의 희생이 따라야 할 때는 절대 그렇지 않다.

여성들에게 경쟁에서 이기는 건 특히 부담스러울 수 있다. 승리는 배려라는 규범을 위반하는 것이기 때문이다. 스포츠 심리학자들은 남성들은 늘 제일 친한 친구와 필사적으로 싸워 승부를 내고 나서 악수를 나눈다고 말한다. 하지만 관계가 삶의 중심이라면 경쟁 때문에 내적 갈등이 일어날 수 있다. 내셔널 스펠링 비 National Spelling Bee(영어단어 철자 암기 대회)의 참가자로 열두 살의 나이에 '인간 사전'이라고 불렸던 조 론도노 Zoe Londono 가 그랬다. NBC 〈데이트라인 Dateline 〉의 한 코너에서 조는 절친인 쉴라와 맞붙어 이겼다. 승리는 달콤하고도 씁쓸했다. "우리는 제일 친한 친구예요." 조는 말했다. "제일 친한 친구를 이긴 거죠. 미안하게 생각해요."

  물론 경쟁에 강한 여성들도 있으며 당신이 그중 한 명일 수도 있다. 하지만 전설적인 테니스 라이벌이었던 마르티나 나브라틸로바 Martina Navratilova 와 크리스 에버트 Chris Evert 같은 노련한 경쟁자들조차 경쟁과 관계 사이에서 균형을 잡는 데 어려움을 겪었다. 두 사람은 시합 한 시간 전에 베이글을 나누어 먹은 다음 코트에 나가 싸웠고, 라커룸으로 돌아가서는 승자가 패자를 위로했다. 상대를 이긴 게 미안해서가 아니라 패배가 어떤 기분인지 서로 잘 알고 있었기 때문이다.

  마르티나는 특히 어떻게 하면 배려와 경쟁을 잘 병행해나갈 수 있을지 고심했다. 한때 그녀의 피트니스 코치이자 파트너였던 농구 스타 낸시 리버먼 Nancy Lieberman 은 마르티나가 정상에 오르려면 크리스를 미워해야 한다고 생각했다. "마르티나도 한동안 그러려고 노력했어요." 운동선수 출신의 작가 머라이어 버튼 넬슨 Mariah Burton Nelson 은 말한다. "하지만 별 소용이 없자 다시 라커룸에서 베이글을 나눠 먹고 웃으며 지냈죠. 두 사람은 여전히 친구예요."

  패자나 약자에 공감하는 것은 좋다. 하지만 다른 사람의 감정을 상하지 않게 하려고 자신의 성취에 대한 자부심이나 기쁜 감정을 억누르는 일이 일상적으로 반복될 때 문제가 발생한다. 리 앤 벨 박사는 초등학교 영재 여자아이들을 대상으로 한 실험에서, 공감과 성취 사이의 긴장감이 여성들에게 규칙 자체를 바꾸고 싶은 마음이 들게 할 수 있다는 것을 발견했다. 그녀는 한 여학생 집단에게 상황을 제시하고 역할극을 하도록 했다. 한 사람이 과학상을 받고 그것을 부러워하는 다른 친구 앞에서 별것 아니라는 듯이 말하는 상황이었다. 소녀들은 그 장면을 아무 어려움

없이 연기했다.

다음으로 벨은 여학생들에게 양쪽 모두 기분 좋을 수 있는 대응법이 있는지 찾아보도록 했다. 이것은 훨씬 어려운 일이었다. 처음에 소녀들은 '트로피를 반으로 나눈다', '트로피를 선생님께 드린다', '학교에 놔둔다', '트로피는 금속 조각일 뿐이므로 그냥 줘버린다'와 같은 의견을 내놓았다. 모두 관계를 유지하는 데는 효과적이지만 여전히 자신의 성취에 기분 좋아야 할 승자를 희생시키는 전략들이었다. 결국 소녀들은 개인의 성취가 아니라 평가 시스템을 완전히 바꾸는 데 초점을 맞춘 해결책에 도달했다. 학생들이 개인별로 경쟁하는 게 아니라 팀을 이루어 협력한다면 모두가 창조적이고 수준 높은 과학 프로젝트를 수행해낼 것이며, 그러면 '모두'가 이길 수 있다는 것이었다.

이렇듯 시스템 자체를 '나는 이겼고 넌 졌어.'에서 '우리 모두가 이겼어.'로 바꾸어버리려는 여성적인 욕구는 임상심리학자인 조지아 사센 Georgia Sassen 이 말하는 여성들이 갖고 있는 "경쟁적 성공의 이면에 대한 '민감한 인식'으로…… 성공이 다른 사람들보다 더 좋은 점수를 받는 것으로 정의되는 현 상태는 잘못되었다는 의식"이 반영된 결과다. 또한 이 실험 결과는 여성들이 자신의 성취를 자기 것으로 주장하기 어려워하는 문제에 대해서도 새로운 시각을 제공한다. 페기 매킨토시 박사에 따르면 이것은 자신감을 키우는 것만으로는 해결될 수 없는 다른 차원의 가면 증후군 문제다.

매킨토시 박사는 가면 증후군 감정에 많은 진정성이 들어 있다고 느끼며, 자기가 제일 뛰어나고 똑똑하다고 생각하는 사람들이 오히려 진짜 사기꾼이 아닐까 생각한다. "여성들이 사과를 하고, 공개석상에서 머뭇거리고, 자기가 한 일에 대한 공로를 인정하지 않으려 할 때, 우리는 그 속뜻에 귀를 기울여야 한다고 생각해요." 그녀는 말한다. 왜냐하면 그런 행동들을 통해 우리는 자격 있는 사람들만 힘과 권력을 가질 수 있다는 지금까지의 통념을 의심해볼 수 있기 때문이다. 그녀는 덧붙인다. "여성들은 자신이 사기꾼이라고 느낄 때 종종 우리가 아직 알아차리지 못한 방식으로 권력, 특권, 공로를 나누어 가지려 하죠."

만약 이 성공 시나리오에 공감한다면 다음 질문에 답해보자.

• 타인에게 공감하고 그 공감을 표현하는 능력 때문에 자신의 성취에 대해 자긍심을 갖거나 그것을 표현하는 것이 어려운가?
• 그럴 경우 만약 자신의 성공으로 다른 사람이 갖게 될 감정을 걱정하지 않아도 된다면 달리 어떻게 행동하겠는가?
• 어떻게 하면 타인의 감정에 주의를 기울이는 동시에 자신의 성취에 대해서도 기뻐할 수 있을까?
• 더 큰 곳으로 이동할 때가 되었음을 알면서도 그러지 못하는 이유 중에서 자신의 안전지대를 벗어나는 것에 대한 두려움과 그들에게 자신이 필요하다는 걱정이 차지하는 비율은 각각 어느 정도인가?
• 도전을 피하는 핑계로 충성심을 이용하고 있는가?
• 만약 그렇다면, 적합한 대체 인력을 함께 찾는다거나 그 사람이 업무를 익힐 때까지 기다려주는 등의 방법으로 타인을 배려하는 동시에 자신의 목표를 이룰 수 있는 방법이 있는가?

지나치게 성공하면 가족이 힘들어질 수 있다

가정이 있는 사람은 승진으로 업무에 더 많은 시간을 할애해야 할 때가 오면 자신의 성공으로 사랑하는 사람들이 받을 영향에 대해 걱정하기 시작한다. 승진해서 다른 지방으로 전근까지 가야한다면 배우자의 경력이나 아이들의 교육에 지장이 생길 수도 있고, 연로한 부모와 멀리 떨어지게 될 수도 있다. 이런 상황에서는 어느 쪽으로도 결정을 내리기가 매우 어렵다. 여기에 가면 증후군까지 갖고 있다면, 그 결정의 어려움이 평소의 자기불신 때문인지, 관계에 대한 고려 때문인지 원인을 분석하기가 더 어려워진다.

한 가지 도움 될 만한 방법이 있다면 적어도 당신의 죄책감이 완전히 자연발생적인 것이 아님을 인식하는 것이다. 남자가 일과 양육을 동시에 해낼 수 있는지 걱정하는 사람은 없다. 아무리 높은 위치에 있어도 그가 그 일을 회피할 것이라고 생각하지 않는다. 하지만 사회는 여성인 당신에 대해서는 스스로 조심하지 않으면 마음속에까지 뿌리내릴 수 있는 의심의 씨앗을 뿌린다. 성공은 남자에게 좋은 가장이 될 가능성을 높여주며 '가정적인 남자'라는 이름도 가져다준다. 반면 가족을 경제적으로 부양하는 여성에 대해서는 이와 비슷한 이름조차 없다. 그들은 가족을 '위해서'가 아니라 가족의 '희생'으로 자신의 경력을 추구하기 때문이다.

일에 내몰리는 것에 죄책감이 들거나 이기적이라는 생각이 든다면 아이를 갖는 일은 부모로서 어느 정도의 죄책감을 느낄 수밖에 없는 일임을 기억하자. 다른 사람들을 먼저 생각하는 것은 칭찬할 만한 일이다. 동시에 비행기 승무원들이 부모에게 아이들을 돕기 전에 자기 산소마스크부터 먼저 쓰라고 말하는 이유를 생각해보자. 자신의 성공이 가족의 희생으로 이루어진다고 생각하기보다는 그 성공이 가족에게 기여하는 점에 대해 생각하자. 경제적인 기여는 분명하다. 그 밖에 아이들에게 자신의 재능을 펼치며 목표를 추구해나가는 훌륭한 롤모델이 되어준다는 장점도 있다.

이 성공 시나리오가 당신의 이야기라면 다음 질문에 답해보자.

- 더 많은 일을 맡거나 전근을 주저하는 이유 중 능력이 부족하다는 생각과 가족에게 미칠 영향을 걱정하는 마음이 차지하는 비중은 각각 얼마인가?
- 자신의 안전지대에 머물러 있기 위해 가족을 핑계로 이용하고 있지는 않은가?
- 만약 가족이 괜찮다면, 자신의 도전 능력에 대해 여전히 지금과 같은 정도로 의심하겠는가?

지금까지 우리는 자신의 성공이 타인에게 미치는 영향과 관련된 두 가지 시나리오를 살펴보았다. 지금부터는 성공이 타인과의 관계에 어떤 변수로 작용하는지 살펴보기로 하자.

# '성공이
# 나를 외롭게
# 만들 거야.'

## 성공이 관계에 미치는 영향

내 워크숍에는 참가자들에게 가면 증후군을 일으키는 자기기대감이나 내면의 규칙들을 적어보게 하는 순서가 있다. 여기서 여성들 사이에 예외 없이 등장하는 두 가지 규칙은 '너무 영리하게 굴지 말라.'와 '자신의 성취를 늘 대수롭지 않게 취급하라.'다. 놀랄 일은 아니다.

다음으로 나는 참가자들에게 이 규칙들을 어겼을 때 어떤 결과가 생길 거라고 생각하는지 적게 한다. 물론 가장 분명한 결과는 자신이 사기꾼이라는 걸 다른 사람들이 알게 될지도 모른다는 것이다. 어쨌든 답을 알고 있다거나 '잘나가는' 것처럼 행동해놓고 정작 답을 틀리거나 평범하다는 게 드러나면 사람들은 당신이 사기꾼이라는 것을 알게 될 테니 말이다. 하지만 그게 전부가 아니다. 자신에 대한 다른 사람들의 생각에 왜 그렇게 신경을 쓰는지 물어보면, 여성들이 갖고 있는 보다 근원적인 두려움이 드러난다. '사람들이 날 좋아하지 않을 수도 있어서'라는 것이다.

이것은 단순한 불안감이 아니다. 여성들은 자신이 전통적인 여성상과는 다른 '지나친' 어떤 면을 갖고 있으면 사랑받지 못할 수 있다는 것을 어려서부터 배운다. 이것은 이미 많은 자료로 입증된 딜레마로, 페이스북 COO이자 두 아이의 엄마인 셰릴 샌드버그가 한 강연에서 청중에게 했던 말도 이런 배경에서 나왔다. "난 내 아들이 온전히 일에 기여할지 가정에 기여할지 선택할 수 있기를 바랍니다. 그리고 내 딸이 성공하는 것에 그치지 않고 자신이 이룬 성취로 사랑받기를 원합니다."

이 문제가 중요한 이유는 삶에서 관계가 가장 중요한 요소일 때, 다른 사람들과의 관계가 소원해질 가능성이 있는 결정은 어떤 것이든 불안감을 일으킬 수 있기 때문이다. 길리건의 말처럼 여성들은 성취에서 '소외의 위험, 성공으로 인해 두드러지거나 눈에 띌 경우 혼자 남겨질 거라는 두려움'을 감지한다. 다음 네 가지 시나리오들은 정도의 차이는 있지만 소외라는 핵심 문제에 대해 이야기한다.

### 시나리오 3 ) 더 높이 올라갈수록 더욱 소외될 것이다

남성 임원들은 그 지위에 남자는 자기뿐이라는 걱정을 할 필요가 없다. 하지만 당신은 조직에서 더 높이 올라갈수록, 주변 풍경이 점점 더 백인남성 중심으로 변해가는 것을 예민하게 감지한다. 여성에게 정상은 정말 외로운 곳이다. 〈포춘 Fortune 〉에 따르면 2010년 포춘 선정 500대 기업들 가운데 여성이 경영하는 회사는 열한 곳으로, 그 전해의 열다섯 곳에 미치지 못했다. 1000대 기업 중에는 여성 최고 경영자가 모두 합쳐봐야 열네 명이었다. 이런 소외 현상은 인종 정체성을 버리도록 요구받는 유색인일 경우에 훨씬 더 두드러진다.

꼭 임원이 되어봐야 승진 때문에 한때 동료였던 사람들의 시기와 질투를 살 수 있다는 걸 알게 되는 건 아니다. 물론 이건 남자들도 겪는 문제다. 하지만 촘촘하게 얽힌 업무 집단에서조차 남성들의 동료 관계는 여성들에 비해 더 피상적인 경향을 보인다. 적어도 여성들이 갖는 친밀함에는 미치지 못한다. 남자들은 퇴근 후 술을 마시거나 골프를 치며 유대감을 쌓을 수 있다. 하지만 사무실 파티 계획을 세우고, 출산 파티 선물을 위한 돈을 모으고, 명절 장식을 하는 건 여자들이다. 더 가족 같은 분위기일수록 동료를 추월하는 게 더 어렵게 느껴질 수 있다. 옛 동료가 지금 당신의 바로 아래 직원이라면 특히 더 그렇다.

여성들은 주로 무리의 일원으로 남으려고 애쓰며 이런 불편을 최소화하려 한다. 이 전략의 문제는 조직은 남성들이 선호하는 계급적 관계에 기초한다는 사실에 있다. 따라서 옛 동료들이 당신을 무리의 일원으로 받아들여준다 해도 당신의 행동은 관리자급은 관리자급끼리 어울려야 한다는 불문율을 어긴 것이 된다. 예전 동료들과 가끔 점심을 먹는 건 괜찮지만 주된 충성관계를 새로운 관리자급 사람들로 옮기지 않는다면 당신의 경력 관리에는 빨간불이 들어올 것이다.

위 사례들 가운데 당신에게 해당하는 경우가 있다면 아래의 질문들을 이용해 당신이 다루고 있는 문제가 무엇인지 알아보자.

- 승진을 걱정하는 이유가 자신이 없어서인가, 아니면 자신과 같은 인종이나 성별의 사람이 없다는 걸 아는 데서 오는 스트레스 때문인가?
- 소외감을 안 느껴도 된다면 승진을 두려워하는 정도가 지금과 달라질까?
- 승진 경쟁을 꺼리는 이유 가운데 자기불신은 얼마나 되고, 동료들과의 관계 유지와 관련된 문제는 얼마나 되는가?
- 같이 일하는 사람들과 멀어질 걱정이 없어도 승진에 대해 지금처럼 두려워할까?

**너무 두드러지면 소외감을 느끼게 될 것이다**

소외감을 느끼는 건 단지 직급 때문이 아니다. 2장에서 살펴봤듯이, 소외감은 압도적인 남성중심적 근무환경에서 일하며 언제든 겪을 수 있는 감정이며, 여성들의 자기불신이 그 원인으로 지목될 수 있다. 당신 혼자 여성인 업계 모임 행사장으로 들어갈 때 어떤 기분이 들지 상상해보자. 자신 있고 당당한가, 아니면 수줍고, 어쩌면 약간은 기가 눌린 기분마저 드는가? 만약 후자라면 당신은 혼자가 아니다.

심리학자들은 성비의 불균형이 고급 수학, 과학, 공학을 공부하는 학생들에게 어떤 영향을 미치는지 알고 싶었다. 그래서 그들은 학생들에게 여름 리더십 회의를 찍은 영상을 보여주었다. 한 영상에서는 남자가 3 대 1의 비율로 여자보다 많았고, 다른 영상에서는 남녀의 수가 동일했다. 예상한 대로, 첫 번째 영상을 본 여학생들은 소속감과 참가하고 싶은 마음이 모두 낮게 나타났다. 중요한 건 성비의 균형이 맞지 않는 영상을 보는 것만으로 이 엘리트 여학생들의 심장박동이 빨라지고 땀을 더 많이 흘리며 더 쉽게 산만해지는 현상이 일어났다는 것이다. 이 모두가 스트레스를 나타내는 지수였다. 이런 사실을 알고 있으면 소수라는 입장을 불편해한다는 이유로 자신을 부정적으로 여길 수 있는 현실 상황에 도움이 된다. 이제 '내가 정말 유능하다면 이렇게 불안해하지 않을 텐데.'라고 생각하는 대신 이런 상황에서는 유능한 사람도 스트레스를 겪을 수 있다는 것을 이해하자.

이 성공 시나리오가 당신에게도 해당한다면 스스로에게 물어보자.

• 남자가 많은 환경에서 불안을 느끼는 건 자신이 충분히 유능하지 않다고

생각해서인가, 수적인 소외감에서 오는 정상적인 스트레스 반응인가?

## 시나리오 5 ) 지나치게 성공하면 가족, 친구, 공동체와의 관계가 단절될 것이다

성별만이 성공의 소외 효과를 걱정하게 만드는 요인은 아니다. 유색인일 경우에는 백인처럼 행동한다는 비난을 피하기 위해 자신의 학문적, 직업적 성공을 대수롭지 않게 취급하도록 문화적인 압력을 받을 수 있다. 이와 비슷하게, 1세대 전문가일 경우에는 성공 때문에 함께 자란 사람들로부터 멀어질 수 있다. 때로는 고통스러울 정도까지 말이다. 가족이나 친구들과 일과 관련된 이야기를 하고 싶지만 쉽지 않다. 당신은 그들이 자신의 일에 대해 묻지 않으면 상처를 받는다. 물어본다 해도 그들은 당신이 하는 일이 어떤 것인지 제대로 이해하지 못한다. 당신은 새로 생긴 이 차이를 이어보려고 애쓰기보다는 아예 모른 척해버릴 수도 있다. 그래서 자기가 더 잘났다고 생각한다는 인상을 주지 않으려고 고향 친구들 사이에서는 학교나 직장 이야기를 하지 않는다.

어떤 사람들은 관계의 단절이 너무 고통스러운 나머지 일부러 자신의 교육 수준이나 능력에 미치지 못하는 일을 선택하기도 한다. 한번은 경영학 박사학위를 갖고 경리로 일하는 사람을 만난 적이 있다. 그녀의 낮은 직업 기준은 가면 증후군과도 관계가 있었지만 관계의 틈을 좁히기 위한 방법이기도 했다. "사람들이 내가 박사라는 걸 알게 되면, 그 즉시 우리 사이에 틈이 벌어지는 게 느껴지죠." 그녀는 말했다.

때로는 직업적인 선택으로 생기는 거리가 정서적인 면에서보다 물리적으로 더 클 때가 있다. 집에서 멀어지는 것만으로도 충분히 무서운데 가면 증후군이 있으면 그 불안감은 가중된다. 만약 당신이 종교적, 인종적, 성적 소수자에 속한다면 결정을 내리기가 더 어려울 수 있다. 가족, 친구들과 멀어질 뿐 아니라 새로운 지역의 인구 구성에 따라 더 큰 사회적 네트워크와도 단절될 수 있기 때문이다. 경력의 발전을 추구할 것이냐, 사회적 고립이나 경우에 따라서는 물리적 폭력의 위험까지 감수할 것이냐를 결정해야 할 때는 특히 그 결정을 어렵게 만드는 원인이 합리적인 불안인지 가면 증후군에서 비롯되는 두려움인지 구분하기가 훨씬 더 어렵다.

큰 변화나 전환은 그것이 어떤 종류든 가면 감정을 촉발시킨다. 이 성공 시나리오가 당신에게 해당한다면 아래의 질문에 답해보자.

• 성공 앞에서 머뭇거리는 이유 중 자신이 없다는 이유와 가족, 친구들과 정서적으로 멀어지기 싫다는 이유가 각각 차지하는 비중은 얼마나 되는가?
• 새로운 곳으로 가고 싶지 않지만 만약 그곳에서 환영받고 행복할 수 있다면 가고 싶어지겠는가? 그래도 가고 싶지 않다면, 그 원인은 관계에 대한 걱정보다 가면 증후군에서 비롯된 두려움 때문일 수 있다.

## 시나리오 6 · 지나치게 성공하면 남자를 사귀거나 관계를 유지하는 데 문제가 생길 수 있다

성공한 여성들이 연인을 찾지 못할까 봐 걱정하는 건 지난 시대의 일이라고 생각할지도 모른다. 하지만 내 워크숍에 참가하는 여성들은 관계 문제에서 부딪히는 어려움에 대해 자주 이야기한다. MIT 교수 실라 위드널 Sheila Widnall이 자신의 책《여자들이 공학을 전공하지 않는 열 가지 이유 10 Reasons Why Women Don't Go into Engineering》에서 수학에서 최고 점수를 받은 여성은 졸업무도회 파트너를 못 찾는다는 것을 한 가지 이유로 포함시킨 데는 다 이유가 있다. 모범생들에게 연애는 결코 쉬운 적이 없었지만, 그 이유가 여성들이 똑똑한 남자에게 위협을 느껴서는 아닐 것이다. 적어도 일부 남성들이, 특히 자신들의 영역에서 여자에게 따라잡혔다고 생각할 때 느끼는 그런 위협 말이다.

말도 안 되는 이야기라고 주장할 수도 있지만, 수학이나 과학처럼 남자가 다수인 분야에서 공부해본 모든 이성애자 여성들은 "전공이 뭐예요?"라는 질문에 자신들이 내놓는 대답이 남자에게 딱히 매력적이지 않다는 것을 알고 있다. 물리학을 전공하는 한 여성은 실제로 남자인 친구에게 데이트 상대가 생기면 전공을 유아교육이라고 속이라는 조언을 들었다. 아마도 그 친구는 다른 남자들이 언젠가 쉰 살의 남자들로 득실거리는 실험실을 운영할지 모르는 여자보다는 다섯 살짜리 아이들을 가르칠 준비를 하는 여자에게 겁을 덜 먹을 거라고 생각했던 것 같다.

너무 성공했다가 연애 생활을 망칠까 걱정하는 남자들은 많지 않다. 나이에 따라 다르겠지만 어쩌면 그 유명한 1986년〈뉴스위크 Newsweek〉커버스토리의 예언이 기억날지 모르겠다. "마흔 살의 미혼 여성이 결혼할 확률은 테러리스트에게 죽임을 당할 확률보다 낮다."〈피플 People〉은 다이앤 소여 Diane Sawyer, 린다 론스태트 Linda Ronstadt, 도나 밀스 Donna Mills, 샤론 글레스 Sharon Gless의 사진과 함께 '이 여성들은 노처녀일까?'라는 제목의 기사를 실어 이러한 두려움에 부채질을 해대며 이렇게 경고했다. "서른다섯이 넘은 미혼 여성들 대부분은 결혼 생각을 잊어도 좋다." 수년 후 테러리스트 운운했던 말은 1993년도 영화 〈시애틀의 잠 못 이루는 밤〉에 등장하며 새로운 세대의 관객들에게 다시 소개되었다.

알다시피 여성들이 경력에 집중하느라 결혼을 미룬다고 해서 그런 무서운 일이 생기지는 않는다. 실제로 20년 후 〈뉴스위크〉는 자신들이 분명하지 않은 인구통계적 발견을 잘못 해석했으며, 테러리스트 이야기는 농담으로 던진 것이었고, 전반적으로 현실에 기초하지 않은 시나리오를 만들어냈다고 인정했다. 하지만 강력한 씨앗은 이미 많은 미혼 여성들의 마음속에 뿌리내린 후였다. 여자는 크게 성공하거나 사랑을 갖거나 둘 중 하나만 할 수 있을 뿐, 둘 다 가질 수는 없다는 것이다.

사랑을 찾은 여성들조차 지나치게 경력을 좇다가 관계에 악영향이 생길 것을 우려한다고 시인한다. 물론, 대부분의 커플이 중산층의 생활 방식을 유지하려면 맞벌이가 필요하다는 것은 인정한다. 하지만 만약 당신이 미국에서 배우자보다 많이 버는 40퍼센트의 여성에 속한다면, 자신의 성공이 남자의 자존심에 어떤 영향을 미칠지 자신도 모르게 걱정하고 있을 수 있다. 부부가 같은 회사에 다니거나 같은 산업에 종사하고 있다면 특히 더 그렇다.

이 성공 시나리오가 당신에게 해당된다면 다음 질문에 답해보자.

- 남자에게 매력이 떨어질지도 모른다는 걱정이 자신의 진로를 정하는 데 얼마나 영향을 미치는가?
- 성공을 꺼리는 이유 중에서 자신감 부족이 차지하는 비중과 남자와의 관계에 미칠 영향을 걱정하는 마음이 차지하는 비중은 각각 어느 정도인가?

# '다른 사람들은
# 성공한 나를
# 어떻게 생각할까?'

<u>시나리오 7</u> 너무 똑똑하거나 자기 위주거나, 지나치게 나서면
              사람들이 좋아하지 않을 수 있다

사람들의 호감을 얻는 것에 얼마만큼의 가치를 두느냐에 따라서도 당신의 행동방식은 영향을 받을 수 있다. 뉴욕대학교의 클레이 셔키 Clay Shirky 교수는 그의 수업을 듣는 여학생들에 대해 이렇게 말한다. "아무리 그럴 만한 상황이 와도 건방지고 자기자랑이 심한 얼간이처럼 굴지 못한다. 아주 조금, 잠깐만이라도 그렇게 하는 것이 자신을 위해 최선일 때조차도 그들은 자기자랑에 바쁜 나르시시스트나 반사회적인 편집광이나 허풍쟁이처럼 굴지 못하는 것이다." 그리고 그는 덧붙인다. "하지만 그런 행동들에 대해 아무리 나쁜 말을 해대도 세상을 바꾼 사람들 중에는 그런 이들이 적지 않았다."

이 발언의 출처는 〈여성들에 대한 불만 A Rant About Women 〉이라는 제목의 블로그 글이었다. 예상할 수 있듯이 그의 이 발언은 상당한 논란을 불러일으켰고, NPR National Public Radio (미국 공영 라디오)과 BBC까지 관심을 보였다. 셔키 교수의 불만은 그에게 취업 추천서를 부탁한 한 남학생에 의해 촉발되었다. 그는 학생에게 추천서에 들어갈 내용에 대해 상세한 설명을 요청했고, 그 남학생은 최상급 표현들로 가득 찬 추천서 초안을 보내왔다. 셔키 교수가 그 과장된 초안 덕분에 남학생이 자신으로부터 훨씬 더 좋은 추천서를 받아낼 수 있었음을 깨달은 건 초안보다 수위를 낮춘 추천서를 보내고 난 후였다.

그 깨달음은 자신의 수업을 듣는 여학생들 대부분이 그런 편지를 쓰지 못한다는 걱정으로 이어졌다. "나는 여성들이 자신감이나 자존감을 충분히 쌓지 않는다고 걱정하는 게 아니다. 내가 걱정하는 건 훨씬 더 간단한 문제다. 여성에게는 거만한 허풍쟁이처럼 행동하는 데 필요한 요소가 너무 부족하다는 것이다." 그리고 그 필요한 요소란 사람들이 자기를 어떻게 생각하든 신경 쓰지 않는 태도라고 그는 주장한다. 그게 문제였다. 여성들은 사람들이 자기를 어떻게 생각하는지 신경 쓴다는 것. 그리고 거기에는 합당한 이유가 있다는 것.

셔키 교수는 나아가 "단지 여자들보다 거만을 잘 떨고, 능력 없는 일에 덤벼드는 걸 멍청하다고 생각하는(그 생각이 맞을 때가 많다는 것을 밝혀둔다) 사람들에게 신경을 덜 쓴다는 이유만으로 앞으로 더 많은 남학생이 유명해질 것이다."라고 예언했다. 이 점에는 우리 여성들도 동의한다.

하지만 그가 크게 놓친 점이 있으니, 무엇보다 자기자랑을 하는 여성들이 부딪히는 반발을 모르고 있다는 것이다. 여기서 문제는 여성들의 겸손함이나 불안감이 아니라, 특정한 사회적 현실 속에서 나타나는 여성들의 내적 반응이다. 즉 아무리 건방지고 허풍 심한 얼간이처럼 행동하고 싶고, 평가받거나 배척당하거나 소외되는 것에 눈 하나 깜빡하지 않는다 해도, 유능하다는 평판을 얻는 데 신경을 쓰는 한은 어쩔 도리가 없다는 것이다. 이런 사실을 이해하는 것이 중요한 이유는 당신이 연봉 협상에 나서거나 리더를 맡는 등의 일을 꺼리는 이유가 자신감 부족 때문이라고 생각하기 쉽기 때문이다. 물론 그게 이유일 수도 있다. 하지만 곧 알게 될 것이다. 여성들에게는 너무 똑똑하거나 자기 위주로 행동하거나 지나치게 나서면 그에 대한 대가가 따른다는 것을.

## 너무 똑똑하면 사람들이 좋아하지 않을 거야

학교 성적이 상위권에 속했다면 당신은 어려서부터 똑똑함과 사람들의 호감을 얻는 것 사이의 충돌을 경험했을 수 있다. 물론 이건 남자들도 마찬가지다. 하지만 영재 학생들과 일하는 전문가들은 영재 소녀들이 남자는 똑똑한 여자를 좋아하지 않는다고 생각하는 경우가 많다고 말한다. 슬픈 일이지만 여기에는 근거가 있다. 영재와 영재가 아닌 남녀 네 부류 가운데 가장 인기가 없다고 여겨지는 부류가 여자 영재라는 것이다. 같이 잘 어울려 지내야 한다는 강한 사회적 압력을 생각해보면 많은 여자 영재들이 또래에게 배척당하지 않기 위해 자신의 능력을 낮추거나 가치를 떨어뜨리는 이유를 쉽게 알 수 있다. 그리고 이 교훈은 성인이 되어서까지 이어질 수 있다. 남들 앞에서 자신의 능력이나 성취를 '별것 아닌' 것으로 치부하는 행태는 확실히 가면 증후군과 비슷해 보인다. 하지만 자신의 우월한 지능이 특정한 상황에서 득보다 손해라는 걸 느낀다면 그 사실을 무의식적으로 숨길 수도 있다.

'자랑에 대한 반발'을 막으려고 자신의 성과를 낮추는 것과 진짜 자신의 능력으로 그 일을 해낸 게 아니라고 믿는 것에는 차이가 있다. 다시 말해, 당신은 자신의 똑똑함에 편안함은 물론 자부심까지 느낄 수 있지만, 자신의 성취에 대해 이야기하는 게 하찮아 보인다고 생각되면 입을 다물어버리거나 "별것 아니었어.", "운이 좋았을 뿐이야." 같은 말로 일축해버릴 수 있다. 사람들이 '공주병이 있다'고 생각하지 않기를 바라는 것이다. 이런 행동들은 관계를 유지하기 위한 사회적 전략이라는 점에서 적어도 부분적으로는 가면 증후군과 비슷해 보인다.

사람들이 자신에 대해 어떻게 생각할지 신경 쓰다 보면 무리를 해서라도 다른 사람의 감정을 보호해주려고 한다. 그럴 때 겸손함이 유용한 도구가 된다. 그러니까 당신이 여자라면 말이다. 한 연구에서 높은 지능 점수를 받은 대학생들에게 자신의 점수를 점수가 낮은 다른 학생에게 알려주도록 했다. 여학생들은 겸손하게(자랑하는 기색 없이) 자신의 점수를 알려주었을 때 상대 여학생이 자신에게 더 큰 호감을 보인다고 느꼈다. 또한 겸손한 태도가 상대방의 지적 자신감을 높여주었다고 생각했다. 남학생들의 경우는 반대였다. 그들은 자기가 잘한 일에 대해 자랑할 때 여자들이 좋아했으며 남자들도 더 좋게 생각한다고 느꼈다.

마지막으로, 어떤 여성들은 자기가 너무 똑똑해서가 아니라 충분히 똑똑하지 않아서 사람들이 좋아해주지 않을 거라고 걱정하기도 한다. 열네 살의 멜리사 로저스 Melissa Rogers 가 1999년에 전미 스펠링 비 대회에서 20초인 대회 기록과 같은 기록을 세웠을 때, 그녀의 고향에서는 축하 퍼레이드를 열어주었다. 다음 해에 다시 대회에 나가게 되었을 때 멜리사는 적어도 1년 전보다는 나아야 한다는 압박감에 시달렸다. 그녀는 대회를 준비하며 신경쇠약에 걸렸었다고 말했다. "그런 생각이 들었어요. '첫 단어부터 철자를 잘못 말해서 1회에서 떨어지면 어떡하나? 그럼 고향 사람들이 날 좋아해주지 않겠지.'"

## 너무 요구가 많으면 사람들이 좋아하지 않을 거야

대부분의 여성이 임금 협상을 할 때 자신의 가치를 과소평가하는 이유는 분명 자신감 부족 때문이다. 동시에 더 큰 액수를 요구하지 못하는 또 다른 이유는 요구하는 여성에 대한 사회적 현실을 명확히 이해하고 있기 때문이다.

예를 들어, 한 실험에서 관찰자들은 모의 취업 면접 영상에 나오는 남녀 지원자들을 지켜본 후 요구가 많은 여성에 대해 '까다로운', '별로인' 사람으로 인식했을 뿐 아니라, 임금 협상을 시도한 여성 지원자와는 함께 일하고 싶은 마음이 현저히 떨어진다고 말했다. 이 연구에서 한 가지 주목할 점은 남자들은 요구가 많은 여성 지원자들에게 벌점을 준 반면 여자들은 협상을 시도한 남녀 지원자 모두에게 벌점을 주었다는 사실이다.

더 가혹한 평가를 받을 수 있다는 이유만으로 시도해보지도 않고 빈손으로 돌아서야 한다는 뜻은 아니다. 이 실험 결과가 의미하는 것은 어떤 협상이든 전체 구성원이 참여하는 것이 모두에게 이로우며, 특히 여성은 협상하는 동안 호감을 얻기 위해 더 많은 노력을 기울여야 할 수도 있다는 것이라고 연구자들은 말한다.

## 너무 나서면 다른 여자들이 좋아하지 않을 거야

앞서 우리는 가면 증후군자들이 때때로 눈에 띄지 않게 저자세를 유지함으로써 발각의 위험에서 벗어나려 한다는 것을 알게 되었다. 만약 당신이 리더 역할을 맡기 싫어한다면 바로 이 경우에 해당된다고 할 수 있다. 다른 한편으로, 당신은 단지 책임자 자리의 좋은 점과 너무 '나서는' 것으로 보였다가 대인관계에서 발생할 수 있는 문제를 저울질하고 있는지도 모른다. 2008년 걸스카우트에서 실시한 조사에서는 여덟 살에서 열일곱 살까지의 여자아이들 가운데 리더가 되고 싶은 아이들의 3분의 1이 자기가 다른 사람들을 화나게 만들지는 않을지, 비웃음을 사거나 미움을 받거나 너무 나선다고 여겨지지는 않을지 걱정하는 것으로 나타났다.

혼히 우리는 여성 리더에게 나선다는 꼬리표를 다는 게 남자들이라고 생각한다. 여자들이 나선다고 생각하는 다른 여자들에게 갖는 부정적인 반응에 대해서는 잘 듣지 못한다. 경영 전문가 팻 하임 Pat Heim 과 수전 머피 Susan Murphy 는 지금까지 우리가 이루어온 진보에도 "어쩐지 여성들은 스스로 자신의 위상을 낮추려 하는 여성 권력자를 그렇지 않은 사람보다 더 편하게 여긴다."라고 말한다.

여성들은 권력을 휘두르는 남성들에게 익숙해져 있다. 남자 임원이 여자 비서의 책상에 파일을 툭 내던지며 "이거 한 시간 안에 해줘요." 하고 퉁명스럽게 지시해도 괜찮을 수 있는 이유다. 하지만 만약 당신이 다른 여자에게 그런 행동을 한다면, 당신의 호감도는 상당한 피해를 입게 될 것이다. 이것은 하임과 머피가 '권력 동등 규칙 power dead-even rule '이라고 부르는, 여성들 사이에 존재하는 무언의 역학관계와 관련이 있다. 권력 동등 규칙이란 '두 여성 사이에 긍정적인 관계가 성립되려면 두 사람의 자존감과 권력이 각자가 인식하기에 비슷해야만 한다.'라는 것이다.

따라서 남자 임원은 상사와 비서라는 관계에 별 영향 없이 자신의 요구가 받아들여질 것을 자신하며 회의에 들어갈 수 있지만, 여성은 여자 비서와 좋은 관계를 유지하고 싶다면 자존감과 권력이라는 두 가지 필수 요소를 '동등'하게 유지해주어야만 한다. 다시 말해, 일을 맡기기 전에 먼저 시간과 에너지를 들여 주말 계획이나 가족에 대한 수다를 떨거나 하는 방법으로 심리적인 관계 균형을 동등하게 맞춰주어야 한다는 뜻이다.

동등함에 대한 욕구는 여성이 남성에 비해 훨씬 사과를 많이 하는 한 가지 이유이기도 하다. 남들이 보기에나 스스로 느끼기에도 덜 유능해 보일 수 있는 행동이지만 말이다. 어쩌면 자신의 잘못이 아닌 일들에 대해서도 사과할 때가 있을 것이다. 정말로 자기 탓이라고 생각해서가 아니라 관계의 수평을 맞추기 위해서다. 가령 뎁이라는 이름의 동료가 당신에게 잘못된 정보를 보냈다고 가정해보자. 당신은 뎁의 기분이 상하는 것을 원하지 않으므로 필요한 자료가 무엇인지 명확히 말하지 않았던 점에 대해 사과하는 것으로 말을 시작한다. 그러면 뎁은 아마도 오해해서 미안하다고 사과할 것이다. 두 사람 다 사과했으니 모든 것이 '동등'하다. 균형이 이루어졌으니 관계는 흔들림이 없고 당신은 이제 올바른 정보를 받으면 된다.

하지만 만약 뎁의 이름이 데이브이고 데이브는 그 게임을 이해하지 못한다면, 그는 당신이 의례적으로 하는 사과에 대해 "지시가 분명하지 않았던 게 맞아요. 난 정확히 당신이 요청한 걸 보냈으니까요."라는 식으로 대응할 수도 있다. 그러면 당신은 화가 치민다. 사실은 정말로 미안했던 게 아니니까 말이다! 그저 그의 체면을 세워주고 관계를 유지하려고 했던 것일 뿐이니까 말이다.

이 성공 시나리오가 당신에게 해당한다면 다음 질문에 답해보자.

- 성공을 두려워하는 이유가 가면 증후군 때문인가? 사람들과 어울리기 위

해서는 실제보다 덜 똑똑하고 아는 것도 적은 것처럼 행동하도록 배웠기 때문인가? 둘 다라면 각각의 이유가 차지하는 비중이 어느 정도인가?

- 자신의 성취를 낮추는 이유는 자신에게 그럴 만한 자격이 없다고 생각해서인가, 다른 사람이 당신을 좋아하게 만들기 위해서인가?

- 더 많이 요구하지 못하고 주저하는 이유 중 가면 증후군이 차지하는 비중은 얼마이며, 그렇게 요구했다가는 미움받을 것이라는 걱정이 차지하는 비중은 어느 정도인가?

- 협상을 시도하면 사람들이 싫어할 것이라고 생각하는 이유 중 하나가 협상 연구에 참가했던 여성 관찰자들처럼 자신도 사람들이 협상하는 게 마음에 들지 않아서인가?

- 리더가 되고 싶지 않은 이유 중에서 자신감 부족은 어느 정도이며, 다른 여성들과 긍정적인 관계를 유지하려는 욕구는 어느 정도를 차지하는가?

- 어떤 일에 대해 사과할 때 실제로 뭔가 잘못했다고 생각해서 사과하는 경우와 상대의 체면을 세워주기 위한 의례적인 절차로서 사과하는 경우가 차지하는 비중이 각각 얼마나 되는가?

## 더 나아가기

### 요점

배려, 관심, 관계라는 여성의 문화에는 장점이 아주 많다. 동시에 이 타인중심적인 문화는 성공 앞에서 결단해야 할 때 문제를 복잡하게 만들 수 있다. 자신의 성공이 다양한 상황 속에서 다른 사람들과의 관계에 영향을 미칠 수 있다는 것을 알기 때문이다. 결론적으로, 자신의 진로를 결정할 때가 왔을 때 그 결정을 어렵게 만드는 이유가 자신감의 문제인지 관계 문제인지 구분하기 어려울 수 있다.

자신에 대한 남들의 생각이나 자신의 결정이 다른 사람에게 미치는 영향에 대해 완전히 무신경해지는 것은 불가능하다. 그래도 괜찮다. 하지만 다른 사람의 필요와 의견에 휩쓸려 승진 기회를 놓치거나, 자신의 생각을 말하지 못하거나, 성공 기회를 놓치는 일은 없도록 노력하자.

### 당신이 할 수 있는 일

• 일곱 가지 성공 시나리오를 살펴본 후 자신에게 해당하는 시나리오를 찾아 관련 질문에 답해보자.
• 성공을 향해 나아가다가 불안감이 엄습하면, 어느 정도가 가면 증후군 때문이고 어느 정도가 성공으로 영향을 받을 수 있는 여러 가지 일들에 대한 섬세하고 현실적인 인식 때문인지 주의 깊게 살펴보자.

### 다음 단계

성공은 누구에게나 복잡하지만 여성들에게는 특히 더 그렇다. 이제 곧 알게 되겠지만 가면 증후군 외에도 당신을 성공 앞에서 주저하게 만들 수 있는 요인들이 몇 가지 더 있다.

# 당신은 정말로
# 성공을
# 두려워하는가?

# 9장

# 할 수 없는가,
# 원하지 않는가

> 우리가 어떤 사람인지를 잘 보여주는 것은 우리의 능력보다…… 우
> 리가 하는 선택들이다.
>
> _J. K. 롤링 J. K. Rowling

과거에 학교나 직장에서 성과가 좋았다면 앞으
로도 계속 성공적일 거라고 기대하는 것이 합리적이다. 적어도 대부분의
사람에게는 그렇다. 하지만 당신은 대부분의 사람이 아니다. 당신은 지
금까지 자신이 이룬 성과들이 순전히 행운 때문이었다고 믿는 사람이다.
따라서 당연히 더 성공해야 한다는 생각은 스트레스가 된다. 더 많은 책
임이 생길 테고, 더 많은 사람들이 당신에게 의지하게 될 것이다. 위험은
더 커지고 추락할 바닥은 더 멀다. 성공을 거듭할 때마다 당신이 그리 유
능하거나 재능 있는 사람이 아니라는 사실을 사람들이 알아낼 가능성도
커진다.

매일 성공에 대해 많은 생각을 하는 건 아닐 것이다. 스스로 기준을 높
이기로 결정하거나 어떤 일이 일어나 그 기준이 높아지거나 할 때까지는
말이다. 친구 샤론이 겁에 질려서 내게 전화를 한 건 후자의 경우였다.
아주 높고 중요한 직책을 제안받았던 것이다. 더 많은 사람과 더 큰 회사
를 책임져야 하는 자리였다. 엄청난 급여도 따라왔다.

샤론은 잔뜩 들떴고, 또 불안해했다. 이런 식의 대화를 나눈 경험이 많았던 나는 샤론을 진정시켜서 가면 감정에서 벗어나도록 해주는 게 내 역할임을 알고 있었다. 새로운 도전에 직면했을 때 불안을 느끼는 게 얼마나 정상적인 반응인지 상기시켜주고, 그녀는 자기 앞의 어떤 도전에도 대처할 수 있는 능력이 넘치는 사람이며 그런 엄청난 기회를 잡지 않는 건 미친 일이라고 말해주는 것 말이다. 하지만 나는 그러지 않았다. 대신 간단하게 말했다. "어쩜 그 일을 별로 원하지 않나 봐."

샤론은 잠시 충격에 빠졌다가 곧 안도했다. 분명 내 친구는 그 일을 맡기를 두려워했다. 자신이 그 일을 절대 해내지 못할 거라고 생각해서는 아니었다. 사실 샤론에게 일어난 일은 많은 가면 증후군자들에게 일어나는 일이다. 끈덕지게 달라붙는 자기불신의 목소리에 익숙해진 나머지 다른 목소리에 귀 기울이는 것을 완전히 잊어버리는 것이다. 자신이 무엇을 얼마나 알고 무엇을 할 수 있는지가 아니라 '자신이 어떤 사람이며 무엇을 원하는지'에 대해 얘기하는 목소리 말이다.

개인적으로 나는 가면 증후군자들이 성공을 '두려워한다'고 말하지 않는다. 성공이 두렵거나 무서울 수 없다는 뜻이 아니다. 당연히 그럴 수 있다. 특히 자기 자신이 가짜라고 믿는다면 더더욱. 하지만 나는 누구에게나 성공하고 싶은 강한 내적 욕구가 있다고 믿는다. 거기에는 당신도 포함되어 있다. 동시에 나는 샤론처럼 성공의 갈림길에서 머뭇거리는 수백 명의 여성들도 만나보았다.

앞에서 우리는 자신감 부족 외에 스스로를 억제하게 만드는 다른 이유들이 있다는 것을 배웠다. 이제 여기서는 성공 자체에 당신을 망설이게 하는 면들이 있지는 않은지 초점을 맞춰보기로 하자. 성공 불안감이 생길 수밖에 없는 이유들을 몇 가지 알고 나면 좀 더 유리한 위치에서 스스로를 위한 결정을 내릴 수 있게 될 것이다. 당신의 두려움은 할 수 없다는 생각 때문일까, 아니면 그것을 원하지 않아서일까?

## 성공에도 단점이 있을까

말할 필요도 없이 성공에는 분명한 장점들이 아주 많다. 미리 말해두 건대, 내가 여기서 이야기하려는 건 여성으로서 자신의 정당한 자리를 차지하지 말자거나 이미 기울어진 여성의 경제적 지위에 굳이 기여하지 않아도 된다는 말이 아니다. 실제로 나는 이 책의 뒤로 갈수록 여성들에 게 훨씬 더 높은 목표를 가지라고 격려하고 종용할 것이다.

하지만 성공에 대한 정의는 각자 다를 수 있다. 따라서 여기서는 성 공 앞에서 당신을 망설이게 하지만 잘 언급되지 않는 성공의 몇 가지 단 면들을 지적하고 넘어가기로 하자. 예컨대 당신이 지금의 일을 시작한 건 열정이 있었기 때문일 것이다. 복잡한 프로그래밍 문제를 해결하는 걸 좋아했을 수도 있고, 직접 아이들과 접촉하는 일이나 깊이 있는 연구 에 참여하는 걸 좋아했을 수 있다. 문제는 조직이 개별적인 기여자로서 행복해하는 사람들을 데려가 관리자나 관료로 만들어버리고, 위원회에 서 일하게 한다거나 다른 선량한 시민적 기능을 수행하도록 만든다는 것 이다. 그리고 당신은 애초에 그 일에서 느꼈던 매력으로부터 점점 멀어 진다.

사람들이 당신을 전문가라고 생각하는 것도 문제가 될 수 있다. "아무 거나 골라봐."라는 말에 따라 그 길에 들어섰기 때문에 당황스러운 것이다. 하지만 힘들게 전문 지식을 쌓고 그 분야에서 성공하고 나면 놀랍게도 당신은 자신의 일이 미세한 곳에 초점이 맞춰질수록 역할이 점점 더 전문적이고 반복적인 것에 한정될 수 있다는 것을 알게 된다. 시간이 갈수록 당신은 한때 그 일에 갖고 있던 흥미를 잃는다. 자연히 지금보다 더 전문가가 돼야 한다는 생각은 마음을 괴롭힌다.

일반적으로 성공이 더해질수록 복잡함도 그만큼 증가한다. 큰 회사를 운영하며 많은 직원을 관리하고 동시에 여러 가지 프로젝트도 능숙하게 해내고 있다면 별문제가 아니다. 하지만 늘 단순함을 추구하는 스타일이었거나 처음에는 출세가도를 달리는 게 좋았지만 지금은 회사 식물을 관리하는 정원사가 부러워 보인다면, 상황이 복잡해질수록 당신은 점점 더 앞으로 나아가기가 싫어질 것이다.

# 여자는
# 다른 스타일의
# 성공을 원한다

성공에 대한 여성의 관점을 이해하지 못한 채 여성이 가면 증후군에 더 취약한 이유나 성공을 두려워하는 이유에 대해 이야기하는 것은 불가능하다. 실제로 여성들이 전통적으로 남성의 영역이었던 직업 세계에 대규모로 진입하기 시작한 1980년대까지는 어느 누구도 여성이 성공을 두려워한다는 이야기를 한 적이 없었다. 일단 여성이 직업 세계에 발을 들이고 나자 여성들도 당연히 전통적인 성공의 척도인 지위, 돈, 권력을 갖고 싶어 할 거라고 여겨졌다. 그리고 많은 여자들이 그것들을 손에 넣었다. 하지만 모두가 임원이 된 건 아니었다. 혹은 적어도 고위직에서는 배제되었다.

돈, 권력, 지위라는 모델을 받아들이든 받아들이지 않든, 당신은 이 요소들이 작용하는 상황, 즉 연봉 협상을 하거나 자기 분야의 표창 대상자로 선정되거나 승진 대상자로 결정되는 상황에 처하면 '내가 정말 그럴 자격이 있을까?', '내가 진짜 그 일을 해낼 수 있을까?'라는 생각을 하게 된다. 이것은 우연이 아니다. 당신은 자신이 그런 생각을 하는 이유가 자기 능력을 믿지 못해서라고 생각하지만 말이다. 물론 그럴 수도 있다.

하지만 여성들이 생각하는 성공의 정의는 늘 복잡다단했다. 그렇기 때문에 만약 당신이 성공하는 것에 불안감을 느낀다면 그것은 성공의 사회적 정의와 자신에게 가장 중요한 것이 서로 어긋난다는 신호일 수 있다.

지위, 돈, 권력이 중요하지 않은 것이 아니다. 그것들이 당신에게 최고의 가치일 수도 있다. 하지만 전체적으로 여성들은 사적 생활이든 공적 생활이든 그 생활의 질에 더 높은 가치를 둔다(혹은 그렇게 할 수 있도록 '허용되어왔다'고 말해야 할 것이다). 예를 들어, 여성 소유의 기업들이 남성 소유의 기업들보다 규모가 작은 경향을 보이는 것도 이런 이유들 중 하나다. 여성들은 사장이 되어 회사를 가능한 한 크게 키워보고 싶다는 욕망보다는 개인적인 도전 차원에서, 그리고 일과 가정의 융합을 위해서 사업을 시작하는 경우가 더 많다.

분명하게 해둘 것은 우선순위가 다른 것과 목표가 낮은 것은 다르다는 것이다. 아주 유능한 여성들도 성공에 대한 시각은 남자들보다 더 넓다. 여자 의대생, 여자 레지던트, 여자 교수들에게 무엇이 성공인지 정의해보라고 하자 대부분이 "일도 잘하면서 개인의 가치와 책임도 지킬 수 있는 직업적 효율성이 필요하다."라고 입을 모았다. 쉽게 말해서 성공적인 경력과 함께 개인적인 삶도 원한다는 것이다.

물론 남자들 중에도 가족과 시간을 보내기 위해 의무적인 골프 모임을 피하거나 일하는 시간을 줄이려는 사람들이 적지 않다. 불행히도 남자들은 오로지 일과 물질적인 조건으로 성공을 판단하는 시각에 더 많이 매몰되어 있다. 예를 들어, 남자 사업가들은 안정적이고 전통적인 직업을 유지해서 집안의 기둥이 되어야 한다는 가족의 압박이나 경제적 압박감이 기업인으로 성공하는 데 가장 큰 걸림돌이라고 말하는 경우가 여자 사업가들보다 두 배는 더 많다. 성공에 대한 남녀의 태도를 탐구한 한 연구에서는 가족을 희생하면서까지 성공을 추구했던 많은 남성이 나중에는 자신의 삶을 되돌아보며 후회한다는 사실도 드러났다.

## 돈과 명예보다 중요한 것이 있다

많은 여성에게 성공은 일 자체의 특성과도 많은 관련이 있다. 우리는 소득 액수가 여성의 자존감에 그리 큰 영향을 미치지 못한다는 것을 알고 있다. 따라서 돈을 많이 버는 것과 개인적으로 즐겁거나 의미 있는 일을 하는 것 중에서 하나를 고르라면, 여자는 남자보다 후자를 선택할 가능성이 높다. 그렇기 때문에 과학, 기술, 공학 분야에 더 많은 여성들을 유치하기 위해서는 어떻게든 그 일의 사회적 가치를 강조하는 게 중요하다. 여성에게 이상이 얼마나 중요한 역할을 하는지는 한 실험을 통해서도 알 수 있다. 물리학개론 강의를 신청한 대학생들을 대상으로 가장 소중하게 생각하는 가치에 대해 잠깐이라도 떠올려보도록 했을 때, 여학생들은 학과 성적이 상당히 개선되는 결과를 보였다. 반면 남학생들에게는 이 실험이 효과가 없었다.

직업이 자신의 진짜 자아를 반영하지 못하고 있다면 당신은 다른 종류의 사기꾼이 될 수도 있다. 지금 맡겨진 배역은 변호사나 회계사지만 당신의 마음속 깊은 곳에서는 땅을 일구거나 자폐증 치료법을 찾거나 제인 구달Jane Goodall의 뒤를 잇고 싶은 욕구가 가득하다. 하지만 마음의 부름에 귀 기울이는 대신 당신은 취업 면접을 보러 간다. 그리고 자기가 거짓말을 하고 있다는 걸 잘 알면서 이런저런 일들을 좋아한다고 말한다. 그리고 어느 날 문득 잠을 자다 일어나 생각한다. '내가 어쩌다가 이러고 있을까?' 분명 이건 다른 종류의 사기다. 하지만 이런 상황에서는 당신이 느끼는 불안감이 능력을 속이고 있다고 생각하기 때문인지 직업적인 진정성 문제인지 구분하기가 어렵다.

이런 혼란스러운 상황에 갇히는 건 여성들만이 아니다. 어제만 해도 프랭크라는 남성으로부터 '내가 진짜 사기꾼이면 어떡하죠?'라는 제목의 이메일을 받았다. 프랭크는 최근에 물리학 박사를 마치고 박사 후 과정을 하고 있었다. 모든 외적 기준으로 볼 때 프랭크는 성공한 사람이었다. 자신이 이룬 성과에 행복해야 했다. 하지만 이 친구는 너무 불행한 나머지 이제 막 시작되려는 경력을 포기해버릴까 진지하게 고민하고 있었다.

내가 가짜라는 기분을 떨쳐낼 수가 없습니다. 이 분야의 전문가라고 하지만 난 정말 소질이 없어요. 내가 나쁘게 말하는 게 아니라 객관적인 평가가 그래요. 난 내가 뭘 할 수 있는지도 알고, 뭘 할 수 있어야 하는지도 압니다. 그런데 거기에 큰 차이가 있어요.

프랭크가 가짜로 살고 있는 건 분명했다. 하지만 그가 생각하는 것과는 좀 달랐다. 실제로 이메일에는 그가 가면 증후군으로 힘들어한다는 단서가 있었다. 유능한 사람이라고 여겨지려면 '독창적인 아이디어'를 내놓아야 한다는 잘못된 믿음에 사로잡혀 있었다(6장에서 살펴보았듯이 '독창적인 아이디어'에 집착하는 건 타고난 천재 유형임을 알려주는 지표다). 하지만 그의 이메일에 물리학에 대한 열정을 보여주는 내용은 전혀 없었다. 실제로 그의 편지는 이렇게 끝을 맺었다.

너무 우울하고, 어떻게 해야 다시 기분이 좋아질지 모르겠어요. 기본적으로 난 과학 '덕분'에 취미도 전부 포기했어요. 지금은 그저 판에 박힌 채, 아무 필요도 쓸모도 없고 아무도 원하지 않는 사람이라는 기분만 듭니다.

만약 프랭크에게 자신의 취미와 그 취미를 포기할 만큼 자신의 일이 중요하다는 게 문제가 되지 않았다면 그가 굳이 그 말을 꺼내지는 않았을 것이다. 그렇다는 건 그의 주된 문제가 전공 분야에서 성공하는 데 필요한 지능의 부족은 아니라는 뜻이다. 그의 문제는 전공 분야를 완전히 잘못 선택했거나, 분야는 맞지만 공부하고 있는 곳이 맞지 않거나 둘 중 하나였다.

나는 이런 경우를 생각보다 많이 접한다. 특히 교육 수준이 높은 사람들 사이에서 더 흔히 볼 수 있다. 인생의 6년, 8년, 12년이라는 시간과 경우에 따라 10만 달러 이상의 돈을 들여 변호사, 의사, 교수가 되었는데 갈등과 불안감에 시달리고 있는 것이다. 스스로는 아직 그 분야에서 성공하는 데 필요한 지적 재료가 부족해서 불안할 뿐이라고 생각하지만, 실제로 마음속 깊은 곳에서는 자신이 잘못된 길을 가고 있다는 걸 알기 때문일 수도 있다.

만약 당신이 이런 경우라면 낭비되는 건 없다는 걸 알아두자. 지금 시점에서 전체적인 그림을 볼 수는 없지만, 당신이 겪어온 모든 경험은 어떤 식으로든 앞으로 펼쳐질 이야기에 도움이 된다. 내 경우만 해도 그렇다. 나는 박사학위를 따기 위해 엄청난 피와 땀과 눈물을 흘리고서야 내가 하는 일에 학위가 필요하지 않다는 것을 깨달았다. 하지만 그 경험들을 조금도 후회하지 않는다.

그 경험에 힘입어 성인 교육자가 되었고, 그 일을 바탕으로 다시 전문 강사이자 워크숍 리더가 되었으며, 그를 통해 쌓은 업적으로 포춘 200대 기업에 속하는 곳에서 교육·개발 분야 명단의 한 자리를 차지하게 되었기 때문이다. 또 거기서 마케팅 부분 관리진의 한 사람으로 일했던 덕분에 지식과 기술을 익혀 내 사업을 시작할 수 있었으며, 16년이 지난 지금 학생, 회사원, 기업인들을 대상으로 강의한 경험과 지식을 바탕으로 이 책을 쓰게 되었다. 그러니까 내가 하고 싶은 말은 어떤 경험도 낭비되지 않는다는 것이다.

## 성공을 어떻게 정의할 것인가

미국 작가이자 언론인인 크리스토퍼 몰리 Christopher Morley 는 이런 말을 했다. "자기만의 방식으로 자신의 인생을 살 수 있는 것. 그것이 단 하나의 성공이다." 성공을 어떻게 정의하느냐가 중요하다. 가면 증후군을 갖고 있다면 더욱더 그렇다. 그리고 스스로에게 물어보아야 한다. '내가 하는 일과 그 일의 환경이 나의 재능과 우선순위에 맞아도 여전히 지금과 같은 정도로 내 능력을 의심할 것인가?' 그래도 의심할 것 같다면 진로 변경을 생각해봐야 할 수도 있다. 내일 당장 직업을 바꿀 필요는 없다. 하지만 적어도 불안이 찾아올 때 그 원인이 무엇인지는 알 수 있을 것이다. 진로를 변경하기로 결정한다면 무엇보다 자신의 타고난 재능과 관심이 이끄는 방향으로 움직이자.

스스로를 특정한 성공의 틀 속으로 밀어 넣으려 하지 말자. 돈, 권력, 지위에 두는 가치만큼 일과 생활의 균형도, 진정한 자아실현을 위한 일을 추구하는 노력도 똑같이 소중하게 생각하는 사회에 살고 있다면 어떨지 상상해보자. 대부분의 선진국들에서 하는 것처럼 6주 이상의 휴가를 갖는다거나 남자들과 가사를 나누어 시간 부담을 더는 것처럼, 모두에게 도움이 될 수 있는 확실한 해결책들이 있다.

하지만 전통적인 성공의 혜택과 균형 잡힌 삶을 함께 누릴 수 있는 좀 더 새로운 방법은 없을까? 하위직뿐 아니라 조직의 고위직에서도 일자리를 나누는 것이나, 청년들이 고등학교를 졸업하고 대학에 진학하기 전 진로 선택을 위해 다양한 관심 분야를 탐험해볼 시간을 갖는 것처럼 말이다.

나는 여성 사업가들이 경제적 성공을 거둔 후에도 자기 식대로 살아갈 수 있는 방법에 대해 여러 가지로 연구해왔다. 여성들이 경제적인 면에서 상당히 뒤처져 있다는 건 이미 잘 알려진 사실이다. 미국에서 연간 매출이 100만 달러 이상인 여성 기업은 남성 기업의 절반 수준이다.

최근에는 영세한 기업을 수백, 수천 달러의 매출 기업으로 키우는 일에 더 많은 여성 사업가들의 참여를 끌어들이기 위해 직원 고용과 관리, 자산 증식, 대규모 조직을 운영하는 데 필요한 기반 조직 만드는 법 등 경영 전략을 강조한 교육 활동이 활발히 이루어지고 있다. 나는 이런 교육 프로그램들의 존재가 얼마나 반가운지 모른다. 여성들이 사회 구조와 사고의 장벽을 넘어 성장하기 위해서는 절대적으로 필요한 과정이기 때문이다.

지난 15년 동안 소규모 1인 회사를 운영하는 여성 사업가들과 일해오면서 나는 그 가운데 많은 사업체가 더 크게 성장할 잠재력을 갖고 있음을 알게 되었다. 하지만 많은 이들이 자신이 없어서, 또는 자본을 마련할 능력이 없어서, 혹은 둘 다의 이유로 그 잠재력을 억눌렀다. 반면 하나의 제국을 건설하는 데 필요한 요소를 다 갖추고 있으면서도 사람이나 시스템을 관리하고 싶은 욕구가 전혀 없는 사람들도 있었다. 실제로 많은 여성 사업가들이 기업계를 떠난 건 그 모든 것들로부터 벗어나고 싶다는 이유가 컸다.

앨버트 아인슈타인은 말했다. "오늘날 세상에 존재하는 문제들은 그 문제를 만들어낸 사고 수준으로는 풀리지 않는다." 그렇다면 자신의 라이프스타일을 고집하는 여성 기업인들을 고치지 않고도 그들의 기업을 수백만 달러의 매출을 찍는 기업으로 성장시킬 방법은 없을까? 좌절하지 않고 정상에 오르기 위해 부단히 노력하는 노련한 경영자들은 많다. 대규모 회사들을 관리하고 키우는 데 재능을 보여주었으며 기업가가 되고 싶어 하지만 자신만의 사업 아이디어는 없는 사람들 말이다. 그들을 전문 경영인으로 영입하는 것도 한 방법이다.

재무적으로 건실한 여성 기업들을 더 크게 키우는 또 다른 방법으로 능력은 뛰어나지만 복잡한 것을 싫어하는 기업 소유주들과 수백만 달러의 기업을 키워내는 목표를 즐겁게 수행해낼 수 있는 여성 경영자들을 연결해주는 것도 생각해볼 수 있다. 그렇게 해서 이 새로운 벤처가 새로운 재무 목표를 달성한다면 그것은 모두의 승리가 될 것이다.

- 회사 규모의 확장으로 새롭게 창출된 일자리에 고용된 사람들의 승리
- 직원으로 일할 때보다 더 자주적으로 능력을 발휘할 수 있게 된 임원 출신 경영자의 승리
- 처음 흥미를 느끼고 사업을 시작하게 만들었던 부분에서 계속 일할 수 있게 된 회사 창업자의 승리
- 마지막으로 동업 체제가 제대로 작동할 경우, 관련된 모두의 금전적 승리

자신이 갖고 있는 성공의 정의를 확인하기 위해 기업가나 회사 중역

이 될 필요는 없다. 하지만 성공에 대해 분명한 생각을 갖고 일을 시작한다면 자신의 유능함과 성공에 대해 오랫동안 갖고 있던 불안감이 새로운 각도에서 완전히 다르게 보일 수 있다. 지금까지 성공에 대한 두려움이라고 생각했던 것이 사실은 다른 사람이 정해놓은 조건에서 성공하는 것에 대한 건강한 거리낌이었다는 것을 알게 될 수 있는 것이다.

# 성공을 거부하는
# 직접적인 이유들

## 근무 시간 중에는 진실을 말하지 않는 환경

당신은 대단한 야심가이지만 가장 빛나는 별이 반드시 가장 높이 뜨는 것은 아닌 시스템 속에서 떠오르는 별이 된다는 것에 불편을 느낄 수 있다. 그 시스템에서는 채용과 승진이 그 사람의 장점만큼이나 내부 정치, 나이, 심지어는 키와 몸무게 같은 사소한 고려사항들에 기초해 결정될 수 있다. 설령 정상의 자리에 올라간다 해도 당신은 사기꾼이 된 기분에 빠질 수 있다. 자신의 능력을 의심해서가 아니라 그 게임의 실체를 제대로 보고 있기 때문이다. 바로 페기 매킨토시 박사가 수십 년 전에 지적했던 점이다.

실제로 대다수의 연구자들이 가면 정서의 원인으로 가족 역학관계에 초점을 맞추고 있을 때, 매킨토시 박사는 전혀 다른 점에 집중했다. 그녀는 많은 생각을 불러일으키는 그녀의 책《사기꾼 같은 느낌 Feeling Like a Fraud》에서, 가면 증후군이 여성에게 더 흔히 발생하는 이유에 대해 아주 색다른 설명을 내놓았다.

여성들이 사기꾼 같은 기분을 느끼는 건 보통 높은 지위에 올라 찬사를 받는 사람들이 '가장 빛나는 최고'가 아니라는 걸 알기 때문에 자신은 거기에 끼고 싶지 않아서다. 자기가 하고 싶어서 하는 일로 상을 받고 임원이 되고 종신 재직권을 얻고 언론과 인터뷰를 하고 높은 연봉을 받는 것들이 합당한지 생각이 꼬리에 꼬리를 물고 이어지면서 불안과 부조리함과 사기꾼이 된 듯한 기분을 느끼게 되는 건 우리가 매우 현명하기 때문일 수도 있다.

자신과 맞지 않는, 종종 본질보다 형식, 생산성보다 얼굴 익히기, 협동보다 경쟁에 지나친 가치를 두는 시스템 속에서 성과를 내고 있을 때는 일정 정도의 내적 긴장감이 존재할 수밖에 없다. 만약 당신이 이런 경우라면, 당신이 느끼는 사기꾼 같은 기분은 전통적인 성공이 우리에게 강요하는 저급한 속임수와 사기에 대한 건강한 반응일 수도 있다.

아홉 시와 다섯 시 사이에는 진실이 말해지지 않는다는 말이 있는 데는 다 이유가 있다. 가면을 쓰고 있을 때는 자신을 진짜라고 느끼기 어렵다. 그리고 그런 현상은 다른 사람의 게임 판에 들어가서 이기려고 애쓰거나 다른 사람의 꿈을 이루어주고 있을 때 나타난다. 이런 관점에서 볼때 성공에 대해 양가감정을 갖는 것은 현명한 선택일 수도 있다.

## 성공에는 스트레스가 따른다

여성이 승진을 걱정하는 가장 큰 이유는 시간 때문이다. 오라클 사 Oracle Corporation 의 공동사장이자 CFO인 사프라 캣츠 Safra Catz 는 전문기술 분야에 여성의 수가 적은 이유를 묻는 말에 여성 청중들에게 이렇게 대답했다. "더 뛰어나야 해요. 더 열심히, 더 오래, 더 끈덕지게 일해야죠." 더 열심히 더 오래 일할 기회에 기꺼이 뛰어들 생각이 없다면 그건 아마도 아홉 시부터 다섯 시까지의 근무 시간이 이미 여덟 시부터 밤늦게로 바뀌었다는 사실을 알고 있기 때문일 것이다. 게다가 과학 기술이 당신을 끝없이 일에 묶어놓을 것이다.

최고의 자리에 가고 싶지만 그렇게 되면 하루에 열 시간에서 열네 시간씩 일을 하고, 출장을 다니고, 다른 사람이 집안일을 돌봐주는 동안 업무 이후의 활동에 참석하는 일이 더 많아지리라는 것을 당신은 알고 있다. 잘 모르겠다면 전업주부 아내를 둔 75퍼센트의 남자 임원들에게 한번 물어보라. 그런 다음 그들의 대답과 일하는 남편을 둔 74퍼센트의 여성 임원들의 대답을 비교해보라.

여성들은 지위를 막론하고 시간과 힘든 장소 사이에서 탈출구 없이 갇힌 기분이 어떤 것인지 잘 알고 있다. 정신과 의사 애나 펠스는 바로 이런 딜레마적인 상황이 오늘날 일하는 여성들 다수에게 '성공 스트레스'를 일으킨다는 결론을 내렸다. "우리 시대의 여성들은 목표를 설정할 때 야망에 따르는 스트레스와 불편을 얼마나 견뎌낼 수 있는지 먼저 결정해야만 해요." 펠스는 말한다. 그리고 그렇기 때문에 자기 문제를 해결할 시간을 갖는 것이 더욱더 중요하다. 당신은 어떤가? 성공을 피하는 이유가 자신이 부족하다고 느껴서인가? 아니면 정상에 올라가 그 자리를 유지하려면 희생이 따른다는 것을 알고 있기 때문인가?

## 돈이 전부가 아니라는 생각

돈과 여성의 복잡한 관계를 제대로 들여다보려면 책을 한 권 써도 부족할 것이다. 그러니 여기서는 많은 여성들이 자신들의 경제적 성공에

양심의 가책을 느끼게 만드는(성공의 두려움과 쉽게 헷갈릴 수 있는) 돈에 관한 몇 가지 점들을 간단하게 짚고 넘어가기로 하자.

먼저, 언론에서 보이는 것과는 달리 경제적 성공이 반드시 대단한 자신감의 징표는 아니다. 실제로 밝혀진 것을 보더라도 물질주의는 자기불신에서 비롯될 뿐만 아니라 자기불신이 커질수록 물질지향적 성향을 강화시키기도 한다. 심리학자들은 물질주의와 부정적 심리작용의 관계를 근거로 물질주의가 '자기가치 평가의 불안정한 근거'라는 결론을 내렸다.

금전중심주의가 마음에 들지 않는다면 그건 아마도 돈이 사람들에게 어떤 작용을 할 수 있는지 지금까지 봐온 게 있어서일 것이다. 분명 돈은 사회적으로 대단히 좋은 일을 위해 사용될 수 있다. 하지만 당신은 돈이 사람들을 얼간이로 만들 수 있다는 것도 안다. 사실 심리학자들은 사람들에게 돈을 떠올리게 하는 것만으로 다른 사람을 도우려는 마음이 줄어들고 다른 사람들과 멀어질 가능성은 커진다는 것을 알아냈다. 아마도 당신은 '돈이 사람들에게 그런 작용을 한다지만 난 거기에 해당되지 않아요.'라고 생각할지도 모른다.

하지만 사실 돈은 행복을 가져온다. 단지 당신이 생각하는 방식과 다를 뿐이다. 알다시피 중요한 건 돈으로 무슨 일을 하느냐다. 다른 사람들이나 자기 자신을 위해 돈을 쓸 기회가 주어졌을 때, 다른 사람들을 위해 돈을 쓴 사람들이 더 큰 행복을 느꼈다. 당신도 이 사실을 본능적으로 알고 있다. 다만 우리가 사는 사회가 부를 축적하는 능력으로 성공을 가늠하는 사람들을 치켜세울 뿐이다. 자신의 부를 얼마나 잘 나눠주느냐를 기준으로 성공을 평가하는 사람들의 이야기는 훨씬 적다. 하지만 로지

오도넬 Rosie O'Donnell 이 있다. 연예인인 그녀는 여러 해 동안 다양한 자선 단체에 5000만 달러가 넘는 돈을 기부했다. "돈을 벌기 시작했을 때 금전 문제를 봐주는 사람에게 말했죠. '혹시라도 날 〈포브스 Forbes 〉의 부자 명단에 들어가게 만들었다가는 해고될 줄 알아요.'라고요."

돈에 대해 좀 더 사회지향적인 태도를 갖기 위해 억만장자가 될 필요는 없다. 뱁슨대학교의 교수 메리 고드윈 Mary Godwyn 과 도나 스토더드 Donna Stoddard 는 여성 기업인들과의 인터뷰를 통해 아웃사이더라는 위치에서 더 나은 사업 관행이 만들어질 수 있음을 발견했다. 이 여성 기업인들은 개인적인 가치가 확장된 것이 사업의 가치이며, 기업의 이익은 사회적 공익이나 환경의 지속가능성과 균형을 이루어야 한다고 생각한다. "전 세계적으로 여성이 남성보다 수입의 훨씬 더 높은 비율을 공익을 위해 기부한다는 건 통계에 반복적으로 나타나고 있다."라고 이들은 말한다.

돈만으로 성공 욕구를 자극받지 못한다면 그건 당신이 돈의 숨겨진 '비용'에 민감하기 때문일지도 모른다. 당신이 중산층의 라이프스타일을 가지고 있다면 돈이 사람을 자유롭게 할 수도, 혹은 꼼짝 못 하게 가둬놓을 수도 있다는 것을 알 것이다. 당신은 서비스와 시간을 절약해주는 최신 도구들을 구입하는 데 돈을 쓴다. 하지만 이 도구들을 살 수 있으려면 막중한 업무량을 계속 수행해야만 한다. 게리 크로스 Gary S. Cross 는 그의 책《시간과 돈 Time and Money 》에서 이 딜레마를 다음과 같이 요약한다. "더 많은 소비를 선택하는 건 더 많이 피곤해지기를 선택하는 것이다. 그것은 가족 간의 유대를 약화시키고 친구를 줄이는 선택이다. 더 많은 재화를 가지려는 결정에는 온갖 것들이 엮여 있다.

그럼에도 온통 금전적 성공을 찬양하는 노랫소리만 들려온다면 당신은 혼란스러워진다. 누군들 백만장자가 되고 싶지 않겠는가? 이 찬양의 노래는 돈이 세상을 굴러가게 만든다고 이야기한다. 돈이 집세를 내주고 식료품과 옷을 사주며 전기를 계속 켤 수 있게 해준다. 이미 많은 돈을 벌고 있다면 성공이 가져다준 라이프스타일을 유지하기 위해 스트레스를 받을 수도 있다. 하지만 어느 시점에 이르면 '얼마면 충분한 걸까?' 하고 자문하게 될 것이다. 더 많은 것을 사기 위해 더 많은 돈을 벌려고 더 많은 시간을 일하는 진짜 비용을 생각해본다면 "지금 사고 돈은 나중에 내세요."라는 말의 의미가 새롭게 다가올 것이다. 《돈 사용설명서》에서 조 도밍게스Joe Dominguez 와 비키 로빈Vicki Robin 은 이렇게 말한다. "잠깐의 충족감만 안겨줄 뿐 자신의 가치관에 부합하지 않는 일에 인생의 에너지를 쓴다면, 결국 당신의 인생은 지금보다 더 작아져 있을 것이다."

일정한 금전적 기준점에 도달하고 나면 돈조차도 매력을 잃을 수 있다. 만약 출세가도에서 뛰어내리고 싶은 기분이 들거나(혹은 애초에 들어서기를 거부했거나) 중간 관리자의 위치나 자급자족하는 소규모 사업체 운영에 만족하고 있다면 딱히 그 이상을 하기 위한 자신감이 부족해서라고 말할 수는 없을 것이다. 오히려 어떤 여성들에게서는 '난 지금의 자리에서 충분한 돈을 벌고 있어. 골치 아픈 일이 더해지는 걸 누가 원하겠어?'라는 태도를 볼 수 있다.

주로 여성들과 연결되는 '적을수록 좋다.'라는 태도는 대다수 뉴질랜드 사업가들의 태도와 놀라울 정도로 비슷하다. 하지만 모두가 이런 태도에 만족하는 것은 아니다. 〈Inc〉에 실린 한 기사에 따르면 "미국 기업가들이 일과 삶의 균형을 개선하고 싶어 하는 시기에, 뉴질랜드는 국가

정책의 일환으로 라이프스타일 기업가들에게 인생을 즐기는 시간은 조금 줄이고 돈을 버는 데 좀 더 많은 시간을 쓰라고 강요하고 있다."

뉴질랜드 정부가 문제 삼는 건 뉴질랜드의 사업가들이 별장과 보트를 사고 아이들을 학교에 보내기에 충분할 정도로만 일을 한다는 것이다. 그러면서 일과 삶의 균형을 희생하는 대가로 개인의 부를 계속 늘리려는 동기는 사라진다. 대부분이 사업을 간단하게 유지하는 데 열을 올리며 신규 채용을 자제한다. 한 조사에 의하면 인구 400만인 이 나라에 직원이 500명이 넘는 기업은 240개에 불과하다. 살기 위해 일하기보다 일하기 위해 사는 미국과 같은 문화권 출신에게는 아주 놀라운 일이다.

하지만 이제는 돈 있는 사람들마저 부자의 의미를 새롭게 정립하기 시작했다는 징후가 있다. 크리스 록Chris Rock이 CBS의 해리 스미스Harry Smith에게 한 말이 그 점을 잘 보여준다. "부자는 돈이 많은 것과는 상관없어요. 부자는 선택권이 많은 사람이죠."

당신의 자기가치는 남자들만큼 은행 통장에 의존하지 않을 수도 있다. 하지만 당신 역시 지위중심적인 사회에 살고 있다. 당연한 의무만큼 돈을 좇지 않는다고 스스로를 비난하는 때가 생길 수 있다. 그렇기 때문에 무엇이 어떻게 돌아가고 있는지 정확히 파악하는 것이 중요하다. 지금 당신이 충분히 벌 수 있는 것보다 적게 벌고 있는 이유가 자신이 사기꾼이라고 느끼기 때문이라면 자신감을 키우는 데 집중하는 게 옳다. 하지만 더 높이 올라가기 싫은 이유가 금전적으로 더 크게 성공하기 위해 필요한 시간적 부담을 받아들일 수 없다거나 돈을 버는 것은 자신을 망치거나 나쁜 일이라고 생각하기 때문이라면 자신감을 쌓는 것과는 상관없는 일이다. 만약 이런 경우라면 이제 자신이 성공을 두려워하는 사람이라고 규정짓는 일은 그만두고, 자신이 생각하는 성공의 정의가 다를 수 있음을 인정하자.

당신은 어떤가? 돈이 동기가 아니라면 무엇이 당신을 더 열심히 일하고 꿈을 성취하도록 이끄는가? 자신의 금전적 성공을 방해할 뿐만 아니라 금전적인 성공에 죄책감이나 수치심까지 느끼는 특정한 태도를 갖고 있지는 않은가? 부자들을 보면 경멸스러운가, 부러운가? 아니면 두 감정을 조금씩 다 느끼는가?

지금 자신이 돈을 얼마나 버는지, 얼마를 벌고 싶은지도 생각해보자. 다른 대부분의 여자들과 같다면 당신은 아마도 자신이 당연히 받아야 할 액수보다 더 낮은 액수를 떠올렸을 것이다. 그리고 그 액수는 은퇴할 때 실질적으로 필요한 액수보다 더 낮을 것이다. 만약 그렇다면 가난에 숭고함 따위는 없다는 것을 알아두기 바란다. 어떤 액수를 떠올렸든 좀 불안한 마음이 들 때까지 계속 액수를 높여보자. 그런 다음 거기에 2를 곱하자. 원한다면 절반은 다른 사람에게 줘버려도 좋다. 더 크게 생각하는 것만으로 가능한 것에 대한 생각의 폭이 확장될 것이다.

# 편하게 느껴지는
# 성공을 찾아라

각 성공 시나리오 속에 등장한 걱정과 두려움들은 성공에 대한 두려움으로 오인되기 쉽다. 그래서 한발 뒤로 물러나 무엇이 진짜 성공에 대한 두려움인지 알아차리는 것이 중요하다. 다음 단계로 나아가기 두려운 이유가 지적인 면에서나 다른 면에서 자신에게 능력이 없다고 믿기 때문인가, 아니면 각 시나리오에서 거론된 이유들 때문인가? 두 가지가 간단히 구분되지는 않을 것이다. 하지만 상황에 따라 어느 한쪽에 더 가까울 수는 있을 것이다.

이들의 차이를 구분하는 한 가지 방법은 당신이 되고 싶은 자신 있고 유능한 사람이 되었다고 상상해보는 것이다. 만약 엄청나게 유능해진 당신이 똑같은 결정을 앞두고 있다면 어떨 것 같은가? 그래도 여전히 다음 단계로 나아가고 싶지 않다면 그것은 자신감 문제가 아니라 다른 이유가 작용하고 있기 때문이며, 그것에 대해서는 나중에 살펴보기로 하자.

## 나에게 옳은 성공은 무엇일까

여학생들에게 자신의 가치관을 잠깐 떠올려보게 한 것만으로 물리학 시험에서 더 좋은 결과가 나왔다면, 자신에게 가장 소중한 것을 떠올릴 때 어떤 일이 일어날 수 있을지 상상해보자. 잠시 시간을 갖고 성공이 자신에게 어떤 의미인지 생각해보자. 자기 분야에서 두각을 나타내는 것인가? 조직에서 인정받거나 존경받는 것인가? 승진하거나 선출되는 것인가? 유명해지는 것인가? 건강한 가족을 꾸리는 것인가? 정책을 만드는 것인가? 돈을 버는 것인가? 차이를 만드는 것인가? 앞의 모든 일들을 다 합한 것인가? 기억해두자. 정답은 없다. 오직 당신에게 맞는 답만 있을 뿐. 작가인 애나 퀸들런 Anna Quindlen 은 말했다. "자신의 방식대로 이룬 성공이 아니라면, 세상 사람들의 눈에 아무리 좋게 보여도 자신이 진심으로 좋아할 수 없다면 그것은 결코 성공이 아니다."

여기서 내가 성공의 정의를 명확히 해야 한다고 강조하는 이유는 성공에 대한 당신의 두려움에 정당한 이유가 있다고 해도 당신이 일단은 여전히 가면 증후군자이기 때문이다. 좋은 도전 과제만큼 전면적인 자신감 위기를 불러일으키기 좋은 것이 없다. 그리고 라이프스타일이나 돈 문제는 자신의 능력을 억제하며 살아가는 아주 좋은 핑계로 이용될 수 있다.

이 경우를 직접적으로 경험한 건 최근 한 다국적 기술 회사에서 150명의 관리자들과 임원들을 대상으로 진행한 프레젠테이션 자리에서였다. 프로그램이 끝나갈 무렵 중간 관리자급의 한 여성이 손을 들고 자신은 고위 관리자급으로 올라가는 것에 대해 진지하게 고민 중이지만 임원들이 얼마나 더 오랜 시간을 일하는지 알기 때문에 망설이고 있다고 말했다. 시간은 고려해볼 사항이 맞다. 하지만 이어진 대화를 통해 그녀가 대단한 실적을 갖고 있음에도 자신이 고위급으로 올라갔을 때 과연 잘해낼 수 있을지 의심하는 건 가면 증후군 때문이라는 사실도 알 수 있었다. 다시 말해, 둘 다 원인이었다.

당신 역시 성공을 추구하는 것에 대해 두 가지 마음을 갖고 있을 수 있다. 만약 그렇다면 그녀에게 했던 것과 같은 말을 들려주고 싶다. 회사 임원이 되든, 거대 기업을 세우든, 공무원이 되든, 아카데미상에 도전하든, 일단 해본 다음 좋은지 싫은지 결정하면 안 되겠느냐는 것이다. 프레젠테이션이 끝나고 여자 네 명이 나를 찾아왔다. 그들이 알고 싶은 건 한가지였다. "정말 그 여성이 도전해야 한다고 생각하느냐, 아니면 그렇게 말해야 한다고 느껴서 그렇게 말한 것이냐?" 이런 질문을 한다는 사실이 이 문제가 얼마나 해결하기 어려운지 말해준다.

## 더 나아가기

### 요점

더 큰 성공 기회가 찾아왔는데 관심이 생기지 않는다면 그것이 성공에 대한 두려움 때문인지 자기불신 때문인지 헷갈릴 수 있다. 실제로 자신감 문제와 관계없이 앞으로 나아가는 것을 망설이게 만드는 요소들이 있다. 자신이 생각하는 성공과 사람들이 기대하는 성공의 불일치, 성공에 따르는 부가적인 의무들, 돈에 대한 가치관 같은 것들이다. 그럼 이제 이것들이 당신 스스로 해결할 수 있는 문제라는 것을 알고 나니 어떤 기분이 드는가? 해결하지 못할까 봐 걱정스러운가, 아니면 그냥 해결하고 싶지 않은가?

### 당신이 할 수 있는 일

- 능력이나 자신이 없어서라는 이유 외에 성공을 향해 나아가기가 불안하거나 애매한 기분이 드는 다른 이유들을 살펴보자. 자신과 맞지 않는 일을 하고 있다거나, 일의 복잡성이 커졌다거나, 전문가의 함정에 빠졌다거나, 좋아하는 일을 할 시간이 줄어들었다거나 하는 여러 가지 이유가 있을 수 있다.
- 좋아하는 일과 관련이 없거나 적은 직업을 갖고 있다면 타고난 능력과 재능을 제대로 발휘할 수 없기 마련이다. 직업 변경을 고려하고 있다면 무엇을 해야 할지 걱정하기보다 '내가 정말로 좋아하는 일은 무엇인가?' 스스로에게 물어보자. 그래도 확신이 서지 않으면 진로 상담사를 찾아 상의하자. 자영업에 관심이 있다면 당신의 관심 분야에서 돈을 버는 방법을 조언해줄 전문가를 찾아보자.
- 15분쯤 시간을 내서 자신에게 성공이 어떤 의미인지 적어보자. 쓰다가 막히면 질문을 바꿔서 이렇게 물어보자. '돈, 지위, 권력을 갖기 위해, 또는 성공하기 위해 내가 희생하고 싶지 않은 것은 무엇인가?'
- 자신과 돈의 관계를 점검해보고, 돈이 자신의 성공 욕구에 어떤 영향을 미치는지 살펴보자.

### 다음 단계

이번 장과 앞 장에서는 사람들과의 관계와 성공에 대한 관점이 여성들의 자신감 문제와 어떻게 혼동될 수 있는지 살펴보았다. 이제 주제를 바꾸어 다음 장에서는 모든 가면 증후군자, 특히 여성 가면 증후군자들이 도전해야 할 과제에 대해 살펴보기로 하자. 실제로 느끼는 것보다 더 자신 있게 행동하는 법이다.

# 될 때까지
# 되는 척하기
# 전략

# 비합리적 자신감 증후군 vs
# 모든 것에 답하려는 남성 증후군

| 난 잘 모르면서 잘 아는 척하는 걸 아주 잘하죠. |

_크리스천 시리아노 Christian Siriano,
〈프로젝트 런어웨이 Project Runaway〉 패션디자인 우승자

마침내 당신은 다른 모든 사람들이 생각하듯 스스로를 똑똑하고 유능하며 성공한 사람이라고 인식하기 시작했다. 하지만 아직 완전하지는 않다. 많은 진전이 있었지만 여전히 약간(혹은 많이) 흔들릴 때가 있다. 바로 이럴 때 모든 초보자들과 가면 증후군자들이 자주 듣게 되는 조언에 귀 기울일 필요가 있다. '될 때까지 되는 척하라.' 요는 게임을 시작할 때 자신감이 생길 때까지 기다리지 말라는 것이다. 다시 말해, 마치 부당한 성공을 바라듯 행동하는 한은 미치게 떨리는 게 정상이라는 것이다.

이 전략은 이미 당신이 씨름하고 있는 문제와 충돌하는 것처럼 느껴질 수도 있다. 지금껏 실제보다 더 자신 있는 척하며 살아왔는데 결과적으로 더 사기꾼 같다는 느낌만 강해지지 않았던가. '지금도 이미 사기꾼 같은데 더 그런 척하라고?' 이런 생각이 드는 게 당연하다. 모순되게 들린다는 것도 안다. 하지만 당신의 의문에 짧게 대답하겠다. 네, 그렇습니다. 당신의 진짜 모습 그대로 똑똑하고 유능한 사람처럼 행동하세요. 늘

그런 기분이 드는 건 아니라도 말입니다.

'마치 그런 것처럼 행동하라.'라는 말에 붙은 전제는 당신이 하는 행동이 바로 당신이 된다는 것이다. 제임스 테일러 James Taylor 에게는 효과가 있었다. 가수 겸 작곡가로 그래미상을 받기도 했던 그는 이렇게 말했다. "곡을 쓸 줄 아는 척하면서 작곡가가 됐어요. 알고 보니 내가 진짜로 곡을 만들 줄 알더라고요." 못 한다고 생각했던 일을 할 수 있다고 생각하면 진짜 자신감이 생길 수 있다.

'될 때까지 되는 척하기'는 단지 말에서 그치지 않는다. 다른 척 행동하면 진짜 다른 기분이 들 수 있다는 것은 실제로 증명된 사실이다. 웨이크포레스트대학의 과학자들이 학생 50명에게 그룹 토론에서 15분 동안 '비록 그런 기분이 아니더라도' 외향적인 사람처럼 행동해달라고 요청했다. 그 결과 더 자신 있고 활기차게 행동한 학생일수록 더 행복하다고 느꼈다. 자신감도 마찬가지다. 선거에서 당선될 수 있을지, 다음 학위를 따거나 목표를 이룰 수 있을지 여전히 심각하게 의심할 수 있다. 중요한 건 일단 시작하는 것이다.

그럴 기분이 아닌데 자신 있게 행동하기란 쉽지 않다. 여성들은 특히 더 그렇다. '될 때까지 되는 척하기' 전략의 장점을 알지만 활용하지 못할 수도 있다. 하지만 그 이유는 당신이 생각하는 것과 다를 수 있다. 이미 엄청난 사기꾼이 되어버린 기분일 때 자신 있는 척하기는 더 어렵다. 하지만 가면 증후군이 아니라도 자신 있는 척하는 게 불편하게 느껴질 수도 있다.

## 가면 증후군과 배치되는 또 다른 증후군들

버트런드 러셀은 말했다. "세상의 문제는 어리석은 자들은 늘 확신에 차 있으며 현명한 사람들은 스스로를 지나치게 의심한다는 데 있다." 당신이 '척하기'를 싫어하는 이유에는 근거 없는 자신감으로 무장한 사람들이 너무 많다는 사실도 포함되어 있을 것이다.

자신감 척도의 한쪽 끝은 가면 증후군이다. 당신처럼 자신감이 넘치고도 남아야 하는데 그렇지 않은 아주 유능한 사람들이다. 다른 한쪽 끝은 잘 알려지지는 않았지만 훨씬 더 위험한 상태라고 할 수 있는 '비합리적 자신감 증후군 ISC'이다. 〈로키 마운틴 뉴스Rocky Mountain News〉의 전직 기자 에리카 히스Erica Heath가 근거 없는 자신감을 설명하기 위해 만들어낸 아주 딱 떨어지는 이름이다. 〈아메리칸 아이돌American Idol〉이나 〈아메리카 갓 탤런트America's Got Talent 〉 같은 쇼 프로그램의 오디션 참가자들을 본 적이 있다면, 자기 능력의 한계를 인식하지 못하는 듯한 사람들도 본 적이 있을 것이다.

텔레비전에서 볼 때는 재밌다. 하지만 말만 그럴듯할 뿐 실력 없는 사람과 함께, 혹은 그 밑에서 일을 해야 한다면 하나도 재미있지 않다. "허풍과 극도의 자신감으로 무장한 사람들은 영업, 마케팅, 선출직 분야의 곳곳에 자리 잡고 있다."라고 히스는 책에서 말한다. "일단 그런 사람이 조직에 들어와 일을 제대로 한다면, ISC 환자임을 알아차리기가 어려울 수 있다." 시간이 흘러 ISC 직원이 직급 사다리를 타고 올라가 더 큰 예산과 더 많은 인력을 얻고 나면, 그들은 흔히 발각되지 않기 위해 자기가 맡은 부서를 개편한다고 그녀는 말한다. "그중에서도 뛰어난 사람들은 이런 속임수를 몇 번 성공시킨 다음 직장을 옮길 때가 되었다는 걸 감지

한다. 엉망이 된 일들과 화난 동료들을 남겨두고, 화려한 말솜씨로 더 좋은 새 직장에 들어가기에 딱 알맞은 때에 말이다."

분명히 해두자. 이것은 자신이 모든 걸 알 수 없다는 것을 인정하지만 그럼에도 뛰어들어보는 건강한 자신감과는 다르다. 이런 종류의 자신감은 가면 증후군을 극복하는 데 꼭 필요하다. 반면 지금 여기서 이야기하는 건 자기가 정말로 모든 걸 안다고 생각하는, 거만한 자신감을 가진 사람들의 위험성이다.

기업가로서 자신이 가면 증후군임을 밝힌 스티브 슈워츠 Steve Schwartz 는 말한다. "문제는 그런 사람들은 자기가 하는 일에 대해 잘 알고 있다고 생각하게 만든다는 거예요. 그러면 사람들은 그들을 믿고, 그들이 잘할 것 같아 보이는 일을 맡기죠. 물론 이 사람들은 당연히 자기가 그 일을 하는 방법을 알고 있다고 생각하기 때문에 방법을 찾아보거나 진짜 그 일을 아는 사람들과 상의하지 않습니다."

이것은 연구 결과로도 뒷받침된다. 일을 못하는 사람들은 대체로 자신의 능력에 큰 자신감을 갖는 반면, 일을 잘하는 사람들은 결과를 더 겸손하게 예측하고, 따라서 자기평가를 더 정확하게 내리는 경향이 있다. 분명히 해두지만 근거가 있든 없든 자신감을 가진 사람들 모두가 부족하거나 무모한 건 아니다. 그럼에도 우리 모두는 실제 지식보다 자신감이 과하게 앞서는 사람들을 만나본 경험을 갖고 있다.

가면 증후군에 관한 연구는 수백 가지에 이르며 그 중 90퍼센트는 여성 연구자들에 의한 것이다. 이상한 건 비교할 수 없을 만큼 많은 남성들을 괴롭히는 또 하나의 현상이 존재함에도 이에 대한 관심은 매우 부족했다는 사실이다. 소위 '모든 것에 답하려는 남성 증후군 male answer syndrome'이다. 이 말은 1992년 〈어트니 리더 Utne Reader〉에 실린 제인 캠벨 Jane Campbell의 기사에 제일 처음 등장한 것으로, 그녀는 '실제 지식과 무관하게 질문에 답하는 고질적 행동'을 설명하기 위해 이 용어를 사용했다. 물론 모든 남성들이 이런 충동을 느끼는 건 아니다. 캠벨에 따르면 "몰라요."라고 말하는 걸 좋아하는 남자들이 많지는 않아서, "그건 여기서 중요하지 않아요." 같은 말을 선호한다고 하지만 말이다. 캠벨은 이 증후군이 어떤 식으로 작동하는지 비꼬듯이, 하지만 정확하게 설명한다.

남자들은 '내가 이 주제에 대해 아는 게 있나?'라거나 '내가 하려는 말이 흥미로울까?' 같은 사소한 배려 따위에 방해받지 않으려고 애쓴다. 그들은 질문을 넓은 관점으로 바라본다. 그래서 그것을 구체적인 정보에 대한 요구라기보다는 몇 가지 이론을 펼치고 한두 가지 편견을 퍼뜨리며, 두어 마디 농담을 해달라는 제안처럼 취급한다. 어떤 남자들은 인생이 토크쇼이고 자기들은 거기에 나오는 스타 게스트라고 생각하는 듯해 보인다. 당신이 "베네수엘라의 수도가 어디죠?"라고 물으면 그들은 "어린 시절 얘기 좀 해줘요, 밥."이라고 듣는다.

사우스웨스턴대학 심리학 교수들은 이 '모든 것에 답하려는 남성 증후군'이라는 것이 정말로 존재하는지 알아보기로 했다. 일련의 연구를 통해 그들은 다음 세 가지 사실을 발견했다. 첫째, 남녀 모두 어렵거나 애매한 질문을 접할 때 모른다고 인정하기보다 논리적으로 들리는 대답을 생각해내야 한다는 압박감을 느끼는 사람들이 일부 존재한다는 것을 알고 있다. 둘째, 남녀 모두 그런 경향은 남성에게 훨씬 더 흔하다고 생각한다. 셋째, 그들이 옳다.

'비합리적 자신감 증후군'의 허세와 '모든 것에 답하려는 남성 증후군'의 잘못된 권위가 결합되면 보다 더 전형적인 또 하나의 남성적 경향이 탄생한다. 여기에는 다른 사람, 특히 여자들을 '계몽'해야 한다는 강박을 느끼는 소수의 목소리 큰 무지한 남성들이 포함된다. 이런 것들을 모른 채 당한다면 당신의 자신감은 바닥으로 떨어질 수도 있다.

〈로스앤젤레스 타임스Los Angeles Times〉에 실린 〈설명하는 남자들 Men Who Explain Things〉이라는 강렬한 에세이에서, 수상 경력이 있는 작가 리베카 솔닛 Rebecca Solnit은 남자들이 '자기가 무슨 말을 하는지 알든 모르든' 그녀 앞에서 이런저런 설명을 늘어놓았던 수많은 경우들을 회상한다. 그 글에는 자신과 친구 샐리, 그리고 그들의 거만한 파티 호스트 사이에 오갔던 대화가 묘사되어 있다.

그가…… 내게 말했다. "자, 그래서, 책을 한두 권 쓰셨다고 들었습니다만."

나는 대답했다. "사실 그보다는 많아요."

그는 마치 친구의 일곱 살 난 아이에게 플롯 연습이 어땠는지 말해보라고 부추기듯 말했다. "뭐에 관한 걸까요?"

사실 책들은 여러 가지 주제에 관한 것들로 그즈음에는 예닐곱 가지에 달했지만, 나는 2003년 그 여름날과 가장 가까운 시기에 나온 책에 대해서만 이야기하기 시작했다. 에드워드 마이브리지 Eadweard Muybridge (영국의 사진작가-옮긴이)에 관한 것으로, 시공간의 전멸과 일상의 산업화에 대해 얘기하는 책이었다.

마이브리지의 이름이 나오자마자 그가 내 말을 자르고 끼어들었다. "올해 마이브리지에 관한 아주 중요한 책이 나왔는데 들어봤나요?"

나는 천진난만한 여성이라는 주어진 역할에 몰두해 있던 나머지, 내 책과 같은 주제에 관한 다른 책이 동시에 나왔을 가능성을 받아들일 만반의 준비가 되어 있었지만, 어쩌다 그 말을 할 기회를 놓치고 말았다. 이미 그는 내게 그 중요한 책에 대해 이야기하고 있었다. 남자들이 뭔가 설명을 늘어놓을 때 짓는, 내가 아주 잘 아는 그 우쭐한 표정으로, 눈은 저 멀리 흐릿하게 보이는 자기 권위의 지평선에 고정시킨 채로……

그렇게 아주 중요한 호스트님이 내가 알고 있었어야 하는 이 책에 대해 잘난 척 이야기를 이어나가고 있을 때, 샐리가 끼어들었다. "그게 이 친구 책이에요." 아니, 어쨌든 끼어들어보려고 했다.

그들의 파티 호스트는 이에 굴하지 않았고, 샐리는 마침내 그가 무슨 말인지 알아들을 때까지 서너 번 더 끼어들어야 했다. 그때서야 그는 정말 솔닛이 그 아주 중요한 책의 저자라는 사실에 놀라서 입을 다물었고, 알고 보니 심지어 그 책을 읽은 것도 아니고 그 책의 서평을 읽었을 뿐이었다. 솔닛은 이어서 적는다. "잠시 후, 그는 다시 뭔가에 관해 장황하게 이야기를 늘어놓기 시작했다. 우리는 여자인지라, 공손하게 그가 들을 수 없는 곳으로 나와 웃기 시작했다."

물론 이런 남자들은 다른 남자들도 가르치려든다. 그리고 솔닛의 말대로 '무의미한 것들과 음모론에 대해 설명을 늘어놓는 여자들'도 있다. 하지만 그녀는 말한다. "자신이 전혀 모르는 것에 대해서까지 대결적 자신감을 보이는 건, 내 경험으로는 남성들이다." 다른 많은 여성들의 경험도 그렇다.

불행하게도 여성들은 틀린 정보를 자세히 설명하는 사람을 불신하기보다 종종 자기 자신을 의심한다. 솔닛의 경우를 보자. 그녀는 높은 평가를 받는 책 여섯 권을 쓴 성공한 작가다. 이 정도의 성공을 거둔 여성이 한순간이나마 그녀의 말대로 "나의 흔들리는 확신보다는 아주 중요한 호스트님과 그의 과도한 자신감을 믿을 준비가 되어 있었다."라면, 아는 게 훨씬 더 많다고 추정되는 사람의 우월한 말투가 스스로 경력이 미천하다고 생각하는 사람에게 미칠 타격감을 상상하기란 어렵지 않다. 이런 종류의 '대결적 자신감'의 상대가 되어본 적이 있다면 그것이 얼마나 위협적인지 알 것이다. 설명하고 가르치려 드는 남자가 나이가 더 많거나 직책이 더 높거나 당신에게 힘을 행사할 위치에 있거나 또는 이 모든 걸 갖춘 사람이라면 더더욱 말이다.

솔닛이 이를 잘 말해준다. "그러한 현상은 어느 분야 어느 여성에게든 종종 힘든 상황을 만들며, 자기 생각을 말하지 못하게 막고, 말을 해도 들리지 않도록 만들며, 길거리의 희롱 방식으로 이곳은 그들의 세상이 아님을 보여줌으로써 젊은 여성들을 침묵하도록 뭉갠다. 그것은 우리에게 자기불신과 자기절제를 훈련시키듯 남성들의 근거 없는 자신감 과잉을 키운다."

## 자리를 떠나거나, 그와 싸우거나

물론 모든 걸 가르치려 드는 자기중심적인 남자와 이따금씩 부딪힌다고 해서 자신감에 장기적인 영향을 받지는 않을 것이다. 하지만 당신의 부모, 교사, 직장 상사가 치명적인 오만함의 소유자였다면 당신은 '척하는 행동'에 대해 영원히 부정적인 시각을 가질 수 있다. 당신은 생각한다. 될 때까지 되는 척한다는 게 그런 거라면 난 하고 싶지 않다고.

실제로 이런 사람을 만났을 때 제일 처음 해야 할 일은 상황을 있는 그대로 보는 것이다. 우선, 그 사람이 자기가 무슨 말을 하는지 알고 있다고 성급히 추정하지 말자. 그리고 절대 자기 자신의 지식이나 판단력을 의심하지 말자. 그 사람이 허풍쟁이라는 게 본능적으로 느껴지면 그 본능을 믿자. 이런 종류의 무지한 허세는 사람을 화나게 만든다. 혈압이 오르는 게 느껴진다면, 슬프게도 자기 자신이 너무 중요한 그 사람에게 화를 내지 말고 안쓰러움을 갖자. 그러면 도움이 될 것이다. 무엇보다 중요한 건 그런 상황이 벌어지고 있는 건 모두 그 가르치려 드는 사람의 불안한 정서나 나르시시즘 때문이지 당신이나 당신의 지식, 능력과는 아무 관계가 없다는 것을 기억하는 것이다.

잘 알지도 못하는 남자가 자신에게 뭔가를 설명하고 가르치려 할 때 선택할 수 있는 두 가지 방법이 있다. 그 자리를 떠나거나 그와 싸우는 것이다. 정확한 정보로 대응하기로 결심했더라도 그 남자가 어떤 식으로든 그것을 받아들일 가능성은 제로에 가깝다는 걸 인정하자.

하지만 그 상황이 어떤 식으로든 당신이나 당신의 일에 해가 된다면 물러서야 한다. 공개 토론회일 경우에는 특히 더. 누군가의 대결적 자신감 앞에서 입장을 고수하기 위해 대립할 필요는 없다. 대신 조용하지만 분명하게, 확실한 말투로 사실을 바로잡자.

당신은 어떤가? 잘 모르면서 이런저런 것들을 가르치려 드는 남자나 여자를 상대해본 적이 있는가? 그렇다면 그때 스스로에 대해 어떤 기분이 들었나? 그 경험이 '될 때까지 되는 척하기' 전략에 대한 당신의 생각에 얼마나 영향을 미쳤나? 이제 과잉 자신감의 가짜 권위에 대해 알게 되었으니, 앞으로는 어떻게 느끼고 어떤 말과 행동을 할 것 같은가?

지금까지 살펴본 과잉된 자신감은 불쾌한 데다 위험할 수도 있다. 그러니 그들처럼 행동해야 한다고 말하는 것 같은 '될 때까지 되는 척하기' 전략에 의심의 눈초리를 보내는 건 당연하다. 실제보다 더 많이 아는 척하는 것은 사기를 치는 것 같으니까 말이다. 악랄한 정치인, 비양심적인 중고차 판매인과 수리업자, 그 밖에 '뻥쟁이'를 연상시키는 자들이나 할 짓인 것 같으니까 말이다.

# 남자들은 뻥치는 것도
# 능력으로 생각한다

테드 코펠 Ted koppel 은 모르겠지만, 사실 그는 내 인생을 바꾸어놓았다고 할 수 있다. 적어도 그의 말은 그랬다. 방송 언론인이자 상을 받은 심야 뉴스 프로그램 〈나이트라인 Nightline 〉의 오랜 진행자인 그는 세계적인 지도자, 과학자, 수많은 분야의 주요 전문가들을 인터뷰하며 경력의 대부분을 보냈다. 1985년 〈뉴스위크〉의 학생 특집판에서 수석 편집자이자 칼럼니스트인 조나단 알터 Jonathan Alter 가 질문자가 되어 코펠을 인터뷰한 적이 있었다. "어려운 질문을 할 수 있을 만큼 그 주제에 대해 잘 알지 못한다고 느낀 적이 있나요?" 그때 코펠이 한 대답은 세상에 대한 나의 시각을 영원히 바꿔놓았다. 그는 말했다. "아뇨. 할 수 있으면 주제에 대해 가능한 한 많이 알고 들어가려고 하지만 별로 아는 게 없어도 그걸 핸디캡이라고 생각하지 않아요." 자신을 시청자를 위한 통로라고 생각한다는 게 한 가지 이유였다. 자기가 이해하지 못하면 시청자들도 이해하지 못할 거라고 그는 생각했다. 별로 아는 게 없어도 느긋할 수 있는 사람이 있다는 사실은 한두 가지 사소한 요건이 부족하다는 이유로 자격이 없다며 스스로를 깎아내리기에 익숙한 사람에게는 충격인 동시에 깨달음이다.

하지만 이 말도 내 인생을 바꾼 건 아니었다. 내 인생을 바꾼 건 그가 그렇게 침착할 수 있는 이유로 내놓은 말이었다. "내 생각엔 내가 짧은 시간 안에 충분한 정보를 캐치해서 그중 제일 괜찮은 걸 가지고 '뻥'을 좀 칠 줄 아는 것 같아요." 여기를 주목하시라. 바로 이 점이 대부분의 여성과 대부분의 남성의 핵심적인 차이다. 코넬대학교의 강연에서 내가 이 점을 언급했을 때 객석에 있는 한 교수는 큰 소리로 동감의 말을 외쳤다. 그는 말했다. "남자들은 뻥치는 걸 능력으로 생각할 뿐 아니라, 그걸 정말로 잘하면 예술가급으로 봐주죠!"

물론 자기 목숨이 걸려 있어도 절대 뻥 따위는 못 치거나 안 칠 남자들(내 아버지도 포함해서)도 많다. 하지만 일반적으로 남자들이 여자들보다 이런 식의 즉흥적인 대처에 더 능한 것은 사실이다. 그리고 바로 이 차이가 남성들이 '될 때까지 되는 척하기' 전략을 더 자연스럽게 받아들이는 이유이며, 우리가 가면 증후군이 남녀 모두에게 같은 의미인지 생각해보아야 하는 이유다.

어떤 사람의 가면 증후군 여부를 평가하기 위해 연구자들이 사용하는 질문지에는 '나는 실제보다 더 유능하다는 인상을 줄 수 있다'라는 문장이 있다. 이 질문에서 높은 점수를 받으면 대체로 여기서 우리가 이야기하는 '사기꾼이라는 수치심'을 느낀다는 뜻이다. 하지만 만약 이 질문에 '당연하지. 난 실제보다 더 유능하다는 인상을 줄 수 있어. 그럴 수 있다는 게 얼마나 대단해?'라는 뜻으로 '그렇다'라고 대답한다면 어떻게 될까? 이런 질문을 하는 이유는 지금까지 정확히 이런 식으로 생각하는 남자들을 꽤 많이 만나보았기 때문이다. 앞서 나왔던 허풍쟁이들을 말하는 게 아니다. 코펠처럼, 자신이 가끔 '있는 척, 아는 척'한다는 사실을 선뜻, 그리고 자랑스럽게 인정하지만 그것을 문제로 느끼지 않는 훌륭한 남자들에 대한 이야기를 하는 것이다. 이런 관점에서 본다면 사기꾼이 된다는 것도 그 의미가 완전히 달라진다.

어떤 관점도 옳거나 그르지 않다. 하지만 적어도 속이는 것에 대해 유독 여성들이 많이 갖는 편견이 스스로를 방해할 수 있다는 건 알아야 한다. 모든 자격을 갖출 때까지 기다리는 동안 당신의 많은 남성 동료들은 '될 때까지 되는 척하기' 방식의 건강한 장점들을 100퍼센트 활용하고 있을 테니까 말이다.

## '뻥'에 반감이 생기는 이유

즉석에서 어떤 걸 만들어내는 사람들을 흔히 '뻥쟁이'라고 한다. 이게 정확히 무슨 뜻일까? 이 질문에 답하려면 우리는 지금까지 쌓인 무수한 '뻥'들 속으로 발을 깊숙이 들여놓아야 한다. 나는 뻥치는 걸 끔찍이 싫어하는 여성들을 많이 만나보았다. 만약 당신도 그중 한 명이라면, 제일 먼저 권하고 싶은 건 이 말을 당신이 참아줄 수 있는 다른 말로 바꿔보라는 것이다. 말을 바꿔보라는 이유는 일어나고 있는 현상을 가리기 위해서가 아니라 실제로 무슨 일이 일어나고 있는지 명확히 하기 위해서다. 테드 코펠이 "별로 아는 게 없어도 그걸 핸디캡이라고 생각하지 않아요."라고 말한 이유는 '자신이 짧은 시간 안에 충분한 정보를 캐치해서 그중 제일 괜찮은 것을 가지고 뻥을 칠 줄 안다'는 걸 알고 있기 때문이다. 마지막 말을 강조하는 이유는 그가 하는 말을 정확히 이해하길 바라서다. 이 사람은 뛰어난 방송 언론인이다. 그런 그가 거짓말, 속임수, 조작에 대한 이야기를 하는 걸까? 그렇지 않다.

그렇다면 어떤 식으로 말해야 코펠이 전하는 의미를 당신이 좀 더 편하게 받아들일 수 있을까? 상황에 따른다? 버틴다? 대화의 흐름에 따라간다?

순간에 집중한다? 본능을 믿는다? 즉흥적으로 대처한다? 뭐든 상관없다. 중요한 건 살다 보면 직감에 따를 줄 알아야 할 때가 있다는 걸 인정하는 것이다. 이런 식으로 흐름을 따라가다 보면 해방감을 느낄 수도 있다. 하지만 뻥치기를 '될 때까지 되는 척하기' 방식과의 관계 속에서 다시 조명해볼 마음이 전혀 없다면 그런 종류의 자유를 절대 경험해보지 못할 수도 있다.

당신을 비롯해 많은 여성들이 왜 즉석에서 해결해나가는 걸 어려워하는지 알아보기 위해 뻥에 관한 권위자로 우뚝 선 한 사람을 만나보기로 하자. 해리 프랭크퍼트 Harry Frankfurt, 프린스턴대학교 철학과 명예퇴직 교수다. 1986년에 그가 썼던 《개소리에 대하여 On Bullshit》라는 짧은 에세이는 프린트사이즈의 책으로 출판되어 깜짝 베스트셀러가 되기도 했다. 뻥의 본질에 관한 프랭크퍼트의 고찰은 전반적인 '척하는 행동', 구체적으로는 뻥에 관해 여성들이 흔히 갖는 불안감을 살펴보는 데 유용한 출발점이 된다.

시작하기 전에 한 가지 명심해둘 것이 있다. 가면 증후군을 극복하기 위해 '뻥의 고수'가 될 필요는 없다. 하지만 '될 때까지 되는 척하라'는 조언에 자신이 왜 무의식적인 저항감을 갖는지에 대해서는 이해해야 한다. 그래야 척하는 행동에 장점이 있는지 없는지 스스로 판단할 수 있다.

### "너무 거짓말하는 것 같잖아요."

지금까지 내가 여성들로부터 들었던 가장 큰 반대 이유는 척하는 건 정직하지 않다는 것이다. 뻥이 거짓말의 다른 말일 뿐이며 진정성이 중요하다고 생각한다면 척하는 행동에 거부감이 생길 것이다. 하지만 프랭크퍼트는 독자들에게 에릭 앰블러 Eric Ambler 의 소설 《더티 스토리 Dirty Story》의 한 구절을 소개한다. 소설 속 인물이 소년 시절 아버지에게 들었던 교훈이다. "뻥을 쳐서 헤쳐나갈 수 있을 때는 절대 거짓말을 하지 마라."

다시 말해 거짓말쟁이와 달리 뻥쟁이는 "진실의 편도, 거짓의 편도 아니다……. 뻥쟁이는 자기가 하는 말이 현실을 정확히 설명하고 있는지에 대해서는 관심이 없다. 단지 자신의 목적에 맞게 현실을 선택하거나 꾸밀 뿐." 그 목적은 주로 실수, 잘못, 지식의 부족을 덮는 것이다. 물론 윤리나 법을 심각하게 위반해놓고 말로 빠져나가는 건 반대해야 한다. 하지만 해를 입히지 않는 상황들도 있으며, 궁지에서 빠져나가기 위해 발휘한 재치로 재미있는 결과를 가져올 수도 있다.

톰은 대학을 졸업하자마자 YMCA에서 레크리에이션 지도사로 일했다. 일을 시작한 지 몇 주 지나지 않았을 때 그는 소장에게 크로스컨트리 스키반을 맡아달라는 요청을 받았다. 그런데 한 가지 문제가 있었다. 톰이 크로스컨트리스키를 할 줄 모른다는 것이었다. 하지만 글은 읽을 줄 알았으므로 그는 초보자를 위한 크로스컨트리스키 책을 샀고, 며칠 후 첫 번째 반을 맡아 학생들을 이끌었다. 모든 상황을 고려해볼 때 그는 꽤 잘하고 있었다. 첫 번째 언덕이 나타나기 전까지는 말이다. 먼저 언덕을 내려가는 시범에 나선 톰은 언덕 아래에 도착하자마자 쿵 하고 나자빠지고 말았다. 창피했냐고 물어보자 톰은 환하게 웃으며 말했다. "전혀요! 벌떡 일어나서 학생들에게 말했죠. '이렇게 해야 넘어지지 않아요!'"

수십 년 동안 남녀 간 의사소통 방식의 차이를 연구해온 조지타운대학교의 데버라 태넌 Deborah Tannen 교수는 그 분야에서는 모르는 게 없을 것 같지만, 그런 그녀도 자신과 통화하던 변호사가 팔꿈치로 전화기를 치는 바람에 통화가 끊어졌을 때 그가 보인 반응에 깜짝 놀랐다. 변호사가 다시 전화를 걸어왔을 때 태넌은 그가 먼저 사과부터 한 다음 이야기를 이어나갈 거라고 생각했다. 하지만 그렇지 않았다. 그는 이렇게 말했다. "어이, 어떻게 된 거예요? 얘기하다가 그렇게 갑자기 사라져버리다니!"

태넌은 변호사가 보인 '그럴 필요가 없는데도 잘못을 인정하지 않으려는 반사적 충동'에 대해 생각하다가 그것이 여러 가지 상황에 적용해볼 만한 전략이라는 결론에 이르렀다. 그것은 여성들이 거의 사용하지 않는 방식이기도 하다. 태넌의 책 서평에서 〈뉴스위크〉 기고가인 로라 샤피로 Laura Shapiro 는 "반사적 충동일까? 아니면 그냥 얼간이일까?"라고 물은 다음, 얼간이라는 데 한 표를 던졌다. 어쩌면 당신도 여기에 동의할지 모른다. 그러나 여성이 남성보다 더 윤리적인가에 대한 연구 결과는 엇갈린다. 마음 같아서는 더 윤리적이라고 주장하고 싶지만 말이다.

남자들은 과장하는 법을 배우며 자란다. 여자와 같이 앉았던 차 뒷좌석에서는 실제 있었던 일보다 더 많은 일이 일어난다. 그 물고기는 '이따만큼' 컸고, 다른 것들도 실제보다 커진다. 스포츠에서는 허풍과 과장이 게임의 한 부분이다. 그들은 패스하는 척하고 속이는 법, 플레이를 바꿔 상대팀을 속이는 법, 허세를 부려 불안하게 만든 다음 상대를 조종하는 법을 배운다.

전통적인 여자아이들의 놀이에는 이런 식의 교훈이 없다. 아무도 인형놀이를 하며 허세를 부리거나 돌차기를 하며 속임수 동작을 쓰려고 하지 않는다. 그렇다고 여자아이들이 금 밖으로 나갔는지, 순서가 맞는지를 두고 싸우지 않는 건 아니다. 하지만 규칙에 대한 이견이 있으면 그들은 놀이를 멈추고 관계를 위해 재협상에 들어간다. 여자아이들에게 규칙은 유동적이며 참가자들이나 상황에 따라 조정될 수 있다. 반면 전통적인 남자아이들의 놀이에서 규칙은 신성하다. 예컨대, 실력이 부족한 아이를 받아들이려고 규칙을 바꾸는 일은 절대 일어나지 않는다.

떨려서 죽을 것 같아도 차분하고 침착해 보여야 할 때가 있다. 그러려면 떨리지 않는 척해야만 한다. 다시 말해 허세를 부릴 줄 알아야 한다. 프랭크퍼트는 "사실 뻥은 거짓말보다는 허세에 더 가깝다."라고 말한다. 속이려 한다기보다는 자신에 대해 특정한 인상을 주려는 시도라는 것이다.

비즈니스계에서는 이런 식의 인상 관리를 늘 찾아볼 수 있다. 특히 초보자일 때 더 그렇다. 결국 누구에게나 출발점은 있어야 하고, 거기에는 당신도 예외가 아니다. "아직 크게 성공하지 못했다고 해서, 허세를 좀 부리면서 성공한 듯이 행동하지 못할 이유는 없다."라고 도널드 트럼프는 말한다. 그러려면 어느 정도의 가식이 필요하다. 이건 남성에게 훨씬 더 자연스러운 일이다. 동물의 왕국에서도 적자생존이란 그 종의 수컷이 실제보다 더 크게 보여야 한다는 뜻이다. 알려진 것처럼 '과시행동'은 암컷을 유혹하고 경쟁관계의 수컷을 쫓아내기 위해 사용된다. 인간 남성도 그런 행동의 가치를 알고 있다.

피어스 브로스넌 Pierce Brosnan 은 자신의 동물적 본능에 대해 기자에게 이렇게 말했다. "싸움닭이 돼야 해요. 세상 밖으로 나가서 깃털을 가다듬고 자기가 무슨 일을 하는지 잘 아는 것처럼 행동하면서, 정말로 잘해내서 좋은 결과를 얻길 바라는 거죠." 하지만 허세를 부릴 줄 안다고 해서 실패에 둔감한 건 아니다. 〈007〉 시리즈의 주인공으로 예기치 않게 교체되어 들어갔을 때 그도 무시당하고 거부당하는 아픔을 겪어야 했다. 두려움도 있었다. 영화 〈맘마미아〉에 출연할 때 춤추고 노래해야 한다는 생각은 그를 '완전히 쫄게' 만들었다.

그럼에도 남자들은 능력을 과장하는 데서 그치지 않고 필요할 때는 만들어내기도 한다. 기회의 문은 금방 닫혀버린다는 것을 알기 때문이다. 브로스넌이 "아주 질겨야 해요."라고 말하는 것도 이런 이유에서다. "'노래할 줄 아나요?' 당연하죠. '스카이다이빙 할 수 있어요?' 물론입니다. '싸움 좀 합니까?' 그럼요. '사랑은 잘하나요?' 말이라고요?" 그런 건 '속이는' 게 아니라 '준비된 자세'라고 그는 말한다. 자신이 일을 해나가면서 해결할 수 있다고 믿는 것이다.

6장에서 보았듯이 당신이, 그리고 다른 많은 사람들이 아무 근거 없이 자신을 사기꾼이라고 믿게 된 것은 모든 걸 알아야 유능한 사람이라는 가정이 크게 작용한 결과다. 이보다 더 잘못된 생각은 없다. 스티브 슈워츠는 〈아무도 자기가 뭘 하고 있는지 X도 모른다(또는 지식의 세 가지 유형) No one knows what the F*ck They're Doing (or 'The 3 Types of knowledge)〉이라는 대단히 적절한 제목의 블로그 글에서, 지식을 세 가지 범주로 나눈다(그 후로 몇 가지 더 추가했지만 기본은 다음과 같다).

1. X도 모른다.
2. 자기가 모른다는 걸 XX 잘 안다.
3. 자기가 모른다는 걸 X도 모른다.

슈워츠는 당신이 보기에 틀림없이 더 자신 있고 유능해 보이는 사람들도 사실은 당신보다 더 많이 알거나 더 유능하지 않다고 말한다. 단지 가면 증후군이 아닌 사람들은 두 번째 범주에 집착하지 않고 대부분의 사람들이 세 번째 지식 유형에 속한다는 걸 알게 되었을 뿐이다. 슈워츠에 따르면 당신과 그들의 큰 차이점은 "그들은 모든 걸 알지 않아도 괜찮다는 걸 알지만 그럼에도 노력한다."라는 것이다. 즉 그들은 몰라도 마음이 편하다. 모르는 것을 배울 수 있는 기본적인 능력이 자신에게 있다는 걸 안다면 손을 들고 나서지 않을 이유가 없다. 궁극적으로 자신이 그 일을 해낼 가능성이 평균 이상임을 안다면 허세는 거짓말이 아닌 것이다.

당신은 어떤가? 약간의 무해한 허세가 도움이 되었던 상황이 있는가? 그런 상황에서 척하는 행동이 도움이 된다는 걸 알면서도 '척'하지 못하는 이유는 정확히 무엇인가? 규칙을 어기는 것에 대한 두려움인가? 척하는 행동을 뒷받침할 능력이 없을 것 같아 걱정인가? 당신이 척하고 있다는 걸 사람들이 알까 봐 무서운가?

누군가 당신이 아는 척, 하는 척 허세를 부린다는 사실을 알게 된다면 당신이 이미 느끼고 있는 불안감은 더욱 커지기만 할 것이다. 하지만 자신이 현장에서 배울 능력이 있으며, 명백한 경우를 제외하고는 정말 그렇게 해도 괜찮다는 것을 받아들인다면 모든 것이 변할 것이다.

당신은 '될 때까지 되는 척하기' 능력이 어떤 상황에서 도움이 될지에 대해서만 생각하면 된다. 모든 걸 미리 알 필요는 없다고 생각하고 행동한다면 어떤 일이 생길지 상상해보자. 상황에 즉흥적으로 대처하는 자신의 능력을 무한으로 신뢰한다면 기분이 어떨까? 당신의 행동은 어떻게 달라질까? 그래도 상상이 안 된다면 지금 빨리 6장으로 돌아가 타고난 천재와 엄격한 개인주의자 부분을 다시 읽어보자.

### "대충 넘어가려는 것 같잖아요."

뻥과 거짓말이 정확히 동의어는 아니지만, 뻥을 치는 사람에게는 뭔가를 피하려는 목적이 있다고 프랭크퍼트는 말한다. 이 점에서도 남성이 유리하다. 남성들은 규칙을 존중하면서도 늘 걸리지 않게 규칙을 어길 수 있는 새롭고 기발한 방법을 찾는다. 규칙을 어기고도 걸리지 않는 것을 게임의 재미라고 여긴다. 그러니 게임을 하다가 공이 조금 나갔을 때 그냥 넘어갈 수 있을 것 같으면 공이 들어갔다고 주장해도 좋다. 이건 한 남자 동료가 내게 해준 말이다. "어떤 실수는 걸렸을 때만 문제가 되죠." 그는 말했다. "스포츠와 같아요. 주심이 금 밟는 걸 못 봤다면 그런 일은 일어나지 않은 거예요."

여자들은 사람들과 교제할 때 공정성과 개방성에 신경을 쓴다. 뭔가가 잘못되면 사과한다. 남자들은 다르다. 그들은 미안하다고 말하는 건 나약함의 증거라고 배운다. 여자들은 그와 정반대다. 실제로 본 사람이 있건 없건 상관없다. 스스로 자수해버리니까 말이다! 나는 지난 수년 동안 여성들로부터 이런 식의 '자백'에 관한 이야기를 수도 없이 들어왔다. 어떤 여성은 남편과 공동으로 책을 썼는데, 책 사인회를 할 때마다 오자가 몇 개 발견되어 책을 다시 인쇄하는 중이라는 말로 행사를 시작하곤 했다. "그런 일이 세 번째 반복되자 남편이 날 옆으로 잡아당기더니 그런 말 좀 그만하라고 하더라고요."

한 연구원은 자신이 수상자로 선정되었음을 알리는 전화를 받고 너무 놀랐다고 했다. "분명히 실수가 있었을 거예요." 그녀는 말했다. 자기보다 더 '자격 있는' 후보자들이 많았을 거라고 굳게 믿었기 때문에 선정위원회에서 생각을 바꿀 수도 있지 않겠느냐는 말까지 했다. 전화한 사람이 몇 개월의 검토 끝에 내린 결정이라고 말했을 때는 이렇게 대답했다. "그래도 며칠 더 생각해보세요."

물론 스스로 잘못을 덮어버리는 남성들의 방식을 따를 필요는 없다. 하지만 그 반대의 경우도 딱히 이상적이지는 않다. 실수를 숨기는 게 당연하다는 말이 아니다. 특히 그 실수가 다른 사람이나 조직에 심각한 영향을 미칠 때는 말이다. 하지만 어떤 피해도 없이 자신에게 경고하는 것으로 충분한 실수들도 있다. 남자들에게 이 능력은 경기장에서든 데이트 현장에서든 영광의 배지 같은 것이다. 반면 여성들은 원칙에 따르기를 좋아한다. 일에 대해서는 특히 더 그렇다. 규칙을 어기면 자부심이 아니라 죄책감이 든다.

감쪽같이 속아 넘어가는 것에 대한 경계심도 있다. 여성 소비자들은 마케팅이 과도해 보이면 더 의심한다. 또한 나는 많은 여성 사업가들이 시장에서 성공을 거둔 것처럼 보여주는 적법한 마케팅 전략마저 속임수처럼 보일까 봐 사용하지 않는 바람에 실패하는 모습을 많이 보아왔다.

'될 때까지 되는 척하기'는 왠지 속임수를 쓰는 것처럼 느껴진다(가면 증후군인 사람들은 실제로 속임수를 잘 쓰지 않는 것으로 알려져 있지만 말이다). 당신은 '잘못이나 부족함을 대충 넘어가려 한다는 비난을 감수하느니 어떤 속임수든 안 쓰는 게 좋아.'라고 생각한다.

하지만 이 속임수라는 것도 보는 눈에 따라 달라진다. 당신은 부족함의 증거라고 생각하는 행동을 남자들은 능력이라고 여긴다. "사람들은 내가 제안한 광고를 극찬했죠." 한 광고회사 임원이 말했다. "하지만 난 '그게 마지막에 순간 대충 만들어낸 뻥이라는 걸 알면 그렇게 대단하게 여기지 않을 텐데.'라는 생각밖에 안 들더라고요." 스트레스 속에서도 일을 잘해냈다면 '또 속여 넘겼어.'라고 생각하지 말고 '나는 짧은 시간에도 유용한 정보를 잘 취합해내는구나.'라고 생각하자. 그건 뻥을 친 게 아니라 진짜 능력이니 말이다. 우리가 다음 장에서 만나볼 사람들도 바로 규칙을 약간 어김으로써 자신의 경력을 구축한 사람들이다.

성취가인 당신은 실제 아는 것보다 더 많이 아는 척하는 건 어느 정도 게으름 때문이기도 하다는 사실이 마음에 걸릴 수도 있다. 단순히 디테일에 대한 부주의나 태만 때문이 아니라 부족함을 대충 넘어가려는 행동은 실제로 노력하고 있지 않다는 증거라고 생각하기 때문이라고 프랭크퍼트는 말한다. 완벽주의자, 일중독자, 원칙주의자에게는 노력하지 않는 태도 자체가 거부감을 일으킬 수 있다.

적어도 NPR(미국 공영라디오 방송)의 고참 시사해설가 대니얼 쇼어 Daniel Schorr에게는 그랬다. 1930년 뉴욕에서 대학을 다닌 그는 음악 평론가가 되는 것이 꿈이었다. 어느 날 그는 〈뉴욕 타임스〉의 저명한 음악 평론가 올런 다운스 Olan Downes를 만나러 가는 길에 그가 뉴욕 필하모닉 오케스트라의 전날 저녁 공연에 관해 쓴 리뷰를 읽었다. 그 리뷰에서 다운스는 솔로 연주자 조지프 세게티 Joseph Segetti에 대해 "세게티의 음색은 평소처럼 완벽했으나 그 음색의 윤곽은 어딘지 모를 아쉬움을 남겼다."라고 적었다. 쇼어는 몹시 당황했다. "이게 도대체 무슨 소리지? 하지만 그는 내가 꿈도 못 꿀 정도로 음악에 대한 이해 수준이 높은 사람이 아닌가?" 그래서 쇼어는 새로운 멘토가 된 다운스에게 그 비평이 무슨 의

미였냐고 물었다. 그러자 다운스는 그의 어깨에 손을 얹으며 말했다. "그런 걸로 걱정하지 말게나. 마감이 임박했을 때 쓰는 헛소리니까 말이야." 그날 쇼어는 '음악 평론가가 존경할 만한 직업이 아니구나.'라는 결론에 도달했다고 웃으며 말했다.

당신은 어떤가? 실수를 감추기는커녕 정반대로 필요 이상의 정보를 자진해서 내준 적은 없는가? 어쩌면 아무도 알아차리지 못했을 업무상 잘못을 스스로 지적한 적이 있거나 사람들의 관심을 자신이 아는 것이 아닌 모르는 것에 쏠리게 만들었을 수도 있다. 만약 그렇다면 그런 식의 불필요한 자백을 멈추자. 다음번에 자신의 능력 밖이라고 느껴지는 업무가 맡겨지거나 누군가 당신이 한 일을 칭찬한다면 더 잘할 수 있다는 걸 안다 해도 "고맙습니다."라는 한마디를 끝으로 입을 다물자. 가끔은 자신이 부족함을 얼버무리려 하는지도 모른다는 걱정 때문에 실제보다 더 많이 아는 척하지 못하는가? 만약 그렇다면 자신의 신뢰 시스템에 내재된 모순점들을 찾아보자. 남자가 척하는 행동을 할 때는 강한 반감을 갖기 쉽다. 하지만 더 날씬하고 어리게 보이려 한다거나, 진짜 자신과는 다른 이미지를 꾸미려 하는 것처럼 전형적인 여성적 맥락 안에서는 부족함을 가리려는 행동에 대해 생각이 좀 더 유연해지지 않는가?

# 자신감을
# 불편해하는 사이에
# 치고 나가는 남자들

우리는 잘난 체하는 얼간이들과 지나친 남성적 자신감에 쉽게 비판적 시선을 던진다. 동시에 자신감을 뒷받침할 능력이 있어도 '지나치게' 자신만만한 사람들에 대해 태생적인 편견을 갖고 있을 수도 있다. 여성들의 에고 감지기는(나의 것도 포함해서) 별것 아닌 일에도 쉽게 발동된다. 몇 년 전, 플래너를 파는 회사의 CEO인 쉴라와 상담을 한 적이 있다. 당시 쉴라의 주 경쟁자는 프랭클린 코비였다. 초대형 베스트셀러《성공하는 사람들의 7가지 습관》을 쓴 스티븐 코비 Stephen Covey 와 성이 같았다. 그때 짐이라는 전도유망한 강사가 쉴라를 찾아왔다. 자신을 회사 대변인으로 써달라는 것이었다. 나도 짐의 프레젠테이션을 본 적이 있지만, 꽤 실력이 있는 편이긴 해도 아직 회사 대변인감은 아니었다. 그는 책도 한 권 자비로 출판한 적이 있었는데, 몇 백 권이라는 판매부수는 코비의 몇 백만 권과는 비교도 되지 않았다.

하지만 이런 사실들이 그의 넘치는 자신감을 꺾지는 못했는지, 그는 자신의 경쟁자로 스티븐 코비를 상정해놓고 그는 지는 별이요, 자신은 뜨는 별임을 거듭해서 주장했다. "그는 잭 니클라우스, 전 타이거 우즈예요." 그가 이렇게 호언장담하는 순간, 쉴라와 나는 '맙소사' 하는 시선을 교환했다. 짐이 자신의 사소한 기록과 스티븐 코비의 기록을 세 번째로 비교했을 때는 그저 입을 꾹 다물고 있을 수밖에 없었다.

짐에게는 불행한 일이지만, 이런 종류의 과도한 자신감은 여성 청중에게 잘 먹히지 않는다. 만약 남자들을 상대로 그런 주장을 펼쳤다면 분명 짐은 대변인 자리를 따냈을 것이다. 하지만 그의 청중은 남자가 아니었고, 따라서 그는 취직을 하지 못했다. 나중에 밝혀졌지만 진짜 농담거리가 되어야 할 건 우리였다. 쉴라와 나 같은 여자들이 높은 말 위에 고고하게 앉아 있는 동안 짐 같은 남자들은 경주에 나가 달린다. 10년이 지난 지금, 자신감 넘치던 짐은 이제 열광적으로 팔려나가는 새 책의 저자가 되어 있다. 그리고 그 책을 추천한 유명인들 중에는 그의 오래된 경쟁자인 스티븐 코비도 포함되어 있다!

당신은 어떤가? 당신도 '너무' 자신만만해 보이는 행동을 참지 못하는가? 만약 그렇다면 자신의 에고 감지기를 한번 체크해보는 게 좋을 것이다. 물론 가면 증후군을 극복하거나 될 때까지 되는 척하기 위해 에고를 거대하게 키울 필요는 없다. 하지만 한 단계 정도만 키워보는 건 어떨까? 사실 짐은 아직 누구나 아는 유명한 사람은 아니다. 하지만 제2의 스티븐 코비가 되겠다는 그의 야심은 예전만큼 요원해 보이지 않는다.

물론 에고만으로 멀리까지 나아갈 수는 없을 것이다. 그 다음은 얼마나 열심히 노력하느냐에 달려 있다. 하지만 나는 짐이 자신은 뜨는 별이라는 믿음의 힘을 받아 더욱 노력할 수 있었다고 생각한다. 아마도 당신은 극단적인 자기중심주의자는 절대 되지 못할 것이다. 그러니 지금보다 조금 더 자신 있는 척하면서 어떻게 될지 지켜보는 것도 괜찮은 방법이다.

'될 때까지 되는 척하기'가 자기불신과 독선, 겸손과 허세 중 하나를 선택해야 한다는 뜻이 아니다. 거만하지 않은 신중한 자신감도 가능하다. 여성에게 큰 거부감을 주는 오만함, 우월감, 추정성을 걸러내고 나면 확실히 남성들의 '모든 것에 답하려는 증후군'에는 제인 캠벨의 말처럼 여성들이 배울 만한 점이 있다는 것을 알 수 있다.

예를 들어, 실질적인 질문 내용에 일종의 '확장성'을 부여하는 능력에는 매력적인 면이 있다고 캠벨은 말한다. "여자는 모르는 것들도 있다며 무기력하게 어깨를 으쓱하고 말 수도 있지만, 남자는 몇 가지 이론을 제시할 것이다." 그런 다음 캠벨은 이렇게 덧붙인다. "남성에게는 설명할 수 없는 것들을 설명하려는 용기와 창의력이 있다."

'뻥치기'도 마찬가지다. 프랭크퍼트도 '확장성'이라는 단어를 이용해 뻥을 칠 때 사용되는 창의성은 거짓말을 할 때 필요한 것보다 분석력이나 고의성이 떨어진다고 설명한다. 애초에 남자들이 모여서 허튼소리를 해대며 즐기는 이유는 거기서 나온 이야기들을 너무 진지하게 받아들일 필요가 없음을 모두가 알기 때문이다. 실제로, 미국의 변경 개척자 대니얼 분Daniel Boone이 주장하는 말을 듣고 웃지 않기란 어렵지 않은가? "난 한 번도 길을 잃은 적이 없어요. 하지만 몇 주 동안 헷갈려했었다는 건 인정하죠."

## 모두가 뻥을 치고 있다는 사실 깨닫기

다시 한번 말하지만, 가면 증후군을 극복하기 위해 절대 뻥의 고수가 될 필요는 없다. 하지만 최소한 뻥치는 말을 들었을 때 그것이 뻥이라는 것은 알아차려야 한다. 그렇지 않으면 당신만 아무것도 모른 채 지내게 될 테니 말이다. 이런 일은 생각보다 훨씬 더 자주 일어난다. 엄청난 능력의 소유자들이 경력의 위기를 겪는 이유가 뻥치는 소리를 듣고도 그게 뻥인지 아닌지 알아차리지 못해서다. 앤절라가 바로 그런 일을 겪을 뻔했다.

똑똑하지만 자신감이 부족한 과테말라 출신 미국인 앤절라는 이민 가정인 집안 최초의 고등학교 졸업자였다. 나와 만났을 때 그녀는 수학 박사학위 과정 중이었는데, 너무 어렵고 모호해서 아직 그 적용성이 밝혀지지도 않은 새로운 형태의 수학을 공부하고 있었다. 기초 기하학을 갖고도 씨름하는 우리 같은 사람들에게는 이 사실 하나만으로도 무슨 말인지 어리둥절해질 정도로 낯설고 어려운 학문이었다. 앤절라는 전형적인 수학전공 학생은 아니었다. 그녀가 고등학교에서 공부한 최고 단계의 수학은 대수Ⅱ였다. 하지만 대학에서는 이 분야를 전공하는 단 두 명의 학생 중 한 명이 되어 있었다. "난 수학이 늘 쉬웠어요." 그녀는 말했다. "머릿속에서 그냥 답이 떠올랐죠."

수학에 대한 재능을 제외하고는 앤절라와 또 다른 학생은 모든 면에서 달랐다. 앤절라가 자신감 부족이라면, 그는 자신의 계산 방식을 설명하며 '물론이죠', '우리 모두가 알다시피', '분명히' 같은 말을 즐겨 쓰는 경향에서 알 수 있듯이 매사에 자신만만한 학생이었다. 앤절라의 발표 순서가 돌아온 날, 교수는 그녀에게 질문을 퍼붓기 시작했다. 대부분의 질문에 대답을 했지만 대답하지 못한 질문도 몇 가지 있었다. 얼굴로 열기가 몰려들었다. 생각을 제대로 할 수가 없었다. 결국 그녀는 울음을 터뜨리며 밖으로 뛰쳐나갔다. 그리고 그날 앤절라는 자신이 대학원을 졸업할 능력이 되지 않는다는 결론을 내렸고, 그 즉시 가족들에게 전화를 걸어 학교를 중퇴하겠다고 선언했다. 교수에게도 자신을 찾지 말라고 말할

참이었다. "무슨 일인가?" 교수가 물었다. 앤절라는 능력이 출중한 다른 학생과 비교해 자신이 얼마나 부족한지를 설명하려 했다. "잠깐만." 교수가 말했다. "설마 그 친구가 자기가 무슨 말을 하는지 늘 안다고 생각하는 건 아니겠지? 그 친구가 말하는 내용의 절반은 그냥 헛소리일세. 뻥이란 말이야."(수학에서도 허세가 가능하다는 걸 모르는 건 당신만이 아니다!)

앤절라의 이야기는 자신감을 신뢰도로 착각하기가 얼마나 쉬운지를 상기시켜주는 가슴 아픈 사례다. 다행히 앤절라에게는 잘못된 관점을 바꿀 수 있도록 새로운 시각을 제공해준 사람이 있었다. 몇 년 후 앤절라를 다시 찾았을 때 그녀는 말했다. "개념 파악에 실패했다는 걸 인정하면 정말 멍청해 보일 거라고 생각했었는데, 교수님이 지적 진실성을 유지했던 나와 질문을 우회적으로 회피했던 다른 학생의 차이점을 분명하게 알려주셨죠. 이제 난 아주 다르게 듣고 있어요."

교육 수준이 높은 사람들조차도 박사학위를 뜻하는 Ph.D가 '더 높고 깊은 허세 더미 Piled Higher and Deeper'의 줄임말이라고 농담처럼 말한다. 그럼에도 교육 수준이 높은 사람들과 일하거나 전문직에 종사하고 있다면 뻥에 대한 경계심이 없을 수도 있다. 더 많이 알수록 부족함을 모면하는 수단으로 뻥을 칠 필요가 적어진다고 생각하는 것이다. 하지만 해리 프랭크퍼트의 말을 들어보면 실제로는 그 반대다. 그는 한 영상 인터뷰에서 이렇게 말했다. "교육 수준이 높은 사람들은 뻥을 칠 수 있는 언어적, 지적 능력을 갖고 있을 뿐 아니라, 그중 많은 이들이 진실과 거짓에 대해 태만해지는 거만함 같은 걸 갖는 것 같아요. 자신들의 의견에 아주 자신이 있는 거죠."

교육 수준이 높은 사람들이 많은 곳에서는 지적 거만함이 학교의 명성에 비례한다고 생각하는 사람들도 있다. 실제로 마사 벡 Martha Beck 이 가면 증후군으로 심하게 고생했던 것도 하버드에서 박사학위를 하고 있을 때였다. 그녀는 자전적인 책 《아담을 기다리며》에서 자신의 생각을 왕창 바꾸어놓았던 한 사건에 대한 이야기를 들려준다.

어느 날 벡은 수업을 들으러 가던 길에 친구의 실험실에 들렀다가, 친구가 하고 있던 실험에 시간 가는 줄 모르고 빠져들어 구경했다. 조그맣고 파란 스머프 캐릭터들이 그려진 어린이용 플라스틱 수영장에서 쥐들이 전극을 붙인 채 헤엄치고 있었다. 결국 수업에 늦은 그녀는 심리학 연구실에 들렀다가 쥐들이 스머프 수영장에서 헤엄치는 걸 보느라 옆길로 샜다며 사과했다. "그렇군요." 강사가 말했다. "그런 실험에 대해 읽은 적이 있는 것 같네요."

그때 수업 시찰 중이던 한 교수가 끼어들었다. "스머프의 실험은 어떻게 돼가고 있어요? 놀라운 걸 발견했다는 것 같던데."

"맞아요." 한 대학원생이 말했다. "그 사람의 지난 논문을 봤어요."

대화는 그런 식으로 몇 분간 더 이어졌다. 그리고 무슨 일이 벌어지고 있는지 분명해졌을 즈음, 처음 벡이 느꼈던 혼란스러움은 기쁨으로 바뀌었다.

나는 머리가 아찔해질 정도로 기분이 좋았다. 하버드에서 7년을 보냈지만 나 혼자만 아는 척하는 게 아니었다는 걸 이제야 깨닫기 시작한 것이다. 얼마나 많은 칵테일 파티에서 대화 주제로 어떤 학자, 어떤 이론이 등장할 때마다 다른 사람에게 질세라 아는 척 허세를 부리며 헤쳐 나왔던가. 나는 내 주위에 포진한 엄청나게 똑똑한 사람들 사이에서 어떻게 내가 살아남을 수 있었는지 늘 궁금했다. 그런데 이제야 이해되기 시작했다.

"좋은 사람이에요. 스머프 말이에요." 강사가 진지한 목소리로 말했다.

다음에 또 다른 사람들이 모두 당신보다 더 똑똑하고 흥미롭고 많이 아는 것처럼 보이는 상황에 처한다면 정말 그 생각이 맞는지 다시 한번 점검해보자. 상황에 지레 겁먹고 나가떨어지지 말고, 누구나 어느 정도는 그런 척하고 있을 뿐임을 깨닫자. 그리고 그런 순간에 처하면 미소를 지으며 속으로 말해보자. '스머프는 좋은 사람이야.'라고.

## 더 나아가기

### 요점

가면 정서를 조금씩 줄여나가는 한편, 상황에 따라 즉흥적으로 대처할 줄도 알아야 한다. 처음 시작 단계에서는 특히 많은 연습이 필요하다. 핵심은 자신감이 생길 때까지 기다리지 않는 것이다. 먼저 행동을 바꾼 다음 자신감을 쌓자. 여기서 도움이 되는 것이 '될 때까지 되는 척하기' 전략이다.

허풍이나 척하는 행동에 대해 어떻게 느끼든 중요하지 않다. 중요한 건 당신의 감정이 대체로 여성이라는 타고난 성별에 의해 형성되었음을 인식하는 것이다. 더 중요한 건 합당한 자신감을 느낄 수 있느냐 없느냐는 생각의 영향을 받을 수 있다는 점이다.

허풍, 허세, 애드리브, 버티기, 본능적 행동, 단순한 당돌함, 뭐라고 부르든 중요하지 않다. 중요한 건 진짜 자신이 그렇듯 유능한 사람처럼 행동해보는 것이다. 자신이 없을 때조차도, 아니, 특히 자신이 없을 때는 더욱더. 남성들의 과잉 자신감에 대한 나쁜 인상 때문에 그 속에 담긴 가장 강력한 가면 증후군 타파 전략을 놓치지는 말자. 그 전략은 바로 너무나 인간적인 자기불신 속에서도 자신 있게 행동하는 것이다.

### 당신이 할 수 있는 일

• 남성들의 '모든 것에 답하려는 증후군'과 '비합리적 자신감 증후군', 가식, 허세, 덮기, 모면하기와 같은 것들에 대해 현재 당신은 어떤 생각을 갖고 있으며, 이런 허풍들이 당신의 '될 때까지 되는 척하기' 능력에 어떤 영향을 미치는지 살펴보자.

• 허풍에 대한 부정적인 인식이 문제라면 그 말을 즉흥적 대처, 애드리브, 버티기, 흐름에 따라가기처럼 덜 기분 나쁜 말로 바꾸어보자.

• 실제보다 더 자신 있는 척할 수 있는 쉬운 기회를 찾아보자. 몇 번 직접 해본 다음에는 목표를 높여 예전 같았으면 피하고 말았을 일들을 해보자.

• '될 때까지 되는 척하기' 전략을 실천할 때는 다음 세 개의 문장을 기억하자. 첫째, 자신 있게 행동하기 위해 늘 자신 있어야 하는 것은 아니다. 둘째, 어떤 상황에서든 일을 해나가면서 배우는 게 허용되지 않는 경우는 거의 없다. 셋째, 목표를 위해 더 많이 행동할수록 더 많은 성공을 거둘 것이다.

## 다음 단계

'될 때까지 되는 척하기' 전략에서 아직 다루지 않은 한 가지 요소가 있다. 모험이다. 다음 장에서는 당신의 모험 근육을 키울 수 있는 방법을 살펴보기로 하자. 그리고 '될 때까지 되는 척하기' 전략의 강력하고 흥미로운 롤모델이 될 수 있는 사람들도 몇몇 만나보기로 하자.

# 모르는 길도
# 아는 것처럼
# 모험하라

11장

# 모험 근육을
# 키우는 방법

모험과 관련해서는 두 가지 유형의 가면 증후군이 있다. 하나는 안전한 행동을 통해 자신이 느끼는 부족함에 대처하는 유형, 다른 하나는 더 많은 기회에 도전함으로써 그 부족한 느낌을 보상받으려는 유형이다. 당신은 어느 쪽인가? 두 가지 유형 모두 목표를 정하고 또 성취한다. 지나치게 조심하는 경향이 있다면 당신의 목표는 그리 높지 않거나 최소한 더 안전할 것이다. 만약 모험이 아무렇지 않다면 당신의 목표도 노력의 대가인 성공도 모두 클 것이다.

어느 쪽이든 당신은 지금까지와 다르게 느끼고 싶기 때문에 이 책을 집어 들었다. 하지만 다르게 느끼려면 다르게 행동해야 하고 그러기 위해서는 모험을 해야 한다. 경영학의 권위자인 톰 피터스 Tom Peters 는 말한다. "밖으로 나와 미지의 세계로 걸어 들어갈 의지가 없다면 당신의 인생에서 심오한 차이를 만들어낼 가능성은 아주 낮다."

이미 모험가라면 당신은 미지의 세계로 들어가는 데는 익숙하다. 그런데 이제는 가면 증후군이라는 짐을 모두 내려놓고 모험을 해야 한다. 여기서 집중해야 할 것은 앞서 배웠듯이 효과가 있는 모험에 대해서는 자신의 공을 인정하고, 효과가 없는 모험으로부터는 교훈을 얻는 것이다. 일단 그렇게 하기 시작하면 당신은 더 크고 더 좋은 기회를 잡을 용기를 얻게 될 것이다.

하지만 모험하는 것이 자연스럽지 않다면 가장 먼저 해야 할 일은 모험 근육을 키우는 것이다. 더 많은 모험을 할수록 당신은 더 많은 용기를 갖게 될 것이며 더 큰 성취감과 유능해진 기분을 느끼게 될 것이다. 그럼 이제 당신이 애초에 왜 모험을 피하게 되었으며, 다른 사람들은 왜 모험을 하는지 그 이유를 이해하는 것부터 시작해보자.

## 남자들이 모험을 더 많이 하는 이유

지금까지 살펴보았듯이 대체로 남성은 자신의 능력을 지나치게 과대평가하고 여성은 자신의 능력을 과소평가한다. 만약 이런 이유 때문이라면 여성이 남성보다 모험에 소극적인 것이 당연하다. 하지만 이건 전적으로 자신감의 문제는 아니다. 우리는 이것이 어느 정도 사회화 과정의 차이 때문이라고 보고 있다.

예를 들어, 부모들은 딸들에게는 조심스러운 반면 아들들은 모험을 찾아다닐 수 있도록 풀어놓는다. 여덟 살쯤까지는 남녀아이들 모두 주변을 탐험하도록 권장받는다. 그 후로 남자아이들은 혼자 여행하고 활동할 수 있는 행동반경이 더 커진다. 반면 여자아이들은 비교적 진보적인 환경에서 자랐다 해도 엇갈리는 신호를 받았을 수 있다. 꿈에 대해서는 커서 무엇이 되고 싶든 한계는 없다고, 되고 싶은 건 뭐든 될 수 있으며 샐리 라이드 Sally Ride 처럼 우주로 날아갈 수도 있다는 말을 들으면서도 동시에 동네 밖으로는 나가지 말라는 경고를 들었을 수 있다.

　남성들이 더 위험한 행동을 하는 데는 생물학적인 이유가 있다고 보는 사람들도 있다. 여성들은 변덕스럽고 통제가 불가능하다고 알려진 여성 호르몬을 이유로 오랫동안 조롱받아왔다. 어쩌면 그래서 테스토스테론 수치와 월스트리트 주식중개인들의 위험한 행동 사이의 관계를 밝힌 연구가 그렇게 큰 화제가 되었는지도 모른다. 이 연구를 수행한 사람은 전직 월스트리트 주식중개인으로 지금은 케임브리지대학의 신경과학과 선임연구원이자 재정연구원으로 있는 존 코츠 John Coates 였다. 코츠는 자신이 주식중개인으로 일하던 시절을 돌아보며, 남자 동료들이 돈을 벌었을 때 허공을 향해 주먹을 날리고 소리를 지르고 스스로를 광적인 상태로 몰아넣으며 거의 미친 사람의 신체적 증상에 가까운 모습을 보여주던 장면을 떠올렸다. 그때 그는 그들을 보며 무슨 약에 취한 사람 같다고 생각했던 것을 기억한다. 어떤 면에서는 그의 생각이 옳았다. 오랜 동물 관찰 실험으로 밝혀진 이 현상은 '승자 효과 winner effect'라고 불린다. 수십 년 동안의 수많은 실험을 통해 밝혀진 바에 따르면, 실험실 동물들의 뇌는 어떤 일에 성공했을 때 테스토스테론으로 가득 들어차는데, 그 결과 동물들은 결정이 빨라지고, 이기기 위해 더 열심히 노력하며, 더 많은 모험 의지를 보여주었다.

　이 같은 행동은 야생의 수컷들 사이에서도 일어난다. 종마 두 마리가 싸웠을 때, 패한 말은 테스토스테론 수치가 곤두박질치는 반면 승리한 말은 수치가 솟구치면서 더욱 자신 넘치고 공격적인 상태가 된다. 그리고 며칠 동안 이런 상태가 이어지다가, 어느 날 필연적으로 테스토스테론 중독의 결과를 맞이한다. 호르몬에 자극받아 위험을 평가하는 기능이 떨어진 채로 자신의 세력권을 크게 벗어나 더 큰 경쟁자에게 덤벼들어 스스로를 위험에 몰아넣게 되는 것이다.

코츠는 테스토스테론이 주식중개인들에게도 비슷한 효과를 내는지 궁금했다. 그 결과 테스토스테론 수치가 높은 상태로 일과를 시작한 중개인들이 돈을 더 잘 번다는 사실을 알아냈다. 거래가 활발한 날은 타고난 스테로이드 수치가 더 크게 상승했다. 기억해야 할 것은 이기고 있는 한 자신감은 높게 유지되지만 과다 분비된 테스토스테론은 전지전능한 기분과 주의력 부족을 일으킬 수 있다는 것이다. 그렇게 자기 몸속 호르몬의 지배를 받게 된 남성 주식중개인들은 더 큰 보상을 바라며 더 큰 위험에 뛰어들기 시작했고, 앞선 사례 속의 승리한 종마처럼 그 욕망은 위험한 행동으로 이어졌다.

〈뉴욕 타임스〉의 칼럼니스트 니콜라스 크리스토프 Nicholas Kristof 는 이렇게 생물학적으로 부풀려진 자신감에 관한 이야기를 하다가 이런 질문을 던졌다. "만약 리먼 브라더스 Lehman Brothers 가 아니라 리먼 브라더스와 시스터스 Lehman Brothers and Sisters 였다면 우리는 지금보다 좀 더 나았을까?" 지나친 자신감이 지나친 조심성만큼 위험하다는 점을 고려할 때 이보다 적절한 질문은 없을 것이다. 억만장자 워런 버핏 Warren Buffett 의 끈기 있고 연구중심적인 투자 방식에 대해 '여자처럼 투자한다'고 비유적으로 말하는 것도 바로 이런 이유 때문이다. 어떤 상황에서는 덜 충동적이고 더 신중한 방식이 큰 도움이 될 수 있다. 예컨대 2009년에 나온 한 보고서에 따르면 금융위기 시기에 여성이 운영한 헤지펀드는 남성이 운영한 헤지펀드의 절반밖에 떨어지지 않았다. 또한 그 시기에 여성이 관리한 펀드는 가치가 9.6퍼센트 하락한 데 그쳐 19퍼센트 하락한 다른 펀드들과 차이를 보였다.

남녀가 위험을 대하는 방식이 다른 데는 또 다른 이유가 있다. 컬럼비아대학교의 연구원들은 지표 자료를 들여다본 후, 남성이 여성보다 딱히 더 모험적이라기보다는 이익이 따르는 모험에 여성들보다 더 큰 가치를 부여하기 때문이라는 것을 알아냈다. 즉 여성들은 어떤 모험들은 할 만한 가치가 없다고 여긴다는 것이다. 그렇다면 가면 증후군이면서 모험가인 여성들이 자신에게 더 잘해낼 능력이 있으며, 따라서 더 치열하게 경쟁할 수 있다는 징표로서 강한 욕망을 드러내는 이유도 이것으로 설명할 수 있을 것이다. 자신을 증명하는 것이 중요하다면 모험을 할 가치가 있다는 것이다.


## 당신은 이미 모험가다

모험을 받아들이는 편이든 모험으로부터 달아나는 편이든, 당신은 어쩌면 모험을 너무 좁게 정의하고 있는지 모른다. 실제로 여성들은 매일 모험을 한다. 단지 사회가 그 사실을 인정하고 고마워하지 않을 뿐이다. 일단 모험이 무엇인지에 대한 인식의 폭을 넓히고 나면 당신은 자신이 생각보다 더 큰 모험가라는 것을 알게 될 것이다.

내가 여기서 말하려는 모험은 사실 모른 채 지나쳐버리기 쉽다. 앞서 살펴보았듯이 어떤 특성의 가치와 대가를 결정하는 건 사회이기 때문이다. 경력에서의 모험을 생각할 때 사람들은 대부분 권력, 돈, 지위의 추구와 관련된 행동을 떠올리며, 그 모두는 역사적으로 남성과 관련된 공적 영역에서 일어난다. 하지만 오랫동안 여성들의 영역이었던 관계라는 사적 영역에서도 모험은 매일같이 일어난다. 단지 우리가 그 모험들을 모험으로 생각하지 않을 뿐이다.

돈을 쓰거나 투자하는 문제에서는 일반적으로 여성들이 남성들보다 보수적이다. 하지만 관계 문제로 들어가면 여성들은 언제나 계산적인 모험을 한다. 자신의 노후 대책이 되어주기를 기대하며 남자에게 모든 것을 걸고, 아이들을 키우기 위해 경력을 중단하고, 다음에 밀어주겠다는 약속을 믿고 배우자나 파트너가 학교를 마칠 때까지 뒷바라지를 한다.

물리적인 모험을 하려고 번지점프에 도전할 필요는 없다. 선진국에서는 출산이 비교적 안전한 일이지만, 가난한 나라의 여성들은 아이를 갖기 위해 일상적으로 목숨을 건다. 만약 이게 남자들의 일이었다면 그들은 임무 중에 목숨을 잃은 이들을 위해 신전이라도 세웠을 것이다.

감정적인 모험도 있다. 금융, 건강과 안전, 윤리, 여가, 사회, 이 다섯 가지 영역 가운데 여성들은 네 가지 영역에서 남성들보다 모험을 피하려는 경향이 높은 것으로 나타났다. 다만 사회적 영역에서만은 예외였다. 여기에는 사회적인 모임에서 인기 없는 주제에 대해 자신의 의견을 말하는 것이나 자신의 취향이 친구의 취향과 다르다는 것을 인정하는 등의 일들이 포함된다. 사회는 마음속 깊은 감정을 편안하게 나누는 것을 그리 높게 평가하지 않지만 이런 식으로 자신을 드러내는 데는 용기가 필요하다.

감정적인 면에서 보자면 여성들은 늘 죽음을 무릅쓴 도약과 돌진과 추락을 겪는다. 대부분의 남성들을 공포에 질리게 할 만한 모험이다. 남자들이 허풍 떠는 것을 재미있는 여가 활동쯤으로 생각하듯이 여성들은 감정을 공유할 때 같은 기분을 느낀다. 어떤 여성들은 마음을 터놓는 일이 너무 재미있는 나머지 심리학자가 게스트로 참석하는 '정신과 파티'를 열어서 칵테일을 마시며 참가자들이 '문제'를 해결할 도움을 얻을 수 있는 자리를 만들기도 한다. 당신에게는 이 일이 별로 위험하게 느껴지지 않겠지만 많은 남성들에게는 죽을 만큼 무서운 일이다. 전직 메이저 리그 야구 선수인 마크 맥과이어 Mark McGwire 는 이런 말을 한 적이 있다. "어떤 사람한테는 야구공을 치는 것보다 마음을 열고 자신의 예민한 면을 보여주는 게 더 어려울 수도 있어요."

자신의 감정에 쉽게 접근할 수 있다는 게 얼마나 대단한 일인지 당신이 알기를 바라는 이유는 그 장점을 활용할 기회를 놓치지 않았으면 해서다. 최근 사업계와 정부 부처에서 새롭게 떠오른 유행어가 있다. '투명성'이다. 서로의 나약함을 공유하고 실수를 인정하기 위해 솔직히 말할 수 있는 능력이 갑자기 대유행하고 있는 것이다. 이제 사업계 리더들과 기업가들은 신뢰를 얻기 위해 취약성, 겸손함, 직관력, 감수성을 보여주어야 한다. 모두 여성들이 더 쉽게 발휘할 수 있는 특성들이다. 그러니 당신의 모험 성향을 평가할 때, 그런 점에서는 가장 선두에 서 있다는 점과 자신을 투명하게 드러내려는 의지에 추가점을 주기로 하자.

마지막으로 모든 모험가들은 격렬함과 불확실성에 강한 매력을 느낀다. 한 마디로 짜릿함을 사랑하는 것이다. 템플대학교의 심리학 교수 프랭크 팔리 Frank Farley 는 모험가들을 설명하기 위해 'T형 성격'이라는 말까지 만들어냈다. T는 스릴 thrill 을 뜻한다. 익스트림 스포츠나 벤처 캐피탈 venture capital(모험자본)에 관심이 없다고 해서 짜릿함을 추구하지 않는 것은 아니다. 팔리 교수는 아드레날린 넘치는 독창적인 사고로 짜릿한 인생을 살았던 마거릿 미드Margaret Mead와 헬렌 켈러Helen Keller 같은 여성들을 유명한 여성 모험가들로 언급한다. 다음번 브레인스토밍 회의에서 독창적인 생각이 마구 샘솟아 주체할 수가 없다면 이 점을 기억하자! 당신도 이미 모험가라는 것을.

# 내면에 숨은
# '후츠파'를 깨워라

꿈을 위해 더 대담하게 행동할 때 훨씬 더 좋은 것들을 체험할 수 있다면 평범한 모험에 만족할 이유가 무엇일까? 앞 장에서 우리는 모험과 관련해 세 가지를 살펴보았다. 첫째, 자신 있게 행동하기 위해 늘 자신 있을 필요는 없다. 둘째, '될 때까지 되는 척하기'에는 창조성, 놀이성, 확장성이라는 요소가 들어 있다. 셋째, 일부 가면 증후군 자들은 상황에 즉흥적으로 대처하는 능력을 기술적인 문제라고 생각한다. 자신의 능력을 다른 사람들에게 확신시키려는 노력은 당신이 문제라고 여길 때만 문제가 된다.

마지막 부분에 대해 미국 수필가이자 언론인인 H. L. 멩켄 H. L. Mencken 은 이렇게 말했다. "사람들은 모두 사기꾼이다. 유일하게 다른 점이 있다면 그걸 인정하는 사람과 인정하지 않는 사람들이 있다는 것이다. 나는 인정하지 않는 쪽이다." 다시 말해, 그들과 당신의 다른 점은 그들은 그것을 문제로 보지 않는다는 것이다. 그들은 약간 '그런 척'해야 할 수도 있다는 것을 안다. 특히 뭔가를 시작하는 단계에서는 말이다. 그래도 그들은 아무렇지 않다. 직감에 따르고 부딪히면서 배울 수 있다고 믿기 때문에 규칙을 약간 어겨도 마음이 편하다.

이것을 후츠파 Chutzpah 라고 한다. 이디시어로 원래는 뻔뻔하게 경계를 넘는 사람을 일컫는 분노의 표현이었지만, 영어권에서 사용되면서 긍정적인 어감이 더해져 배짱 좋은 뻔뻔한 자신감을 뜻하는 말로 바뀌게 되

었다. 능력과 대담성을 겸비한 자신감을 설명할 때 후츠파는 칭찬의 말
로 자주 사용된다.

## 되는 척해서 정말로 되어버린 사람들

지금부터는 유명하거나 별로 유명하지 않은 '후츠파의 고수들'을 만나
보기로 하자. 이들은 '되는 척하기'에 대해 아주 다른 시각을 갖고 있으
며, 약간의(또는 많은) 즉흥성의 발휘가 얼마나 소중한 능력인지 잘 이해
하고 있다.

다음의 이야기들은 뭔가를 속인 이야기가 아니라 각자 타고난 능력을
믿고 발휘한 사례들이다. 이들은 각자의 방식으로 문제를 보았거나 기회
를 알아차린 다음, 속으로 얼마나 불안했든 대담하게 행동했다. 그리고
그들이 후츠파의 고수가 된 건 그 행동이 상당히 창조적이었기 때문이
다! 이들의 이야기가 자극제가 되어 앞으로 당신이 하게 될 모험에도 약
간의 재미가 더해지길 바란다.

모험을 두려워하지 않았던 사람으로 에스티 로더 Estee Lauder를 빼놓을
수 없다. 지금은 매출이 수십억 달러에 이르는 화장품 제국의 창업자다.
그녀가 한 일은 여타 성공한 기업가들이 한 일과 대부분 같았다. 엄청난
투지와 노력이었다. 하지만 로더가 한두 번쯤 재미있는 속임수를 쓰지
않았던 건 아니다. 진 랜드럼 Gene N. Landrum은 자신의 책《여성 천재들의
이야기: 세상을 바꾼 13인의 창조적인 여성들 Profiles of Female Genius: Thirteen
Creative Women Who Changed the World》에서 로더가 첫 향수의 중요한 바이어
를 어떻게 설득했는지 들려준다.

1960년에 이르러 로더는 어느 때보다 더 적극적으로 국제적인 프로그램을 출범시켰으며, 개인적으로는 런던 최고의 백화점 해러즈Harrods에 입점했다. 파리의 고급 백화점 갤러리 라파예트Galleries Lafayette에 입점하기 위해서는 창의적인 판매 전략을 약간 동원해야 했다. 백화점 담당자가 제품 입점에 동의하지 않자 군중 속에서 시연회를 하다가 '우연히' 유스 듀Youth Dew(그녀의 첫 번째 향수 이름)를 바닥에 쏟았던 것이다. 매력적인 향기가 퍼졌고, 손님들의 관심과 호평을 불러일으켰다. 결국 백화점 담당자는 그녀에게 항복하고 첫 주문을 넣었다.

특별히 더 호기로운 후츠파를 보여준 사례로, 영화 제작에 열정적이었던 한 10대 소년의 이야기가 있다. 이 열일곱 살 소년은 캘리포니아주 카노가 파크에 사는 친척을 방문했다가 유니버설 픽처스의 스튜디오 투어에 참여했다. 트램이 사운드스테이지soundstage(영화 촬영을 위해 방음장치가 설치된 무대)에서 멈추지 않고 그냥 지나쳐버렸던 탓에 그는 휴식 시간을 틈타 사운드스테이지를 구경하러 갔다. 한 남자가 소년에게 다가와 뭘 하고 있느냐고 물었고, 소년은 당시 자신이 집 거실에서 찍고 있던 8밀리미터 영화에 대한 이야기를 해주었다. 열일곱이면 카메라를 잡을 수 있는 나이는 되고도 남는 때였으니까 말이다.

운 좋게도 그 남자는 스튜디오의 편집부 부장이었다. 그는 어린 풋내기 영화 제작자에게 지금까지 만든 영화들을 가져와보라며 그곳에 들어올 수 있는 일일 방문증을 주었다. 그리고 소년에게 진심으로 흥미가 생겼지만 일을 하러 가봐야 했기 때문에 소년에게 행운을 빌어주고 헤어졌다. 나중에 밝혀졌지만 소년에게 필요한 건 행운이 아니라 몇 가지 규칙을 어길 수 있는 후츠파였다.

다음 날, 소년은 정장 차림에 샌드위치와 초콜릿바를 두어 개 챙겨 넣은 아버지의 낡은 서류가방을 들고 다시 스튜디오를 찾았다. 그는 '나 여기서 일해요'라고 말하듯 수위에게 손을 흔들어 보이며 유니버설 픽처스의 영토로 당당하게 걸어 들어갔다. 이 일은 여름 내내 이어졌다. 영화감독을 꿈꾸던 10대 소년이 정장을 차려입고 진짜 감독, 작가, 편집자, 더빙 담당자들과 어울렸던 것이다. 그는 심지어 비어 있는 사무실을 하나 찾아내 무단으로 사용하기까지 했다. 매일 나타나는 그를 사람들은 거기서 일하는 직원이겠거니 했다. 더 놀라운 건 그가 플라스틱 글자 타일을 가져와 그것들로 건물 입주자 안내판에 자기 이름을 만들어 붙였다는 사실이다. 스티븐 스필버그 Steven Spielberg, 23C호.

스필버그의 아슬아슬한 행동은 대담하기는 했지만 독창적인 건 아니었다. 그보다 35여 년 전에 그런 대담함을 보여준 클레어 부스 루스가 있기 때문이다. 열여섯 살에 학교를 수석으로 졸업한 부스 루스는 밝은 미래를 기대했다. 하지만 그로부터 10년 후, 그녀는 잔인한 알코올중독자와 이혼한 상태였다. 직장 경험은 거의 없었고 대공황이 막 시작되던 시기라 누구라도 직업을 찾기가 어려웠다. 여자에 편모라는 현실은 상황을 더욱 어렵게 만들 뿐이었다.

하지만 부스 루스는 평범한 여자가 아니었다. 그녀는 친구들을 통해 〈보그 Vogue〉와 〈배너티 페어 Vanity Fair〉의 소유주이자 출판가인 콘데 나스트 Condé Nast를 만났다. 디너 파티에서 우연히 그와 마주친 그녀는 그것이 기회임을 직감했다. 전기 작가 스티븐 샤덱 Stephen Shadegg에 따르면, "그녀는 사람의 마음을 무장해제시킬 만큼 올곧은 자세로 그를 향해 똑

바로 다가가 그의 잡지사 중 한 곳에서 일하게 해달라고 부탁했다."라고 한다. 나스트는 매몰차게 거절했다. "이거 봐요, 아가씨." 후에 그녀는 그가 한 말을 떠올렸다. "당신처럼 일자리를 달라고 한 사람은 많이 겪어봤지만 당신은 못 버틸 거요. 능력이 없으니까."

부스는 이에 굴하지 않고 3주 후 〈보그〉의 사무실에 나타났다. 하지만 나스트는 유럽 출장 중이었다. 다른 사람들 같았으면 실패라고 여겼을 상황을 부스는 기회라고 생각했다. "그녀는 다른 편집실의 열린 문으로 책상이 여섯 개 놓여 있는 것을 보았다. 책상 두 개가 비어 있었다. 그녀는 사무실로 들어가 비어 있는 책상들에 대해 물었다." 샤텍은 적는다. "누군가 자막 작가 둘이 결혼으로 일을 그만뒀다고 말했다. 그녀는 코트와 장갑을 벗고는 일할 준비가 되었다는 짧은 설명과 함께 그중 한 책상에 앉았다." 나스트가 돌아왔을 무렵에는 그녀는 이미 그곳의 직원으로서 자신의 능력을 증명하고 있었다.

부스는 계속해서 자신을 증명해나갔다. 그리고 4년 후 〈배너티 페어〉의 편집장이 되었다. 1933년의 일이었다. 그것을 시작으로 그녀는 희곡 여섯 편과 책 세 권, 아카데미상 후보에 오른 시나리오를 썼고, 제2차세계대전 초기에는 〈라이프 Life〉지의 유럽과 중국 해외 특파원을 지냈으며, 이후 고향인 코네티컷에서 최초의 국회의원으로 변신, 이탈리아 대사를 거쳐 그동안의 노고에 대한 보답으로 미국 자유훈장을 받았다. 부스는 성공을 위해 약간의 속임수를 썼지만 그녀의 능력이나 성공에는 조금의 거짓도 없었다.

회사들에서는 늘 이런 일들이 벌어진다. 현찰이 부족하던 사업 초기에 홈데포 Home Depot 의 사장들은 직원들에게 가게가 물건으로 가득 찬 것처럼 보이도록 빈 상자들을 쌓아 올려두도록 했다. 신참내기 사장이었던 클라우디아 제섭Claudia Jessup과 지니 칩스Genie Chipps도 실제보다 더 크게 보이는 것의 중요성을 알았던 것이다. 1972년에는 실직 배우 두 명이 90달러와 재치 있는 슬로건으로 개인 비서 업무를 제공하는 창작 회사를 차렸다. 그들의 슬로건은 이랬다. "불법적, 반윤리적, 이미 했던 일을 제외한 모든 일을 해드립니다." 그들은 자신들의 세계 본사가 조그만 맨해튼 스튜디오에 불과할 때는 좋은 인상을 주기 어렵다는 것을 알고 있었다. 그래서 '사무실 소리'라는 제목의 배경 소음이 담긴 음반을 구입했다. 전화벨 소리며 분주한 타이핑 소리들이 들어 있는 음반이었다. 그 결과 문제는 해결되었다!

마지막으로 이야기할 후츠파의 고수는 스타 홀Starr Hall이라는 어린이 책 작가다. 홀은 스물한 살에 이미 세 권의 책을 쓴 작가였다. 그녀는 긍정적인 서평에도 불구하고 대형 서점들에서 낭독회를 열려고 할 때마다 같은 대답을 들었다. "좋은 것 같네요. 홍보 담당자한테 전화하라고 하세요." 홀은 말했다. "홍보 담당자를 찾을 수 있다 해도 고용할 돈이 없었어요." 그러다가 '홍보 담당 홀리 그랜트'라는 인물을 만들어내기로 했다. 홀리에게는 전용 전화선과 명함까지 있었다.

홀은 홍보 담당이 무슨 일을 하는지 전혀 아는 게 없었다. 그래서 그녀도 여느 재치 있는 후츠파의 고수들이 할 법한 일을 했다. 일을 하면서 배워나간 것이다. "새로운 서점을 방문할 때마다 홍보 담당자가 어떤 건지 하나씩 더 알게 되었죠." 그녀는 말했다. "그들이 언론 보도에 대해 물어보면 난 '좋아, 이번엔 이게 뭔지 알아보자.'라고 생각했어요." 언론 보도는 성공적이었다. 반스앤노블 서점 앞에 이야기를 들으러 온 아이들이 줄을 섰다. 한 번은 〈로스엔젤레스 타임스〉 기자까지 취재를 하러 나타났다. 마지막으로 그녀의 대담성을 보여주는 에피소드가 한 가지 더 있다. 한 서점 담당자가 순진하게도 홀리와 스타의 목소리가 얼마나 비슷한지 지적했을 때 홀리이자 스타인 그녀는 대답했다. "맞아요. 그런데 우리가 얼굴도 많이 닮았대요."

# 두려워하는 한 가지 일을
# 매일 반복하라


당신은 이미 충분히 오랫동안 가면 증후군의
인질로 잡혀 있었다. 이제는 자기 자신을 자유롭게 놓아주어야 할 때
다. 로버트 프로스트 Robert Frost 는 말했다. "자유는 대담함 속에 놓여 있
다." 당신이 이미 모험가라면, 축하한다! 당신은 불확실성 앞에서 과
감하게 행동한 수많은 여성들 사이에 한 자리를 차지했다. 마담 워커
Madame C. J. Walker(미국 최초의 흑인여성 백만장자 사업가), 안드레아 정 Andrea
Jung(비영리 소액대출 은행이자 사회적 기업인 그라민 아메리카 Grameen America의
CEO), 다라 토레스 Dara Torres(최고령 미국 올림픽 수영 대표선수), 제시카 왓슨
Jessica Watson(최연소 단독 요트 세계일주에 성공한 호주 소녀), 줄리 테이머 Julie
Taymor(미국 뮤지컬, 오페라, 영화 연출가) 같은 여성들은 우리에게 일단 부딪
쳐보는 것이 얼마나 만족스럽고 재미있는 일인지 일깨워준다. 하지만 그
러기 위해서는 약간의 도움이 필요할 것이다.

한 가지 분명히 해두자면, 부당한 방법으로 취직을 하거나 가짜 인물
을 만들어내라는 말이 아니다. 다만 어느 곳에서든 자신이 한 자리를 당
당히 차지할 자격이 있는 것처럼 행동할 필요가 있다는 것이다. 책장 공
간, 명문학교, 임원실, 고급 미술 갤러리, 어디든 말이다. 위에서 언급한
사람들 가운데 당신보다 더 똑똑하거나 재능이 있거나 더 큰 자격을 가
진 사람은 없다. 대담함은 옳거나 완벽하거나 모든 걸 다 아는 데서 나오
지 않는다. 대담함은 역량과 정보와 사람의 결집을 통해 생성된다. 대담

해지기 위해서는 문제를 기회로 여기고, 때로는 직감에 따르며, 끝내 추락한다 해도 살아남을 수 있음을 알아야 한다.

## 당연히 모험에는 두려움이 따른다

모험 근육을 키우기 위해서는 우선 새로운 도전에는 늘 일정 정도의 내적 긴장감이 따른다는 점을 인식해야 한다. 그러니 긴장한다고 해서 도전할 준비가 되지 않은 것은 아니다. 당연히 두려울 것을 예상해야 하며 그렇지 않은 것을 오히려 걱정해야 한다. 덴젤 워싱턴은 아카데미상을 두 번이나 받았지만 브로드웨이 히트작 〈펜스 Fences〉의 주연을 맡았을 때 절대 그것을 당연하게 생각하지 않았다. "첫 브로드웨이 시연회에 나가기 전 마지막 5분 동안 '내가 도대체 여기서 뭘 하고 있는 거지?'라는 기분이 들지 않는다면, 그런 기분을 못 느끼게 된다면 이제 그만둬야 할 때가 된 거라고들 말하죠."

다음에 또 성과에 대한 불안이 엄습하면 상황을 다른 프레임 안에서 재해석하는 연습을 해야 한다. 엘리자베스 알렉산더 Elizabeth Alexander 가 그랬다. 대통령으로 선출된 오바마가 취임식 축시 낭독 시인으로 알렉산더를 선택했을 때 그녀에게는 취임식 전까지 인터뷰가 몰아쳤다. 모두가 물었던 한 가지 질문은 "떨리세요?"였다(감히 짐작해보건대 최초의 취임식 축시 시인이었던 로버트 프로스트는 아마도 받지 않았을 질문일 것이다). 알렉산더는 그 질문을 받을 때마다 신나고 짜릿하고 영광이고 겸허해진다고 했을 뿐 절대 겁난다는 말은 하지 않았다. 왜? 그녀의 표현을 그대로 옮기자면 "겁을 내는 건 도움이 안 되기 때문"이었다.

두려움이 찾아오면 심호흡을 하고 자신에게 차분하게 알려주자. '지금은 이런 기분이 도움이 되지 않아.' 그런 다음 어떤 감정이 그 상황에 도움이 될지 판단하자. 흥분, 기대감, 놀라움, 기쁨, 자부심, 열광, 단호함 같은 건 어떤가? 저명한 심리학자인 프리츠 펄스Fritz Perls가 두려움을 '호흡 없는 흥분'이라고 묘사하는 데는 이유가 있다. 생각해보라. 당신의 몸은 두려움과 흥분에 생리적으로 동일하게 반응한다. 위장이 예민해지고, 손바닥에 땀이 차고, 입은 바짝 마른다. 마음도 우리가 마음에게 말하는 것만 알기 때문에 두려움과 흥분의 차이를 모른다.

가령 연설하는 것에 두려움을 갖고 있다고 치자. 강단으로 걸어나가면서부터 벌써 가슴이 두근거릴 것이다. 그럼 속으로 이렇게 계속 되뇌는 것이다. '난 흥분했어……. 난 흥분했어……. 난 흥분한 거야!' 이것을 시작으로 자신이 전달할 메시지를 뒷받침하기 위해 목소리를 높이고 몸짓을 사용하는 등의 일들을 할 수 있다. 이 기술들은 당신을 더 매력적인 연사로 만들어 줄뿐더러 긴장 에너지를 태워 없애는 보너스까지 안겨줄 것이다.

모험도 여타 다른 기술과 같다. 루스벨트는 이렇게 충고한다. "두려워하는 한 가지 일을 매일 반복하라." 일주일 동안 해보자. 노래반이든 펜싱반이든 일단 등록하자. 잡지에 시나 기사를 투고해보자. 어려운 일에 자원해보자. 당연히 결과가 좋으면 좋겠지만 결과는 그렇게 중요하지 않다. 정말이다! 중요한 것은 자신의 안전지대를 벗어나 두려워하던 일을 해보는 과정에서 뭔가를 배웠다는 사실이다.

모험을 해볼까 생각 중이라면 올바른 관점에서 결과를 예측해야 한다. 어느 세계적인 화장품 대기업에서 일하는 한 똑똑한 중간급 관리자는 자신이 일을 하는 내내 너무 조심스럽기만 했다고 말했다. 뭔가 잘못되었을 때 책임지고 싶지 않아서였다. 그러자 그녀의 상사가 말했다. "당신이 이 회사를 망치기 위해 할 수 있는 일은 단 한 가지도 없으니까 일단 해봐요." 물론 결정에는 결과가 따른다. 하지만 그 결과가 생각만큼 심각하거나 영속적인 경우는 거의 없다.

일단 부딪쳐보려면 불안하지만 일을 하면서 배워나갈 수 있다는 믿음이 필요하다. 하지만 계획이 잘못된다면? "허락받기보다 사과하는 것이 훨씬 쉽다."라는 그레이스 호퍼 Grace Hopper 해군 대장의 말에 답이 있다.

조심하는 것이 가장 위험한 방법일 수 있다는 점도 깨닫자. 모험하지 않고, 자신이나 자신의 일을 밖으로 노출시키지도 않으면 실패를 피할 수는 있을 것이다. 하지만 그런 안전함을 위해 자신이 어떤 비용을 치르고 있는지도 생각해보아야 한다. 마거릿 휘틀리 Margaret Wheatley 는 그녀의 책 《휴.지休.止》에서 이렇게 말한다. "안전은 인생을 만들어나가지 못한다. 안전, 안식처, 안전 보장 중 어떤 것도 인생을 확장시켜주지 못한다. 인생을 선도하는 건 새로움, 창의력, 상상, 이런 것들이다."

그럼 여기서 당신이 추구해볼 수도 있었지만 두려움에 포기했던 도전이나 기회에 대해 생각해보자. 지나치게 조심만 하다가는 무엇을 놓치게 될지 세 가지만 말해보자. 금전적 손해부터 소중한 피드백을 얻을 기회, 이기든 지든 최소한 시도해봤다는 데서 오는 자부심까지, 어떤 것이든 될 수 있다.

자신이 뭔가 하는 모습을 상상할 수 없다면 그 일은 일어나지 않을 수도 있다. 앞에서 만난 후츠파의 고수들을 자극제 삼아 더 대담하게 행동하는 자신의 모습을 그려보자. 아주 조금만 더 대담했더라면 좋았을 구체적인 상황 속으로 돌아가보자. 그리고 이번에는 그 장면에 약간의 기발한 대담성을 더해보자. 당신의 말과 행동은 어떻게 달라질 것 같은가? 기분은 또 어떨 것 같은가?

## 대담성 안전지대 만들기

이제 머릿속에 이미지를 그릴 수 있게 되었으니 과학자들처럼 몇 가지 실험을 반복해보고 어떤 일이 일어났는지 결과를 평가해보자. 허세로 사람들을 속여 일자리를 얻는 상상을 하지는 못하겠지만, 비양심적인 자동차 수리공에게 이용당하지 않을 수 있다면 차에 대해 아주 잘 아는 듯한 인상을 풍겨도 괜찮을 것 같지 않은가? 바꿔 말하면, 자신이 편하게 느낄 수 있는 자신만의 대담성 안전지대를 먼저 찾으라는 것이다. 그런 다음 조금씩 넓혀가면 된다.

너무 부담스럽지 않은 곳에서 대담성을 연습해볼 수 있는 방법을 몇 가지 생각해보자. 예컨대 재규어 판매 대리점에 들어가 시험 운행을 해보는 건 어떨까? 재규어를 살 여유가 있는지 없는지는 중요하지 않다. 살 수 있다 해도 당신은 사고 싶지 않을 테니까 말이다. 중요한 건 살 수 있는 척하는 기분이 어떤 건지 느껴보는 것이다. 충분히 그럴듯해 보였을까? 너무 대담했나? 좀 부족했나? 가장 중요한 건 어떤 기분이었느냐는 것이다.

기억하자. 모든 모험가들은 짜릿함을 사랑한다. 분위기 조성을 위해 자주 이용하는 '두 가지 진실과 한 가지 거짓'이라는 게임을 해본 적이 있다면 '척하는' 것이 얼마나 재미있고 심지어 짜릿하기까지 한지 알 것이다. 게임 방법은 이렇다. 각자 순서를 정해 돌아가며 자신에 대한 진실 두 가지와 특이한 거짓을 한 가지 말한다. 그런 다음 모두가 어떤 것이 거짓말인지 맞힌다. 예를 들어 "나는 파리에서 요리 수업을 들었고, 어머니가 병원에 가는 길에 나를 낳았으며, 한때 양궁 선수였다."라는 식으로 말할 수 있다. 그럼 여기서 잠깐 멈춰서, 당신의 두 가지 진실과 한 가지 거짓말을 생각해보자. 엉뚱할수록 더 좋다!

친구들과 해봐도 좋고, 실생활에서 '척하는 연기'를 연습해보고 싶다면 비행기 안이나 집에서 수천 마일 떨어진 휴가지에서 모르는 사람과 대화를 나눌 때 시도해볼 수도 있다. 아이가 둘인 클리블랜드 출신이라는 기본적인 진실 위에서 회계 일을 하는 테레사가 아니라 돈을 받고 전 세계를 다니며 헬스 스파에 관한 기사를 쓰는 프리랜서 작가나 세계가 인정하는 맥주 역사 전문가가 되는 것이다. 그 주제들에 대해 아는 게 없다고? 즉석에서 지어내면 된다! 그 일을 어떻게 하게 되었냐고 상대가 물을 때 자신의 입에서 나오는 말에 깜짝 놀라게 될 것이다. 잃을 게 뭐란 말인가? 기껏해야 다시는 만날 일이 없는 한 사람에게 망상가로 보이는 것일 뿐이다. 그리고 기억하자. 이 모든 것은 자신감을 쌓고, '안전지대'가 아닌 '대담지대'에서 사는 인생이 어떤지 알아보기 위한 것이다.

헬렌 브라운 Helen Brown(전 〈코스모폴리탄 Cosmopolitan〉 편집장)은 자서전 《나는 길들여지지 않는 여자가 좋다》에 이렇게 적었다. "사람들은 대담성이 타고나는 것이라고 생각한다. 그렇지 않다. 그것은 필요이고, 열망이며, 실패도 기꺼이 받아들이겠다는 의지다. 그런 건 재미있지 않다. 누가 거절을 원하겠는가. 하지만 불편한 일들을 해낼 때 인생은 더 달콤하다." 다행히 당신은 실패에 대처하는 방식뿐만 아니라 어떤 종류의 실패를 할 것인지에 대해서도 선택할 수 있다. 수업에서 낙제하거나 큰 고객을 잃는 것처럼 비교적 평범한 실패를 할 수도 있고, 개리슨 케일러 Garrison Keillor 가 대학 졸업식 축사에서 했던 조언대로 '흥미로운 실패'를 할 수도 있다.

잠시 이 말이 무슨 뜻인지 생각해보자. 흥미로운 실패라니. 우리가 여기서 만난 후츠파의 고수들은 모두 쉽게 실패할 수도 있었다. 에스티 로더는 수백억 달러가 아니라 소소하게 수십억 달러 매출의 화장품 회사를 세우는 데 그치거나, 아니면 완전히 실패했을 수도 있다. 스필버그는 아카데미상을 네 개가 아닌 한 개만 받았거나, 하나도 받지 못했을 수도 있다. 요는 인생은 짧다는 것이다. 어차피 어느 정도의 실패가 불가피하다면 뭔가 근사한 것에서 실패하는 경험을 할 수도 있는데 지루한 실패에 그칠 이유가 무엇이란 말인가? 큰 선거에서 아슬아슬한 2위로 낙선도 해보고, 자신의 발명품들 가운데 하나를 제작해보기도 하고, 보스턴 마라톤 대회에서 2만 번째로 결승선을 통과해보는 것도 근사하지 않은가?

## 요점

자신감은 모험을 하고, 승리의 경험을 쌓고, 실패로부터 배우면서 생긴다. 가면 증후군인 사람들 중에도 불확실성을 받아들이고 자신을 증명해 보이려는 강한 욕망을 가진 이들이 있다. 하지만 전체적으로 여성들은 남성들보다 모험을 더 적게 한다. 복잡한 이유들이 있지만, 간단하게 말하면 양육 과정과 타고난 천성, 모험으로 얻는 이익에 대한 각자의 인식이 함께 작용하기 때문인 것으로 보인다.

여성들은 일상적으로 금전적, 감정적 모험을 하고 있지만, 사회와 자신들은 그 사실을 모르고 지나간다. 모험의 짜릿함을 즐기든, 좀 더 신중한 접근법을 선택하든 모험 근육을 키우는 일은 언제든 할 수 있다.

될 때까지 되는 척하기 위해 허세의 고수가 될 필요는 없다. 하지만 후츠파의 고수가 되면 창조성과 잠재적 이득을 얻을 수 있다.

## 당신이 할 수 있는 일

• 모험하지 않는 것이 가장 위험한 모험일 수 있음을 기억하자.
• 자신이 너무 당연하게 여기며 하고 있는 모험들을 알아차리자.
• 모험 근육을 조금씩, 단계적으로 키우자.
• 여기서 만난 후츠파의 고수들에게 얻은 교훈을 실천함으로써 인생을 좀 더 자신 있고 대담하게 살아보자.

## 다음 단계

당신의 가장 큰 두려움은 실은 두려움이 아닌 완전히 다른 것일 수도 있다. 유능한 성취가인 본래의 자신으로 새롭게 살아갈 준비를 할 때 필수적으로 이해해야 할 몇 가지 점들에 대해 알아보자.

# 대범하게
# 권리를
# 되찾는 방법

# 그들은 되고
# 당신은 안 될 이유는
# 없다

지금부터는 모든 게 아주 달라질 것이다. 처음 이 여정을 시작했을 때 당신은 자신이 다른 사람들을 속이고 있다고 믿는 유일한 사람일 거라고 생각했다. 하지만 이제 당신은 사려 깊고 자신을 되돌아볼 줄 아는 사람은 누구나 스스로에 대해 부족하고 남을 속인다는 느낌을 가질 수 있음을 알게 되었다. 지금까지는 자기불신이 스스로 만들어낸 거라는 생각에 자신을 '고칠' 방법을 찾는 데만 온통 집중해 왔지만, 이제 가면 증후군이 보다 더 큰 사회적 맥락 속에서 만들어졌다는 사실을 알게 되었으므로 이 문제를 개인적인 차원에서 벗어나 큰 틀에서 이해할 줄도 알게 되었다. 이것만으로도 엄청나게 홀가분한 기분일 것이다.

이제 당신에게는 완전히 새로운 능력 기준도 생겼다. 그리고 그 기준에 따라 유능하면서도 동시에 인간적일 수 있다는 것을 인정할 수 있게 되었다. 당신은 이제 맡은 일을 잘해냈을 때 더는 그 성공의 공을 자신이 아닌 다른 것에 돌리려고 생각하지 않는다. 어떤 일에 운이 조금 작용하거나 당신에 대해 좋게 말해주는 사람이 있다고 해도 개의치 않는다. 이제는 자신에게 행운을 가져다준 것은 자기 자신이며, 인맥이 중요하다는 것을 알게 되었기 때문이다. 이제는 당신이 하는 말도 아주 달라졌을 것이다. 예전처럼 칭찬의 말을 들으면 그것을 부인하지 않고 웃으며 고맙다고 말한다.

앞으로는 더욱 더 나아질 것이다. 지금부터 당신은 가면이 벗겨질까 봐 도전을 두려워했던 과거에서 벗어나, 실제로 도전을 기대하고 찾아 나선다. 자신 있게 행동하기 위해 늘 자신 있을 필요는 없다는 것을 알게 되었기 때문이다. 가끔씩 자기불신이 스멀거리며 찾아들어도 걱정하지 않는다. 이제는 그런 가면 증후군의 목소리를 길들이는 방법을 정확히 알고 있기 때문이다. 내가 지금 과장하고 있는 것 같으면 다시 한번 생각해보기를 바란다.

1장에서 만났던 전 화장품 회사 이사이며 걸스 사 CEO인 조이스 로시를 기억하는가? 그때 로시는 자신의 과거를 회상하며 이렇게 말했었다. "이제 곧 내가 삐끗하고 넘어져서 그들이 진실을 알게 되는 건 시간문제라고 생각했죠. '당신은 여기 있을 자격이 없어. 못할 줄 알고 있었다고. 당신을 뽑지 말았어야 했는데.'" 하지만 더는 아니다.

가면이 벗겨질까 걱정하던 모습에서 성공한 능력자로의 변모는 자신에게 가망이 없다며 걱정하는 사람에게 희망을 준다. 그로부터 몇 년 후 로시는 《지금 알고 있는 것을 그때의 내가 알았더라면》이라는 제목의 책에 글을 써달라는 부탁을 받았다. 그녀는 젊은 시절의 자신에게 보내는 편지에서 지금의 당신에게도 적용될 수 있는 몇 가지 핵심적인 충고를 적었다. "이제 그만 멈추렴. 넌 사기꾼이 아니야. 넌 진짜란다. 네겐 미리도, 능력도 있어. 그렇게 열심히 노력하고 걱정하지 않아도 된단다. 넌 잘할 테니까 말이야. 넌 너의 자리를 차지할 자격이 있어. 그러니 긴장을 풀고 너의 성공을 즐기렴."

그녀의 말이 맞다. 당신의 가면 뒤에는 자신이 똑똑하고 재치 있고 창조적이며 능력 있고, 심지어는 재능도 있다는 것을 아는 한 여자가 있다. 그리고 그 여자는 자신의 뛰어남을 인정받기를 간절히 바란다. 굳이 세상으로부터 인정받고 싶은 건 아니다(비록 마음속 깊은 곳에서는 그러면 정말 멋질 거라고 생각할 수도 있지만 말이다). 하지만 당신이 어느 누구보다 뛰어남을 알고 수용해주기를 바라는 사람은 당신 자신이다. 이건 정말 대단히 좋은 소식이다. 하지만 세상 밖으로 당당히 나가기 전에 당신이 알아야 할, 그리고 해야 할 일들이 몇 가지 더 있다.


## 당신의 가면 증후군은 재능의 반증이다

만화《피너츠》에 나오는 재주 많은 어린 동생 라이너스는 이런 말을 한다. "내게 큰 가능성이 있다는 게 부담스러워." 당신도 그렇다. 당신은 오랫동안 자신의 성공에 다른 핑계를 둘러대며 지내왔다. 자신은 다른 사람들이 아는 것처럼 성공한 것도 유능한 것도 아니라고 믿으며, 앞으로 닥칠 불행을 초조하게 기다리면서 말이다. 하지만 여기에는 또 다른 진실이 숨어 있다.

자신의 부족함에 대한 두려움은
자신의 특별함에 대한 두려움에 비하면 아무것도 아니다.

의식의 차원에서 당신은 사람들이 자신의 부족함을 알아차릴까 두려워한다. 하지만 마음속 깊은 곳에서는 자신이 똑똑하다는 사실을 알고 있다. 최소한 부족하지 않다는 것은 안다. 마리안 윌리엄슨 Marianne Williamson 이 한 유명한 말이 있다. "우리가 가장 두려워하는 건 우리의 부족함이 아니다. 우리가 가장 두려워하는 건 우리가 가진 측정할 수 없는 강력함이다. 우리가 가장 무서워하는 건 우리의 어둠이 아니라 밝음이다."

자신에게 무한한 능력이 있다는 정보가 두려움과 자기불신의 잔해 밑에 묻혀 있을 뿐이다. 당신은 아마 웃을지도 모르겠지만 리더십 전문가 만프레드 케츠 드 브리스 Manfred F. R. Kets de Vries 는 가면 증후군을 '재능 있음의 또 다른 면'이라고 생각한다. 내 말을 못 믿겠으면 웨이크포레스트대학 심리학자들의 연구 결과를 살펴보라. 이 연구에 따르면 스스로를 사기꾼이라고 느끼는 사람들 중 일부는 사실 겉으로 보이는 것보다 더 큰 자신감을 갖고 있다고 한다. 결론적으로 그런 사람들은 사실상 '가짜 사기꾼들'이라는 것이다. 나는 이 결론에 정중히 반대한다. 나는 이 연구로 밝혀진 것은 가면 증후군의 다른 면이라고 생각한다. 그 다른 면의 당신은 아주 작고 모순되지만, 자신이 능력 있고 뛰어난 사람이며 정말로 뭐든 해낼 수 있다는 사실을 알고 있다.

사실 나는 이 말을 처음부터 당신에게 해주고 싶었다. 하지만 당신이 그 말을 믿지 않으리라는 걸 알고 있었다. 그때는 당신의 가면 감정들이 전체적인 이야기를 듣기에는 지나치게 무거웠으니까 말이다. 이제 그 무게는 거두어졌고 당신은 준비가 되었다. 그러니 다음 문장을 소리 내어 말해보자. '나는 측정할 수 없을 만큼 강력하다.' 틀에 박힌 말처럼 들릴 수 있지만 정말로 당신은 마음먹은 어떤 일이든 해낼 수 있다.

- 소니아 소토마요르, 수지 오먼, 수 그래프턴 Sue Grafton 은 되고 당신은 안 될 이유가 어디 있는가?
- 매들린 올브라이트 Madeleine Albright, 마야 린 Maya Lin, 마사 그레이엄은 되고 당신은 안 될 이유는?
- 아니타 로딕, 캐스린 비글로 Kathryn Bigelow 는 되고 당신은 안 될 이유는?
- 샐리 라이드, 다이앤 로시 Diane Rossi, 그레이스 호퍼는 되고 당신은 안 될 이유는?
- 마거릿 미드, 미셸 위 Michelle Wie, 토니 모리슨 Toni Morrison 은 되고 당신은 안 될 이유는?
- 루이스 헤이 Louise Hay, 티나 페이, 제인 구달은 되고 당신은 안 될 이유는?
- 크리스티안 아만푸어, 셀마 헤이엑 Salma Hayek, 에이미 탠 Amy Tan 은 되고 당신은 안 될 이유는?

그렇게 생각하자면 릭 스티브 Ric Steves, 스티븐 킹 Stephen King, 게리 바이너척 Gary Vaynerchuk, 빌 게이츠, 워런 버핏, 리처드 브랜슨 Richard Branson, 버락 오바마 Barack Obama, 그 밖에 자신들의 목표를 이룬 남자들은 되고 당신은 안 될 이유는 또 무엇인가? 무수한 이름들을 댈 수 있지만, 요는 이 놀라운 여성들이나 남성들 가운데 어느 누구도 딱히 당신보다 더 똑똑하거나 운이 좋거나 더 대단하지는 않다는 것이다.

물론 그들은 특정한 지식과 기술과 경험을 습득한 사람들이다. 하지만 여기서 효력을 갖는 말은 '습득'이다. 줄리아 차일드 Julia Child 같은 놀라운 TV 스타도 태어날 때부터 '요리계의 전설, 줄리아 차일드'였던 건 아니다. 그녀는 줄리아 차일드가 '된' 것이다. 그것도 마흔아홉 살에. 극작가 웬디 와서스타인 Wendy Wasserstein의 인생 전환점은 30대 초반에 찾아왔다. 한 친구로부터 "진지한 대접을 받으려면 먼저 네 스스로 자기 자신에 대해 진지해져야 한다."라는 말을 들었을 때였다.

오프라 윈프리 Oprah Winfrey에게는 경제적인 배경도 안정적인 가족 생활도 없었다. 그녀는 인생의 첫 6년을 미시시피에 사는 할머니 손에서 크다가 북쪽에 사는 엄마에게 보내졌다. 열세 살에 학대와 성추행의 상처로 집에서 도망쳐 나왔다가 그 후 소년원으로 보내졌지만 인원이 다 찼다는 이유로 거부당했다. 오프라의 배경에는 대스타는 고사하고 성공을 암시하는 요소라고는 눈을 씻고 찾아봐도 없다. 그럼에도 오프라는 대단히 용감했다. 텔레비전 리포터에서 잘리고 나서도 그녀는 "난 TV에는 안 맞아."라고 말했다. 그녀는 당당함을 잃지 않았으며, "난 훌륭한 사람이 될 운명이라는 걸 늘 알고 있었어요."라고 말했다. 당신도 마찬가지다.

당신은 유명해지지 않고도 측정할 수 없을 만큼 강력해질 수 있다. 사실 자신의 길을 가기 위해서는 모두가 '꿈의 직장'이라고 여기는 곳에서 나올 수 있을 정도의 용기만 있으면 된다. 큰 꿈을 꾸는 데 필요한 용기나 에너지는 현실에 안주하는 데 필요한 딱 그만큼이면 된다. 그리고 낮은 목표보다 높은 목표를 조준할 때 더 많은 것을 얻을 수 있다.

# 두려움이 개입하지 않는다면
# 나는 어떤 차이를
# 만들어낼 수 있는가?

불행히도 비범함 속으로 과감히 한 발 들어서려고 할 때, 작은 존재로 남아 있으려는 반작용도 함께 발생한다. 두렵지는 않아도 자신에게 자격이 없다고 느낄 수도 있다(이 문제는 잠시 후에 다루기로 하자). 할 수 있다는 믿음에 더 가까이 다가갈수록 원치 않는 내면의 목소리가 더 집요하게 달라붙을 수 있다. 그 목소리는 '네가 뭔데?'라고 묻는다.

그러나 실제로 당신이 스스로에게 물어야 할 질문은 '난 왜 안 된다는 거야?'이다.

알든 모르든 당신이 한 행동이나 하지 못한 행동은 당신 자신을 훨씬 넘어서까지 영향을 미친다. 이것은 내가 이 책의 기초가 된 논문을 쓰다가 배운 교훈이다. 그때 나는 논문을 쓰기 위해 모든 대상들을 인터뷰하고 그 내용을 기록했다. '여성의 직업적 성취를 가로막는 내적 장벽 모델'이라는 제목까지 붙여놓았다.

그때 날 가로막는 저항감이 발동했다. 나는 1000페이지에 달하는 데이터를 바탕으로 논리를 구성해야 하는 과제에 스스로 압도당했다. 나는 논문 주제를 다시 뜯어보기 시작했다. 극심한 슬럼프가 찾아왔다. 간단히 말해 사기꾼이 된 기분이었다. 게다가 대대로 주부와 건물 관리인으로 이어져 내려온 집안의 딸이 어떻게 '박사'가 될 생각을 한단 말인가?

그때는 80년대 초반으로, 여성들이 중간 관리자급으로 서서히 진출하고 있던 시기였다. 친구인 리타 하디먼은 미국 최대 규모를 자랑하는 몇몇 회사들에서 관리자와 임원들을 대상으로 다양한 세미나를 이끌고 있었다. 매일같이 그녀는 놀랄 만큼 유능한 여성들이 재킷의 어깨패드만큼의 자신감이라도 갖기 위해 고군분투하는 모습을 지켜보았다. 리타는 그보다 몇 달 전에 논문을 완성한 터라 내가 어떤 문제를 겪고 있는지 잘 알고 있었다. 논문을 절대 끝내지 못할 수도 있다는 나의 걱정에 리타는 자리를 잡고 앉아 내게 편지를 썼다. 그 편지에는 많은 말이 담겨 있었지만 특히 한 대목이 나를 사로잡았다. "밸러리, 넌 이 논문을 완성해야 해. 그 연구를 통해 네가 배운 것들은 많은 여성들에게 도움이 될 거야. 네가 끝내지 못하면 우리 모두가 그 배움을 잃게 되는 거야."

리타의 말은 내가 소심함의 결과에 대해 갖고 있던 생각을 영원히 바꾸어놓았다. 제일 먼저 본능적으로 떠오른 생각은 '맙소사, 난 얼마나 이기적이란 말인가. 사람들이 기다리고 있잖아! 서둘러야 해!'였다. 마치 내 안에서 스위치가 켜진 것 같았다. 내가 일을 미루면 다른 사람들에게까지 그 결과가 미친다는 깨달음은 내게 강력한 동기가 되어주었다. 그 후로 나는 다른 누군가를 대변하거나 도움되는 일을 하는 것이 여성들을 행동하게 만드는 데 매우 효과적인 방법이라는 것을 알게 되었다. 앞서 우리는 돈을 더 받으려고 협상에 나서는 여성들이 그렇지 않은 여성들보다 호감도가 떨어지고 더 까다로운 사람으로 인식된다는 사실을 살펴보았다. 이제 지금까지 참아왔던 좋은 소식을 한 가지 알려주겠다. 이 연구에서 드러난 사실은 그것만이 아니었다. 남녀 임원들이 자신들을 위해 협상에 나섰을 때는 비슷한 결과가 나왔지만, 다른 사람을 위해 협상했을 때는 여성들이 남성들보다 뛰어난 결과를 보여주었다는 사실도 밝혀졌다.

연구자들은 여성들이 다른 사람의 대변자로서 행동할 때는 여성스럽지 않다는 평가에 대한 두려움 없이 단호하게 행동할 자유를 느끼는 것 같다고 추정한다. 게다가 남성들이 경쟁적인 환경에서 빛을 발하는 것처럼, 여성들은 협동적인 환경에서 힘을 얻으며, 다른 사람의 이익을 대표할 때보다 협동할 때 더 능력을 발휘한다는 것이다.

## 타인을 위한 성공도 괜찮다

당신은 이미 자신에게 타인지향적인 경향이 있음을 알고 있다. 여기에 대해서는 8장에서 길게 살펴보았으니 말이다. 그러니 이제 여성스럽지 않다는 걱정은 접어두고 말에 올라타 말이 가는 방향으로 가보는 것은 어떨까? 다시 말해, 자신이 하는 일의 결과를 향상시키고 싶다면 그 결과와 다른 이들의 결과를 연결시킬 방법이 있는지 찾아보자는 것이다. 개인의 결과든 집단, 공동체, 국가, 혹은 인류 전체와 관련된 결과든 말이다.

이 방법으로 오랫동안 간직해온 꿈을 이룰 수도 있다. 지난 몇 년 동안 내게는 리타의 말대로 자신의 능력을 발휘하지 못하고 힘들어하는 여성들을 도와줄 기회가 아주 많았다. 그중 한 명은 재능은 있으나 아직 책을 내지 못한 킴이라는 작가였다. 킴은 오랫동안 병든 부모를 돌보고 있었다. 아버지가 세상을 떠난 후 그녀는 자신의 경험을 담은 희곡을 쓰기 시작했다. 그러다가 실제로 자신의 희곡이 성공을 거둘지도 모른다는 두려움에 그만 쓰는 것을 중단하고 말았다. 그때 그녀는 말했다. "대범해져야 할 것 같아요."

나는 그녀에게 표가 매진되어 사람들로 가득한 극장을 상상해보라고 했다. 관객들의 흥분을 느껴보라고, 그들 중에는 그녀처럼 부모와의 비슷한 경험을 가진 많은 여자들이 있다고, 무엇보다 그녀의 글을 통해 자신들의 기쁨과 고통이 존중받기를 바라는 여성들이 있다고, 조명이 낮아지고 커튼이 올라가 텅 빈 무대가 드러나는 걸 바라보라고. 그런 다음 아직은 극작가가 아닌 자신이 무대 위로 걸어 나가 아직은 그녀를 숭배하지 않는 관객들을 향해 "죄송해요. 오늘밤에는 연극 공연이 없습니다. 훌륭한 극작가가 되는 게 너무 무서워서 글을 쓰지 못했어요."라고 말하는 걸 상상해보라고.

대범해지는 게 무서울 수 있을까? 당연하다. 자신의 욕구보다 남들의 욕구를 우선하며 살아왔다면 더욱더 힘들다. 그럴 자격이 있다고 확신한다 해도 갑자기 자신의 꿈을 앞으로 내세운다는 게 이기적으로 느껴질 수도 있다. 그럴수록 '내가 소심하게 굴면 모두가 손해'라는 사실을 알아야 한다. 오드레 로드 Audre Lorde 는 말했다. "내 이상을 위해 힘을 갖고 싶어 하고 또 그 힘을 사용하려고 한다면 내가 두려운지 아닌지는 점점 덜 중요해진다."

'돈이 목적이 아니라면 무슨 일을 하겠는가?'라는 흔한 질문 대신 '두려움이 개입하지 않는다면 나는 어떤 차이를 만들어낼 수 있는가?'라고 묻자. 바로 이 순간에도 세상에는 당신의 모든 지식, 능력, 기술의 도움을 받고 싶어 하고 또 그 도움을 받을 자격이 있는 사람들이 있다. 시야를 넓혀서 바라보면 가난과 문맹이 불균형적으로 여성들과 아이들에게 영향을 미치는 세상이, 모두가 손을 모아 도와야 할 세상이 보일 것이다. 거기에는 당신의 손도 포함된다.

그렇다고 세상의 굶주림을 종식시키고, 세계 평화를 확보하고, 멸종 위기에 처한 종들을 구하기 위해 달려나갈 필요는 없다. 하지만 다음 세대의 강한 소녀들과 섬세한 소년들을 키우고 지도하는 일에 도움을 줄 수 있다. 회의에서 손을 들고 의견을 말할 수도 있다. 프로젝트, 승진, 연봉 인상을 위해서도 손을 들 수 있다. 어떤 일에 참가 의사를 밝히거나 과감하게 행동할 수도 있다. 누군가 당신을 실제보다 더 무능한 사람인 것처럼 느끼게 만든다면 화를 낼 수도 있다.

무엇을 하든 실제 자신이 가진 만큼의 힘을 발휘하는 건 당신 자신에게, 그리고 우리 모두에게 달려 있다. 이제 여기서 새롭게 익힌 자신감을 제대로 사용할 준비가 되었다면, 그리고 자신의 뛰어남에 대한 두려움에서 벗어날 준비가 되었다면 당장 시작해보자.


## 당연한 권리 되찾기

사람들이 가면 증후군에서 벗어나지 못하는 한 가지 이유는 자신들에게는 특정 방식으로 느끼거나, 생각하거나, 행동할 자격이 없다는 잘못된 믿음을 갖고 있기 때문이다. 다음 페이지의 목록은 우리 모두가 갖고 있지만 간혹 그렇지 않은 것처럼 느껴지는 권리 20개를 정리한 것이다.

이 가운데 지금까지 당연한 것으로 생각하지 못했던 권리가 있는지 확인해보자. 분석하려 하지 말고 가면 증후군이 발동했을 때 자신이 주로 어떻게 반응하는지에 주목해서 보자.

## 권리 목록

1. 죄책감 없이 거절할 권리

2. 건강한 경쟁심과 성과에 대한 욕구를 느끼고 표현할 권리

3. 실수하거나 틀릴 권리

4. 자신의 성과에 대한 자랑스러움을 표현할 권리

5. 가끔은 하루쯤 쉬거나 기준 이하로 수준이 떨어져도 될 권리

6. 실패를 겪고 그 경험으로부터 배울 권리

7. 성, 인종, 나이, 계층, 성적 지향, 종교, 문화, 장애로 인한 차별 없이 공정
   하게 대우받을 권리

8. 자신이 편하게 느끼는 수준의 성취를 이룰 권리

9. "이해되지 않는다."라고 말할 수 있는 권리

10. 비록 상대가 바쁘다 할지라도 설명을 들을 권리

11. 능력 있는 성인으로 대우받을 권리

12. 불이익을 받지 않고 비전통적인 분야에서 일할 권리

13. 자신이 속한 성, 인종, 문화 집단 등을 대표하지 않을 권리

14. 일과 양육을 동시에 할 수 있는 권리

15. 가족의 기대 이상이나 이하로 성취해도 될 권리

16. 모든 답을 알지 않아도 될 권리

17. 존중받을 권리, 무시당하지 않을 권리

18. 자신의 의견도 옆 사람의 의견만큼 중요하게 취급될 권리

19. 초과 업무에 대해 보상을 요구할 권리

20. 한창 학습 중일 권리

다음으로 살펴볼 것은 가면 감정이 쉽게 촉발될 만한 상황들이다.

- 자신의 일이나 아이디어를 옹호해야 할 때
- 어떤 방식으로든 시험이나 평가를 받을 때
- 익숙하지 않은 새로운 업무를 맡을 때
- 교실이나 회의실에 있을 때
- 여러 사람 앞에서 발표를 해야 할 때
- 자신이 한 일을 다른 사람들에게 보여주어야 할 때
- 자신보다 더 성공했거나 교육 수준이 높은 사람(들)과 교류할 때
- 대범하게 행동할 기회가 주어졌을 때
- 그리고 그 밖의 경우

위의 가면 증후군 상황 중에서 자신에게 해당되는 상황을 찾아 그와 관련 있는 권리에 체크하자. 다시 말해, 그 상황에서 자신이 가장 부인해 왔던 권리가 어떤 것인지를 찾는 것이다. 그런 다음 그 권리를 행사한다면 어떻게 달리 행동하게 될지 생각해보자. 아직 잘 모르겠어도 걱정할 필요 없다. 이제 곧 알게 될 테니까.

# 지금부터의
# 나를 위한 선언

4장에서 당신은 사기꾼임을 들키지 않으려고 자신이 어떤 무의식적인 방법들을 사용하는지 알게 되었다. '파괴적 신념'이라는 부정적인 내적 거짓말도 확인했다. 이것들이 본질적으로 당신의 '이전' 모습이었다.

이제 당신은 스스로를 사기꾼이라고 여길 수밖에 없었던 이유들과 여성들이 자신을 실제보다 더 무능력하다고 느끼도록 하는 사회적 요소, 그리고 모험을 하고 대담해지기 위해 자신감이 생길 때까지 기다리지 않는 것의 중요성에 대해 더 많이 알게 되었다. 이로써 당신은 지금부터 어떤 사람이 되고 싶은지 결정하는 데 필요한 것을 모두 갖추었다.

여기서 만들어갈 '이후'의 모습은 4장에서 보았던 '이전' 모습과 직접적으로 대비될 것이다. 4장에서 당신은 예전의 존재 방식이 제2의 천성이 되어버렸음을 알게 되었다. 이제는 자신을 긍정하는 새로운 모습을 만들어야 한다. 예전의 가면 감정이 찾아오는 순간 대기하고 있다가 곧바로 튀어나올 수 있도록 말이다.

새로운 자신을 창조하기 위한 준비를 할 때 한 가지 기억할 점은, 전혀 자신이 없을 때 자신 있게 행동하기 위해서는 약간의 연기가 필요하다는 것이다. 지금까지는 실제의 자신보다 못한 사람의 역할을 맡아왔지만, 이제부터는 한 번도 해보지 않았던 생각을 해야 하고 익숙하지 않은 기분을 느껴야 하며 낯선 방식으로 행동해야 하니 말이다. 틀에 박힌 역할에서 벗어나려 할 때 배우들은 기존에 알려진 것과 완전히 다른 배역을 선택한다. 당신도 습관적인 행동에서 벗어나려면 깊은 성찰과 함께 지금까지와는 다른 행동을 해야 한다.

우선 가면 증후군 상황에서 당신이 어떻게 전형적으로 반응하는지 알아보자. 이를 위해 제럴드 웨인스타인의 《자아교육》에 나오는 방법을 이용할 것이다. 자신의 가면 증후군을 더 잘 이해하기 위해 다음 문장을 완성해보자.

• 가면 증후군 상황에서 나는 보통 ＿＿＿＿＿＿＿＿한 기분을 느낀다.
• 그럴 때면 머릿속 부정적인 목소리는 ＿＿＿＿＿＿＿라고 말하기 시작하고,
• 나는 늘 ＿＿＿＿＿＿＿ 한 행동을 한다.

그럼 이제 가면 증후군에서 벗어나 자신감을 되찾은 새로운 자신이 똑같은 상황에서 어떻게 행동하길 바라는지 아래의 질문들을 통해 생각해보자.

• 나는 어떤 자기긍정적인 감정을 느끼게 될까?
• 머릿속에 새롭게 등장한 긍정적인 목소리는 내게 무슨 말을 해줄까?
• 그 상황에서 행동은 어떻게 할까?

강하고 냉철하고 자신 있고 신나고 안정적이고 자랑스럽고 낙천적이고 열정적이고 호기심 넘치고 유능하고 자격이 있다는 느낌은 어떤가?

다음과 같은 긍정적인 소리는 어떤가? "할 수 있다는 걸 알아." "난 이 일을 잘 알아." "좋은 도전은 다 좋아." "경험이 더 쌓이면 더 좋아질 거야." "충분히 잘했어." "이기든 지든 난 뭔가를 배우게 될 거야."

새로운 행동으로는 어떤 게 좋을까? 긴장을 풀고 순간을 즐기기? 더 많은 걸 배울 수 있도록 질문을 많이 하기? 알맞은 말이 생각날 거라고 믿기? 남들이 어떻게 생각하는지 그만 걱정하기? 상황에 따라 즉흥적으로 대처하기? 뭔가를 이루었을 때 천천히 그것을 인정하고 축하하기?

이 새로운 존재 방식이 예전의 자신만큼 자연스러워지기 위해서는 예전 존재 방식의 핵심이었던 부정적 믿음을 지워낼 긍정적인 감정 기반을 만들어야 한다. 이 새로운 기반은 당신의 파괴적 신념과 전혀 다른 한 줄의 선언문 형태로 나타난다. 예전의 부정적인 믿음과 달리 새로운 지향점을 담은 이 선언문은 긍정적인 방향으로 나아가는 새로운 길을 닦아줄 것이다. 선언문의 몇 가지 예시를 들어보자.

- "나는 어느 누구도 아닌 나 자신의 기대에만 부응한다. 나의 성공은 온당하며 나의 성취는 자랑스럽다."
- "나는 기여할 것이 많은 창조적이고 지적인 여성이다."
- "나의 모든 아이디어는 좋든 나쁘든 평범하든 들려질 가치가 있다."
- "나는 틀릴 수도 하루를 쉴 수도 있으며, 그럼에도 여전히 내가 속한 조직의 소중한 일원이다."
- "나는 성장하고 배울 능력을 갖고 있다."
- "나는 똑똑하고 유능한 사람이다."
- "나는 충분하다."

자신만의 선언문을 만들 때 몇 가지 명심할 점들이 있다. 우선 짧고 강렬한 것이 좋다. 그래야 더 쉽게 기억할 수 있다. 긍정문이어야 한다는 점도 중요하다. 따라서 '나는 내가 생각하는 것만큼 멍청하지 않다.'가 아니라 '나는 똑똑하고 유능하다.'라고 써야 한다. '사람들이 자세히 들여다보지 않는 한 나는 유능하다.'라거나 '나는 나 자신의 기대에만 부응한다. 뭐 어떤가?'처럼 조건문이나 한정어를 붙여서도 안 된다.

　끝으로, 완벽을 추구하거나 거창한 목표를 내세움으로써 실패의 길로 접어들지 않는 것도 중요하다. 따라서 '나는 모든 것을 훌륭하고 쉽게 해낼 수 있다.'라거나 '나는 역사상 가장 훌륭한 변호사다.'라는 식의 불가능한 내용은 안 된다. 이런 기대는 비현실적이고 성공에도 불필요할뿐더러 장기적으로는 숨죽이고 있던 가면 감정을 되살릴 뿐이다.

　이 지침들을 기억하며 여기에 가면 증후군에서 벗어난 새로운 자신의 선언문을 적어보자.

_____

_____

_____


　다음으로 넘어가기 전에, 자신감을 되찾은 새로운 모습이 파괴적 신념에 대항할 만큼 강하게 자리 잡았는지 간단한 테스트를 해보기로 하자.

1. 선언문이 거짓말처럼 느껴진다.
2. 선언문을 소리 내어 말하기 어렵다.

3. 선언문을 소리 내어 말한다는 생각만으로도 얼굴이 화끈거리고 손바닥에
   땀이 차거나 가슴이 답답해지는 등 심리적으로 불편하다.

위 세 가지 기준 가운데 하나라도 해당되는 게 있다면 다시 앞으로 돌아가 선언문이 자연스러워질 때까지 연습하고 또 연습하자. 연습을 거듭할수록 당신은 이런 반응들을 극복하게 될 것이며, 점차 선언문의 내용이 진실임을 느끼게 될 것이다.

가면 증후군에서 벗어나는 데는 시간이 걸린다. 속도를 올리려면 감정이 아니라 생각과 행동을 먼저 바꾸어야 한다. 믿든 안 믿든 어떻게 반응하느냐는 당신의 선택에 따라 달라질 수 있다. '누가 날 고용하고 싶겠어?'라고 생각하지 말고 '난 고객들에게 줄 게 많은 사람이야.'라거나 더 나아가 '그 사람들은 나 같은 사람이 한 팀에 있으니 얼마나 운이 좋아!'라고 생각하자. 그런 다음 전화기를 집어 들고 자신이 얼마나 제값을 톡톡히 하는 사람인지, 미리 외워둔 내용을 말하는 것으로 지금까지와 다르게 행동할 수 있다.

그럼 이제 자신에 대해 필연적으로 자신 있고 훌륭하게 느끼게 될까? 그렇지 않을 수도 있다. 가장 바꾸기 어려운 게 감정이기 때문이다. 그렇다는 건 당신의 가면 감정이 대체로 가장 늦게 사라진다는 뜻이기도 하다. 하지만 앞의 마지막 두 장에서 살펴보았듯이 두려움, 불안, 걱정, 부족함과 같은 감정이 사라질 때까지 기다리는 건 해결책이 아니다. 해결책은 먼저 생각과 행동을 바꾼 다음, 감정이 따라 변하게 하는 것이다.

# "당신은 자신을 평가할 때마다 자신의 마음을 아프게 한다."

벤저민 디즈레일리 Benjamin Disraeli(영국의 정치가, 작가)는 말했다. "두려움은 우리가 인간임을 느끼게 해준다." 그러니 만약 무한한 자신감을 원한다면 조심하길 바란다. 대단히 능력 있고 창조적인 사람들은 인간성은 물론 두려움과 자기불신의 유용성도 아주 잘 이해하고 있다. "나는 내게 특별한 재능이 없다는 걸 아주 잘 알고 있다. 내 아이디어들은 호기심, 집념, 끈질긴 인내가 자기비판 정신과 결합하여 탄생했다." 앨버트 아인슈타인이 왜 이런 말을 했는지는 분명하다. '자기비판 정신과 결합하여'라는 말에서 눈치챘는가?

기억하자. 사람들의 70퍼센트가 가면 감정을 경험한 적이 있다고 한다. 그럼 나머지 30퍼센트는 어떻게 된 걸까? 가면 증후군이 그렇게 흔하고 정상적인 현상이라면 왜 이런 감정을 느껴보지 않은 사람들에 대해서는 아무도 연구하지 않을까? 핵심은 만약 자기불신, 사기꾼인 듯한 느낌, 자기비판, 두려움이라는 감정이 나쁘기만 하다면 수많은 사람들이 이 감정들을 그렇게 친숙하거나 유용하게 느낄 수는 없을 것이라는 점이다.

러네이 젤위거 Renée Zellweger 는 배우로 일하며 밤중에 일어나 이런 생각을 할 때가 있었다고 말한다. '맙소사! 또 시작이야! 그 사람들은 대체 무슨 생각을 한 거야? 왜 나한테 이 역할을 준 거지? 내가 자기들을 속이고 있다는 걸 모르는 걸까?' 젤위거는 한 호주 기자에게 자신이 가는 길에서는 행운이 큰 부분을 차지하는 것 같다고 말했다. 하지만 이제 그녀는 영화 산업의 사업적인 면과 자신이 맡은 역할을 최대한 잘 준비하려면 무엇이 필요한지 전보다 더 잘 이해하고 있다. "그렇게 해서 확실히 좀 나아졌어요. 완전히는 아니지만." 그녀는 말했다. "그래도 괜찮아요. 마음이 편해지면 현실에 안주할 수도 있거든요. 그게 위험한 것 같아요. 좀 지루해질 수도 있고 말이에요."

가면 감정을 불러일으키는 자기제한적 사고방식과 행동 양상을 이해하고 거기서 벗어나는 일은 한 번에 끝나지 않는다. 문제를 인식하고 변화하는 데는 시간이 걸린다. 선명한 깨달음의 순간과 절망적인 혼란의 순간들이 교차하고, 승리의 순간이 있는가 하면 실패의 순간도 있다.

다행히 이제는 예전의 가면 증후군 패턴이 시작되면 이 책을 통해 자신감을 되찾은 새로운 당신이 기다리고 있다가 어깨를 두드리며 말할 것이다. "넌 지금 충분히 잘하고 있어."라고.

공은 이제 당신에게 넘어갔다. 자잘한 변화들 없이 본질적인 변화는 일어나지 않는다. 이 책을 덮은 뒤 배운 내용을 하나도 실천하지 않는다면 아무것도 얻지 못할 것이다. 여기서 배운 내용을 빠짐없이 기억하기를 기대하지는 않는다. 나도 다 기억하지 못하지만 이 책을 쓰지 않았는가! 다만 자신에게 친절해야 한다는 것을 꼭 기억하자. 힌두 요가 스승 크리팔바난다 Kripalvananda 는 말했다. "당신은 자신을 평가할 때마다 자신의 마음을 아프게 한다."

# 아마 당신은 완치되지 못할 것이다

## 가면 증후군에 관해 숨기고 싶은 작은 비밀

이제 당신에게 가면 증후군에 대해 감추어왔던 불편한 진실 한 가지를 알려줄 때가 되었다. 나는 이미 오래전부터 알고 있던 비밀이지만 이것을 처음부터 알려주었다면 당신이 너무 기막혀했을 수 있기 때문에 지금까지 기다려온 것이다.

가면 증후군은 줄어들 수는 있지만
완벽하게 없어지지는 않을 수도 있다.

너무 놀라기 전에, 완벽하게 없어지지는 '않을 수도 있다'라는 말에 주목하자.

물론 가면 증후군이 지나간 과거의 일이라고 말하는 사람들도 있다. 비비안 실러 Vivian Schiller는 NPR의 CEO에서 물러나기 전 한 기자에게 자신이 가면 증후군이 어떤 건지 아주 잘 안다고 털어놓았다. "뭔가를 어물쩍 넘어가다가 언젠가 들킬 것만 같은 그런 기분이죠……. 승진을 하면 '어떻게 사람들이 내 정체를 모를 수 있지?' 하는 생각이 드는 거 말이에요." NYTimes.com의 전 수석부사장이며 디스커버리 타임스 채널의 첫 본부장 출신인 실러는 여러 차례 승진을 거쳤다. 당시 마흔여덟 살이던 실러는 "시간이 걸렸지만 이젠 가면 증후군과 작별했어요……. 이런 기분은 정말 처음이에요."라고 말했다. 확실히 그녀의 말은 용기를 준다.

하지만 동시에, 가면 감정이 빨리, 혹은 완전히 사라지지 않더라도 낙담하지 말길 바란다. 그래도 당신 내면의 목소리는 듣기 싫은 고함 수준에서 감당할 만한 속삭임 정도로 줄어들 확률이 크다. 아니면 몇 년 동안 동면에 들었다가 어느 날 당신이 안전지대에서 크게 벗어날 때, 떨쳐냈다고 생각했던 감기처럼 거세게 다시 몰아닥칠 수도 있다.

처음 가면 현상을 밝혀낸 심리학자 폴린 클랜스 박사조차도 오랫동안 가끔씩 찾아드는 자기불신과 씨름해야 했다. 한 잡지사 인터뷰에서 그녀는 자신의 가면 감정에 대해 이야기하며 이렇게 말했다. "책 출판 계약을 하고, 〈필 도나휴 쇼 The Phill Donahue Show〉와 〈투데이〉에 나가고, 〈타임 Time〉에 실리고 하면서 가면 감정이 느껴지기 시작했죠. 다행히 가면 증후군을 연구한 덕분에 '아, 내가 가면 감정을 느끼는구나.' 하고 생각할 수 있었어요."


## 책을 쓰는 동안 벌어진 재미있는 일

당신이 알아야 할 비밀이 하나 더 있다. 이 비밀은 나의 사적인 고백이기도 하다. 나는 운 좋게도 뛰어난 저작권 대리인을 알게 되었고, 덕분에 주요 출판사 일곱 곳과 면접을 잡을 수 있었다. 대면 면접이었던 다른 출판사들과 달리 내 첫 번째 면접은 전화로 이루어졌다. 면접을 마친 후에는 기분이 좋았다. 그런데 그날 하루가 지나감에 따라 점차 다른 생각이 들기 시작했다. '내가 왜 이런 말을 했지? 저런 말이 생각났으면 좋았을

텐데. 말이 너무 장황했나? 아니, 너무 두서없었나?'

스스로를 해쳐가며 가면 증후군 극복에 관한 책을 쓰고 있다는 아이러니한 상황이 나를 괴롭혔다. 아마도 예전 같았으면 이런 위기 상황에서 과도한 자기의심에 빠져 몇 날, 몇 주, 심지어는 몇 달까지 쉽게 날려버렸을 것이다. 하지만 이번에는 이 예기치 않게 찾아온 의심이 채 24시간도 이어지지 않았다. 그 정도가 최선이었지만, 그나마 나 자신을 더 빨리 설득할 수 있는 시각과 도구를 갖고 있었던 덕분이었다.

다음으로 찾아온 위기는 책을 쓰는 일 자체였다. 9개월이면 될 거라고 생각했던 과정이 결국 두 배 이상 걸렸다. 완전히 기가 죽어 글을 쓸 엄두조차 내지 못하는 날들이 많았다. 전체적으로 버린 원고와 남겨둔 원고가 반반이었다. 다행히 문장들이 서로 연결되는 날들도 충분히 많았다. 모든 일이 그렇듯 글쓰기도 고된 노동이라는 사실을 상기하는 날들도 이어졌다. 한 단어, 한 구문, 한 페이지마다 수없이 편집이 따라붙었다.

앞서 나는 테드 코펠의 말에 내 인생이 바뀌었다고 말했다. 또 다른 언론인과의 우연한 만남도 내 사고방식을 바꾸어놓았다. 책 진도가 너무 늦어 낙담하던 시기에 워싱턴에서 돌아오는 비행기에서 나는 탐사보도 기자이자 작가인 밥 우드워드 Bob Woodward 옆에 앉는 엄청난 행운을 누렸다. 헤어질 때 그는 책이 잘되길 진심으로 빌어주며, 자신은 바로 그 주에 열여섯 번째 책의 원고를 넘겼는데 그 정도면 이제 반쯤 완성된 거라고 덧붙였다. 밥 우드워드가 초고를 중간 지점으로 여긴다는 것을 알고 나니 엄청나게 마음이 놓였다.

나는 비전 보드 vision board 를 좋아한다. 전망 좋은 꿈의 집을 찾을 때 한 번 이용하고 난 다음 이번 책을 쓰면서도 비전 보드를 만들었다. 유독 힘들 때면 거기에 붙인 말과 그림들을 보며 내가 왜 그렇게 열심히 일하고 있는지 떠올렸다. 그래서 더는 낙담하지 않았을까? 아니다. 낙담했다. 그러다가 여러 가지 일들이 연달아 일어나면서 책 작업은 1년 가까이 지연되었다. 보통 이런 일쯤은 별일 아니었을 것이다. 하지만 내 비전 보드 한가운데에는 바로 〈오프라 윈프리 쇼〉의 사진이 붙어 있다. 그리고 새로 정해진 책 출판일은 4반세기 동안 이어진 〈오프라 윈프리 쇼〉의 마지막 시즌이 끝나고 난 몇 달 후였다. 이렇게 아까울 수가!

내가 〈오프라 윈프리 쇼〉에 나갈 수도 있다는 생각이 현실적이었냐고? 그럴 확률은 거의 없었다. 하지만 안 될 건 또 뭐란 말인가? 나는 소위 현실 세계보다는 가능성의 세계에 사는 것을 훨씬 좋아한다. 윌 스미스가 그랬다. "현실적인 태도는 평범함으로 이어지는 가장 평범한 길이다." 비밀을 한 가지 알려주자면 내가 〈오프라 윈프리 쇼〉에 나갈 수 있느냐 없느냐는 중요하지 않다는 것이다. 만약 나가게 되었더라도 나는 정말 미친 듯이 떨었을 것이다. 중요한 건 내가 늘 그것이 가능하다고 믿었다는 사실이다.

이런 이야기를 하는 이유는 당신과 당신의 마음이 어떻게 작동하는지 잘 알기 때문이다. 이 책을 다 읽고 난 뒤, 가면 감정을 일으키는 상황이 왔을 때 '거봐, 소용없잖아. 난 가망 없다니까.'라고 생각하기가 얼마나 쉬운지 잘 알기 때문이다. 당신이 바라는 건 1년 365일 내내 유지되는 자신감이다. 하지만 자신감은 그런 식으로 작동하지 않는다. 이 책을 통해 배웠듯이 실수, 실패, 후퇴는 예정되어 있는 것들이고, 완벽한 사람은 없으며 배워야 할 것들은 늘 더 많다. 그리고 나의 똑똑하고 유능한 가면 증후군 친구들이여, 그것은 좋은 일이다.

옮긴이 **강성희**

동아대학교 독문학과를 졸업하고 영국 브라이튼대학교 대학원에서 문화비평론을 전공했다. 현재 번역 에이전시 엔터스코리아에서 출판 기획자, 전문 번역가로 활동하고 있다. 옮긴 책으로는 《로즈》, 《마오의 무전여행》, 《신데렐라가 된 하녀》, 《내 인생과 화해하는 법》, 《51%의 법칙》, 《지상 최대의 과학 사기극》, 내셔널 지오그래픽 세계 위인전 시리즈 등 다수가 있다.

# 여자는 왜 자신의 성공을 우연이라 말할까

초판 1쇄 발행  2020년 4월 6일

지은이 • 밸러리 영
옮긴이 • 강성희

펴낸이 • 박선경
기획/편집 • 권혜원, 남궁은, 공재우, 강민형
마케팅 • 박언경
표지 디자인 • 김경년
본문 디자인 • 디자인원
제작 • 디자인원(031-941-0991)

펴낸곳 • 도서출판 갈매나무
출판등록 • 2006년 7월 27일 제2006-000092호
주소 • 경기도 고양시 일산동구 호수로 358-25 (백석동, 동문타워 Ⅱ) 912호
전화 • 031)967-5596
팩스 • 031)967-5597
블로그 • blog.naver.com/kevinmanse
이메일 • kevinmanse@naver.com
페이스북 • www.facebook.com/galmaenamu

ISBN 979-11-90123-81-5 / 03190
값 16,000 원

• 잘못된 책은 구입하신 서점에서 바꾸어드립니다.
• 본서의 반품 기한은 2025년 4월 30일까지입니다.

이 도서의 국립중앙도서관 출판예정도서목록(CIP)은 서지정보유통지원시스템 홈페이지 (http://seoji.nl.go.kr)와 국가자료종합목록 구축시스템(http://kolis-net.nl.go.kr)에서 이용하실 수 있습니다. (CIP제어번호: CIP2020010912)